司法部部级科研项目

法治建设与法学理论研究部级科研项目成果

中国治理人口贩运的法治化策略研究

以“受害人保护”为中心的防治机制

朱新力　石肖雪　等＿著

法律出版社
LAW PRESS·CHINA

目　录

第一章　中国人口贩运问题治理背景

一、人口贩运的概念

一般来说，“人口贩运”与“人口贩卖”是同义词，但在国人的印象中，可能“人口贩卖”一词更加熟悉。2009 年 12 月 26 日，中国批准加入了《联合国打击跨国有组织犯罪公约关于预防、禁止和惩治贩运人口特别是妇女和儿童行为的补充议定书》(Protocol to Prevent, Suppress and Punish Trafficking in Persons, Especially Women and Children, supplementing the United Nations Convention against Transnational Organized Crime，以下简称《打击贩运人口议定书》)。[①] 该议定书采用的是“人口贩运”一词，因此，根据此官方文本，本书将主要采用“人口贩运”这一反而并不那么常见的词汇。

但是，正如有的学者所言，无论是“人口贩卖”还是“人口贩运”其实都“是一个颇为复杂的法律概念，也是一个困扰学者、立法者、决策者同时也经常给社会公众带来困惑的概念”。“不论中文还是外文，相关术语已经难以准确、全面地概括社会生活中这一犯罪所包含的各种行为。”[②]因为，就中文而言，“人口拐卖”一般包括欺骗、引诱、抢夺、买

---

① 议定书作为联合国文件的文本索引号是 40ILM335 (2001)/UN Doc. A/55/383 (Annex Ⅱ, p. 53)/[2005] ATS 27. 该议定书名称的使用在我国并不统一，如又称《联合国禁止贩运人口议定书》《打击人口贩运议定书》或者《巴勒莫议定书》等。

② 柳华文：《〈联合国禁止贩运人口议定书〉研究——以人权法为视角》，社会科学文献出版社 2011 年版，第 7 ~ 8 页。

卖人口等含义,"人口贩运"则更强调以买卖为目的的运输人口的行为。"人口贩运"相对应的英文翻译是"human trafficking"或者"trafficking of human beings",与中文的理解语境几乎相同。所有的这些词语都无法完全涵摄《打击贩运人口议定书》中所指称的诸如"强迫劳动、器官买卖、性剥削"等复杂的现实违法犯罪的情形。所以,这些概念实际上都是扩张了自身的内涵以指涉相应事实情形的系列概念。从语言学的角度来说,适当地扩张特定语词的内涵,以使它满足现实发展的需要,也未尝不可;而且,这样做的成本实际上也比创造一个新词低得多,是更经济的一种做法。在本书中,除非有特别的说明,否则都是在相同意义上使用"人口贩卖"和"人口贩运"这些概念的。

我国作为《打击贩运人口议定书》的缔约国,遵照议定书的内容,履行议定书规定的相应国际法义务,是势所必然。在"人口贩运"的定义方面,也可大致遵循议定书的说法来做一个系统的内涵梳理。根据《打击贩运人口议定书》第3条(a)项"人口贩运",系指为剥削目的而通过暴力威胁或使用暴力手段,或通过其他形式的胁迫,通过诱拐、欺诈、欺骗、滥用权力或滥用脆弱境况,或通过授受酬金或利益取得对另一人有控制权的某人的同意等手段招募、运送、转移、窝藏或接收人员。这里的"剥削应至少包括利用他人卖淫进行剥削或其他形式的性剥削、强迫劳动或服务、奴役或类似奴役的做法、劳役或切除器官"等。

根据《打击贩运人口议定书》第3条的定义,我们可以对人口贩运的定义作以下分解:人口贩运=行为+手段+目的,这其中包含三个基本要素:贩运行为、贩运手段和贩运目的。具体而言:(1)"行为要素",包括招募、运送、转移、窝藏或接收,以及买卖人员;(2)"手段要素",包括暴力威胁或使用暴力手段,或通过其他形式的胁迫,通过诱拐、欺诈、欺骗、滥用权力或滥用脆弱境况,或通过授受酬金或利益;(3)"目的要素",剥削目的应至少包括利用他人卖淫进行剥削或其他形式的性剥削、强迫劳动或服务、奴役或类似奴役的做法、劳役或切除器官等。同时,联合国毒品与犯罪问题办公室在运用其制定的《打击人口贩运活动工具包》进行预防和打击人口贩运时,也大致将人口贩运过程划分为三个阶段:招募和输出阶段、运送阶段以及接收和剥削阶段。[①]

我国刑法并未使用"人口贩运"这一术语,有关人口贩运犯罪的规定则是分散在拐卖妇女儿童罪、非法拘禁罪、强迫劳动罪、强迫乞讨罪、强迫卖淫罪、非法买卖人体器官罪等罪名中。在拐卖妇女儿童罪中,"儿童"是指任何 14 周岁以下者,而拐卖成年男性的犯罪则没有明确规定。值得注意的是,我国刑法关于"儿童"年龄的规定与《打击贩运人口议定书》并不相同,根据该议定书,"儿童"系指任何 18 周岁以下者。这一区别之所以值得一提,是因为根据协定书,"为剥削目的而招募、运送、转移、窝藏或接收儿童,即使并不涉及本条(a)项所述任何手段,也应视为'人口贩运'"。由此可见,相比较我国刑法相关规定而言,议定书对人口贩运问题的受害者保护更为广泛和深入。当然,刑法关于人口贩运犯罪的规定远远不是也不应当是我国人口贩运治理的唯一途径,我们甚至认为,过分倚重刑事法律规制手段,可能是目前我国人口贩运问题治理中存在的一个误区。

二、中国人口贩运问题现状

人口贩运是一种严重侵犯人权的犯罪行为,也是一种世界性的犯罪问题,其危害性是不言而喻的。根据联合国毒品与犯罪问题办公室发布的《2014 年全球人口贩运问题报告》(Global Report on Trafficking in Persons 2014),[②]2010 年到 2012 年期间的人口贩运案件,来自 152 个不同国家的受害人在 124 个国家被发现,也就是说,人口贩运犯罪正影响着全世界大多数国家。而这个统计仅来自各国官方数据,实际人口贩运犯罪情况可能更加严重。

从国内的数据来看,根据 2015 年 2 月最高人民法院的通报,2010 年至 2014 年,全国各级法院审结拐卖妇女、儿童犯罪案件 7719 件,对

---

① 参见姚家儒:《论拐卖人口犯罪的侦察模式》,载《四川警察学院学报》2010 年第 1 期。

② UNODC,Global Report on Trafficking in Persons 2014 (United Nations publication, Sales No. E. 14. V. 10).

12963名犯罪分子判处刑罚。[①] 如果将尚未发现的以及尚未审结的拐卖妇女、儿童案件纳入统计，犯罪案件数量可能会更多。而这只是在“拐卖妇女、儿童罪”罪名之下的统计。如果按照联合国《打击贩运人口议定书》对“人口贩运”的定义，将拐卖成年男性、强迫劳动以及买卖人体器官等涵盖其中，我国人口贩运犯罪情况的统计结果可能会高得多。

以上是对国际和国内人口贩运现状的一个简单描绘，但从上述呈现的数据我们仍然能够管窥到各国（包括中国）人口贩运现状的严重性。而众所周知的是，人口贩运的危害性极大、范围呈现世界性的扩张趋势且人口贩运从事人员活动隐蔽性越来越强，这些都使政府对人口贩运活动的治理变得必要和急迫，同时对政府的相关治理理念和具体措施提出了更高的要求。政府在治理主体的选择、治理程序的设计和治理工具的运用上都应当适应当前人口贩运治理的现实需求。

三、中国人口贩运问题的特点

根据最高人民法院最新通报，有关惩治拐卖妇女儿童犯罪情况显示，随着我国经济社会发展形势的变化和司法机关打击犯罪力度的加大，当前惩治预防拐卖妇女、儿童犯罪工作出现了一些新情况、新特点，突出表现在：采取偷盗、强抢、诱骗方式实施拐卖儿童犯罪的发案数量明显下降，出现的新现象是部分被拐儿童系被亲生父母出卖或遗弃，继而被人贩子收买、贩卖；拐卖妇女迫为人妻的犯罪仍时有发生，拐卖、拐骗妇女强迫卖淫的犯罪日益突出，特别是一些不法分子与境外人员相互勾结，拐卖、拐骗外籍妇女的犯罪在部分地区有增多趋势。[②] 最高人民法院发布的通报，是以拐卖妇女儿童犯罪情况入手的，属于人口贩运问题中的重点领域，但并没有涵盖所有方面。另外，由于打击人口贩运是世界各国需要共同面对和积极合作的问题，对我国人口贩运问题特

---

① 罗书臻：《最高人民法院通报惩治拐卖妇女儿童犯罪情况》，载《人民法院报》2015年2月28日。

② 罗书臻：《最高人民法院通报惩治拐卖妇女儿童犯罪情况》，载《人民法院报》2015年2月28日。

征的把握和解读，也需要结合国际人口贩运问题的发展。

（一）人口贩运获利日益上涨

国际劳工组织2014年的报告显示，[①]目前约有2100万男子、妇女和儿童被迫参与各种形式的劳动，每年由此产生高达1500亿美元的非法利润。据调查，被贩卖的男人、女人和儿童一部分被当作劳工，但人口贩运所得2/3的利润则来自强制卖淫。许多人口贩卖的受害者被送往建筑工地、工厂以及矿山上从事繁重的体力劳动，他们每年创造的价值高达340亿美元，被迫从事农业劳动的"现代奴隶"每年创造财富90亿美元，但他们本人却仅能得到很少的报酬或者干脆没有。[②]

即使在没有劳动剥削的情况下，单纯拐卖妇女儿童所获收益也非常惊人。根据2014年5月31日《郑州晚报》的报道，一名男孩的卖价高达3.9万元。[③] 而买卖越南新娘在我国某些地区十分流行，网上还有越南新娘价目表流传，2014年7月，河北省曲周县的丁某花11.5万元"娶了"一位越南媳妇。[④] 另如，根据中国新闻网的报道，自2012年以来，犯罪嫌疑人吕某拐卖越南新娘，从中获利40余万元人民币。[⑤]

（二）人口贩运手段多样化

《打击贩运人口议定书》规定了人口贩运的手段包括了暴力威胁或使用暴力手段，或通过其他形式的胁迫，通过诱拐、欺诈、欺骗、滥用权力或滥用脆弱境况，或通过授受酬金或利益等。根据我国《刑法》第240条规定，拐卖妇女、儿童是指以出卖为目的，有拐骗、绑架、收买、贩卖、接送、中转妇女、儿童行为之一的；第244条规定，强迫劳动罪是指

---

① 参见ILO，Profits and Poverty：The Economics of Forced Labour，20 May 2014。

② 国际在线：《全球人口贩卖受害者达2100万 人贩年获利1500亿美元》，载http://gb.cri.cn/42071/2014/05/21/6992s4549485.htm，2015年5月17日访问。

③ 大河网：《河南特大拐卖儿童案：拐卖妇女儿童30人，主犯死刑》，载http://news.dahe.cn/2014/05-31/102923564.html，2015年5月17日访问。

④ 21CN财经网：《河北上百越南媳妇集体失踪，娶越南媳妇价目表疯传》，载http://finance.21cn.com/newsdoc/zx/a/2014/1211/13/28714560.shtml，2015年5月17日访问。

⑤ 中国新闻网：《河北夫妇拐卖34名越南妇女获利40余万元》，载http://news.sina.com.cn/c/2015-05-05/175931796504.shtml?cre=newspagepc&mod=f&loc=11&r=u&rfunc=9，2015年5月17日访问。

以暴力、威胁或者限制人身自由的方法强迫他人劳动的。现实中常见的人口贩运手段包括诱拐儿童、诱骗妇女等,而在我国的一些地区,甚至还有抢夺婴儿案发生。[①] 人口贩运手段呈现多样化特征,更带有暴力性质,对受害者的权益有极大损害。

而随着国家打击人口贩运力度的逐渐加大,还出现了比较隐蔽的手段,犯罪分子往往伪造工作证、身份证、介绍信、单位公文,冒充国家工作人员、商人、导游人员等,以招工招生、合伙经商,介绍工作、介绍对象、外出旅游或者帮助解决困难及其他欺骗手段拐卖人口。[②] 另外,如上文所提最高人民法院发布的通报显示的,部分婴幼儿的父母或监护人出现了遗弃或主动出卖的情况,继而使这些婴幼儿成为人口贩运的受害者。

人口贩运手段多样化的同时又带有犯罪隐蔽性强、受害人鉴别困难的问题。从我国媒体近年来不断披露的一些个案[③]中可以发现,从事人口贩运的人员往往以一些合法形式来掩盖其真实目的,同时对于受害人往往施加以人身监禁,将受害人置于与外界相对隔绝的空间进行各种形式的剥削,这些举措都大大增加了贩运人口的隐蔽性。同时,受害人身份信息往往被隐藏、受害人不时遭受到来自人口贩运人员的威胁,以及受害人不敢相信警察、担心二次伤害等心理的影响,使公安机关在侦察、识别人口贩运活动和解救被贩运人员时遭遇了巨大的阻力和困境。

以收养为名,贩运“智障工”获利 300 万元[④]

根据四川省渠县人民检察院消息,犯罪嫌疑人曾令全(案发时任渠县第十二届政协委员、县工商联副会长、执委委员)、李树琼 1993 年以来

---

① 参见吴艳霞、张怡平、程悦:《光天化日抢夺婴儿卖钱:保定抢夺婴儿拐卖案一审宣判,人贩子领刑 14 年》,载《燕赵晚报》2007 年 12 月 6 日,http://yzwb. sjzdaily. com. cn/review/html/2007 - 12/06/content_61807. htm,2015 年 5 月 17 日访问。

② 刘宪权主编:《打击拐卖人口犯罪的法律对策》,上海人民出版社 2003 年版,第 57 页。

③ 比如南方网关于《16 岁少年深陷黑砖窑痛失双腿　维权 5 年未果》的报道,贩运活动从事者主要是雇佣监工专门看管被强迫劳动的人员,参见 http://news. sohu. com/20070708/n250955677. shtml,2016 年 6 月 21 日访问。

④ 东方网:《新疆智障工组织者输送 130 余人次获利 300 万》,载 http://news. qq. com/a/20110118/000188. htm,2016 年 6 月 21 日访问。

在未取得合法收养手续的情况下，在自己家里收养乞丐、精神病人、智障人员，安排其从事养猪、种地等劳动；见有利可图，未经相关行政部门批准，曾令全夫妇于1998年创办了“渠县乞丐收养所”，后改名“渠县渠江镇残疾人自强队”，大量收养乞丐、精神病人、智障人员，实行封闭式管理，在对其进行简单培训后，分别送往新疆、北京、天津、广东、湖南、四川等地务工。经调查取证，曾令全与外地化工厂、建筑工地、煤矿等用工单位签订“劳务协议”，聘用“管理人员”采取限制人身自由、威胁、殴打等手段，强迫智障人员从事重体力劳动，其间未付任何劳动报酬。至案发，曾令全先后输送收养人员130余人次，非法获利300余万元。

（三）人口贩运活动的跨地域性

人口贩运无疑是一个全球性的难题。由于贫困等方面的原因，受害者往往会主动追求迁移到经济发达地区发展，这也就为人贩子提供了可乘之机，有时这种“迁移”是跨国境的。根据联合国毒品和犯罪问题办公室的《2014年全球人口贩运问题报告》提供的数据，人口贩运犯罪活动实际上影响着全世界每个区域的每一个国家。2010年到2012年期间，在全球124个国家确认了来自152个国家的受害人。此外，贩运流——所查明的至少5名受害人的相同来源国和目的地国之间的假想连线——网布全世界。毒品和犯罪问题办公室已经确定了至少510条贩运流。由于人口贩运活动的跨地域性特征，受害者不熟悉当地语言，也缺乏地理位置信息，使得人口贩运受害者的解救工作更为困难。

从贩运流的走向可以发现，这种跨地域的人口贩运活动从输出地来说主要是来自经济欠发达国家，从目的地来看则主要是经济发达地区。这一方面主要是因为发达国家和地区对人口劳动力的需求，另一方面也是因为发达国家和地区的繁荣现状使得被害人往往出于向往而容易受骗。下图反映的是2010~2012年跨区域贩运流的主要目的区域及其主要来源地可以在一定程度上说明这一点。[①]

---

① 联合国毒品和犯罪问题办公室：《2014年全球人口贩运问题报告》（中文版内容提要），资料来源：www.unodc.org/。

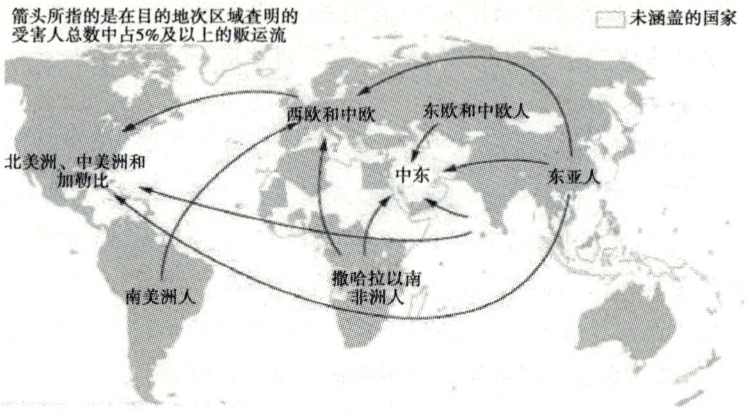

跨区域贩运流(黑线)的主要目的地区域及其主要来源地,2010~2012年

资料来源:毒品和犯罪问题办公室

(四)以弱势群体为主要对象

成为人口贩运对象的人群主要是妇女、儿童,而以强迫劳动为目的的贩运行为,还会以残疾或智力障碍者为对象,这些群体通常就是社会上的弱势群体。全世界每三个人口贩运受害者中就有一名儿童,贩运受害人总数近七成是女性。联合国毒品与犯罪问题办公室发布的《2014年全球人口贩运问题报告》指出:"儿童与女性成为人口贩运过程中的主要受害人。在全球范围,儿童受害者占总人数的三分之一,其中非洲和中东的受害者大部分是儿童,达到62%。此外,近年女童受害者持续增加,2011年每三名儿童受害者中就有两名是女童。成年女性受害者的比例有所下降,从2004年的74%下降至2011年的49%,但女童受害者比例的上升使女性仍是主要受害者。"①

我国公安部打拐办公室相关人士也指出:21世纪以来,拐卖儿童的犯罪案件比例呈现上升趋势,特别是其中贩卖婴幼儿的案件不断发生。同时,许多外出务工、就学的年轻女性不断成为人口贩运活动的侵害对象,而且被拐妇女明显呈现出低龄化的趋势。这些女性被贩运后

---

① 具体参见财新网2014年11月26日的相关报道:http://china.caixin.com/2014-11-26/100755924.html,2016年6月21日访问。

主要被强迫从事卖淫等活动。[①] 当然,妇女儿童也会成为强迫劳动的对象,特别是很多报道显示,不少地方非法雇用的童工,实际就是被拐卖或拐骗后,又被非法拘禁、强迫劳动。

总之,无论是从全世界还是我国的情况来看,人口贩运的获益非常惊人,这成为这一犯罪活动屡禁不止的主要诱因。此外,当下人口贩运呈现手段多样化、运输跨区域化的特点,导致单纯由公安和检察机关或者由单个国家予以打击的传统治理方式显得力不从心。而且,对于成为人口贩运主要对象的妇女、儿童、智力障碍者等弱势群体,如何针对这些人群的特点,避免、降低、消除因为被贩卖而带来的伤害,也应当纳入我国人口贩运问题治理的制度框架中来。

① 周斌、李娜:《哄骗不成人贩子不惜抢劫绑架》,载《法制日报》2010年7月20日。

第二章　中国人口贩运治理整体架构

一、以“受害人保护”为中心的治理目标

根据我国人口贩运问题的现状和特征，我们提出人口贩运的法治化治理 4P 策略，即预防（Prevention）、保护（Protection）、合作（Partnership）、起诉（Prosecution），发展出“以受害人保护为中心”之防制途径。我国目前对人口贩运防治机制的建构主要集中于打击拐卖妇女儿童行为，以及对拐卖者的定罪量刑。通过与联合国《打击贩运人口议定书》的相关规定相比较，并且对照我们所提出的 4P 策略，可以发现我国现有制度存在关注面过窄、关注点末端化的问题。对刑事追责手段的过分倚重，即以打击侵害者和社会秩序维护为主要目标，对受害者缺乏关注，这实质上只实现了 4P 策略中的起诉这一个方面。人口贩运的法治化治理路径应当是全方面、全程化的，同时应当将治理的侧重点从“加害者惩治”拓展至“受害人保护”。这样一种“以受害人保护”为核心的治理模式，与目前的人口贩运治理模式相比，必然存在一些治理目标的转换与扩充，以下作详细阐述。

（一）预防（Prevention）

如将人口贩运侵害作一时间轴的展开，包含了侵害前、贩运行为实施后贩运目的达成前、贩运目的达成后、被解救后等环节。所谓预防，就是要采取措施将人口贩运这一侵害阻断在贩运目的达成之前。这一治理目标的达成，首先依赖于相关知识的宣传，比如对侵害的易发群体，如儿童、妇女等，就新出现的侵害手段进行宣传教育，使其提高警觉

性。其次，应当加强对于强迫劳动和强制性交易等易发领域的监管和人口筛查。但不得不承认，这样的预防措施是较为难以制度化的，因此，最后应侧重建构的可能是失踪人口的警报机制，特别是对于失踪儿童。

失踪儿童的预警机制之所以重要，主要是由于儿童的自救能力较弱，往往难以在受侵害前掌握足够的自我保护知识，受侵害时的求助和抵抗能力也较弱，如能形成失踪儿童的预警制度，将能有效地减轻人口贩运造成的侵害程度，这样的预警机制同样可以比照适用于智力障碍者。就我国目前的情况而言，在一些社交平台上存在类似的预警机制，如微信与中社儿童安全科技基金、腾讯公益联合发布的“中国儿童失踪预警平台（CCSER）”，又如新浪微博上由浙江民警王于京发起的微话题“随手转发让爱回家”等用于发布失踪儿童的信息。但这些预警机制都没有真正实现制度化，对于相关信息的甄别、筛选、整理都缺乏全面的规范，相比较而言，在美国已有比较成熟的制度。当然，这也是经过了无数个令人心碎的事例之后才最终形成的，具体在后文中将有详细介绍。

（二）保护（Protection）

“保护”的治理目标存在于人口贩运侵害时间轴的末端，是受害人被解救后这一环节。所谓“保护”，主要针对的是受害人在遭遇侵害并被解救之后的救助和保障问题。这可能是目前人口贩运治理中最缺乏关注、但从受害人保护角度而言相当重要的一个方面。在受害人被解救后，首先面临的是安置问题，包括相应家庭和福利机构的认领和安顿等。在此，一个非常容易被忽视的方面是成年受害人如何融入社会的问题。从一些报道中可以发现，许多被贩卖并强制劳动的受害人在融入社会方面存在非常严重的问题，特别是当这样的侵害持续了较长时间后，许多人无法与人正常交流，无法适应工作环境。[①] 在这种情况下，后续的心理干预，以及劳动部门和社会保障部门对安置问题的持续跟进是非常必要的。

此外，还有对受害人经济上的救助。人口贩运加害人在被依法追究刑事责任的同时，还应向受害人支付赔偿金，对于被强迫劳动者，还

① 杨抒怀：《中国“被奴役最久窑奴”难融入社会》，载 http://finance.ifeng.com/news/pic/detail_2010_10/20/2844182_0.shtml，2016 年 11 月 29 日访问。

应支付相应的劳动报酬，此为人口贩运传统治理机制中受害人获得经济上的救助。但在实际的案件中，此种赔偿金和劳动报酬是远远不足以弥补受害者所遭受的侵害的，更遑论用于之后恢复正常生活所需。[①]因此，从制度建构的角度，一个值得考虑的方向是建立作为国家补偿或社会保障制度一部分的人口贩运受害人救助基金或补偿（慰问）金机制。当然，这样的救助金制度也可由非政府的公益组织来运行，这就涉及人口贩运治理的合作与参与策略。

（三）合作（Partnership）

所谓合作策略，是指在人口贩运治理过程中，治理主体除了传统的公安机关、检察部门外，还应加强与其他政府部门的配合，吸纳非政府组织和个人的参与。从我国出台的关于打击人口贩运活动的文件来看，人口贩运治理涉及的政府部门包括了司法、公安、外交、民政、人力资源社会保障、教育等部门，而非政府组织则可包括社会组织、公益机构、企事业单位等。

除了合作主体的多样化之外，合作策略还贯穿人口贩运治理整个时间轴的始终。在预防阶段（侵害前或贩运行为实施后贩运目的达成前），一方面预防性的宣传教育机制，需要学校、社区的配合与具体实施；另一方面预警机制的实现，有赖于人口贩运治理的主管部门与预警平台运营者的合作以及一般社会公众参与。从他国现已制度化运行的预警机制来看，失踪人口（主要是儿童）的有效预警在很大程度上需要依靠相关区域公众提供的信息。而在解救后的阶段，则还涉及与民政部门、社会保障部门以及福利机构、医院等机构的协作。

（四）起诉（Prosecution）

起诉这一策略，作为刑事领域打击人口贩运相关犯罪的核心环节，在现行制度中已有比较全面的安排，学界也有相对充分的研究，在此对于重复部分不再赘述。从“受害人保护”的角度出发，值得一提的是，在刑事侦查、提起公诉、审判等环节，应注重对受害人人身权、财产权的保护，避免使

---

① 在“中国‘被奴役最久窑奴’案”中，受害人得到的只是1220元工资和三年维权得到的2万元赔偿金以及劳动局给的1000元慰问金。参见张莹：《“中国最悲惨窑奴”病危 被奴役14年仅获赔2万》，载 http://news. sohu. com/20100903/n274676094. shtml，2016年11月29日访问。

受害人陷入危险境地,避免泄露受害人隐私,以防对受害人造成二次伤害。

二、中国人口贩运治理的主要内容

人口贩运的法治化治理,自然应当在我国现有法规范的框架下予以展开,为此,我们先对我国现有的与人口贩运相关的法规范进行一个全面系统的梳理。以“人口贩运”“贩运人口”“人口拐卖”“拐卖人口”“拐卖妇女”“拐卖儿童”“拐卖妇女儿童”为标题关键词,在北大法宝的“中央法规司法解释”“法律动态”“合同与文书范本”“外国法律法规”“地方法规规章”“立法背景资料”“中外条约”“港澳法律法规”等法规库中进行法律、法规的搜索,得出以下结果:在我国大陆,共计检索到全国人民代表大会常务委员会的决定1份、行政法规2项、部门规章8项、司法解释10项(其中包括2项最高人民法院发布的典型案例),地方性法规1项、法规解读1项;[①]在我国澳门特区,共计检索到立法

① 这些规范性文件分别是:全国人大常委会关于加入《联合国打击跨国有组织犯罪公约关于预防、禁止和惩治贩运人口特别是妇女和儿童行为的补充议定书》的决定、国务院办公厅关于印发中国反对拐卖妇女儿童行动计划(2008—2012年)的通知(已失效)、国务院办公厅关于印发中国反对拐卖人口行动计划(2013—2020年)的通知《公安部、司法部、民政部、全国妇联关于做好解救被拐卖妇女儿童工作的几点意见的通知》《公安部关于打击拐卖妇女儿童犯罪适用法律和政策有关问题的意见》《公安部关于加强打击拐卖妇女儿童犯罪活动的协查工作的通知》《公安部关于加强打击拐卖妇女儿童犯罪活动宣传工作的通知》、《公安部关于做好群众来信来访中有关拐卖人口案件的查办工作的通知》、公安部转发山东省公安厅《关于在严厉打击拐卖妇女儿童犯罪活动中应当注意和掌握的几个问题的通知》的通知(已失效)、民政部关于贯彻《国务院关于坚决打击拐卖妇女儿童犯罪活动的通知》的意见、《最高人民法院、最高人民检察院、公安部等关于打击拐卖妇女儿童犯罪有关问题的通知》《最高人民法院、最高人民检察院、公安部、民政部、司法部、全国妇联关于坚决打击拐卖妇女儿童犯罪活动的通知》《最高人民法院、最高人民检察院、公安部、司法部关于限令拐卖妇女儿童犯罪人员投案自首的通告》、最高人民法院、最高人民检察院、公安部、司法部印发《关于依法惩治拐卖妇女儿童犯罪的意见》的通知、《最高人民法院发布惩治拐卖妇女儿童犯罪典型案例》、《最高人民法院关于拐卖妇女儿童犯罪案件的三起典型案例》《最高人民法院关于拐卖人口案件中婴儿幼儿儿童年龄界限如何划分问题的批复(已失效)》《最高人民法院关于审理拐卖妇女案件适用法律有关问题的解释》《最高人民检察院法律政策研究室关于以出卖为目的的倒卖外国妇女的行为是否构成拐卖妇女罪的答复》《最高人民检察院关于充分发挥检察职能坚决打击拐卖妇女、儿童和强迫、引诱、容留妇女卖淫的犯罪,积极配合查禁取缔卖淫嫖娼活动的通知(已失效)》《最高人民检察院关于人民检察院直接受理立案侦查案件立案标准的规定(试行)》《重庆市惩治拐卖妇女儿童条例》和《关于依法惩治拐卖妇女儿童犯罪的意见》的理解与适用。在北大法宝中检索法律法规的最后时间为2016年9月12日。

会决议 2 项、总统令 2 项、[①]训令 1 项、行政长官公告 1 项和行政长官批示 1 项等;[②]在我国台湾地区,共计检索到“法律”1 项、“法律实施细则”1 项、各类“管理规则”和“办法”5 项。[③]

在这些规范性文件中,就我国大陆的人口贩运问题而言,最具针对性的规范为《中国反对拐卖妇女儿童行动计划(2013—2020 年)》。在此之前,2007 年 12 月 13 日,国务院办公厅印发了《中国反对拐卖妇女儿童行动计划(2008—2012 年)》,对中央政府在预防和打击人口贩运活动方面的管辖和权限第一次作出了较为全面的部署。新的《反拐行动计划》由国务院办公厅于 2013 年 3 月 2 日印发,在前一文件的基础上,对人口贩运的国家治理主体和治理事项进行了一定限度的调整和细化,以使人口贩运防治工作更加有针对性与有效性。关于中央各部门在人口贩运治理中的职责部署,详见下表。

2013～2020 年中央政府关于打击人口贩运活动的管辖和权限部署

职责大项	职责细项	主管部门	协同部门
健全预防犯罪机制	加强部门联动,建立发现、举报拐卖人口犯罪工作机制	中央综治办、司法部	教育部、公安部、民政部、卫生部、人口计生委
	加强拐卖人口犯罪活动重点行业、重点地区和重点人群预防犯罪工作	中央综治办	公安部、卫生部、人口计生委、妇儿工委办公室、全国妇联
	加大拐卖人口犯罪“买方市场”整治力度	中央综治办、公安部	教育部、民政部、人力资源社会保障部、司法部、卫生部、人口计生委、全国妇联

---

① 该总统令系葡萄牙共和国总统沈拜奥于 1998 年 7 月 2 日签署并公布,此时澳门尚未回归中国。

② 这些规范性文件分别包括:第 11－98－M 号决议、第 31－91 号葡萄牙共和国议会决议、第 30－98 号葡萄牙共和国总统令、第 48－91 号葡萄牙共和国总统令、第 201－99－M 号训令、第 13－2001 号行政长官公告、第 266－2007 号行政长官批示和 68/2008 号法律(《打击贩卖人口贩卖》)。

③ 这些规范性文件分别是:“人口贩运防制法”“人口贩运防制法施行细则”“人口贩运被害人及疑似人口贩运被害人安置保护管理规则”“人口贩运被害人停留居留及永久居留专案许可办法”“人口贩运被害人工作许可及管理办法”“没收人口贩运犯罪所得拨交及被害人补偿办法”和“跨国境人口贩运防制及被害人保护办法”。

续表

职责大项	职责细项	主管部门	协同部门
	做好跨国拐卖人口犯罪预防工作	公安部、人力资源社会保障部、商务部、外交部	民政部
打击犯罪和解救被拐卖受害人	组织开展全国打击拐卖人口犯罪专项行动，完善群治群防打拐机制	公安部	最高人民法院、最高人民检察院、民政部、人力资源社会保障部、人口计生委、全国妇联
	依法严惩拐卖人口犯罪	最高人民法院、最高人民检察院、公安部	人力资源社会保障部、卫生部负责，中央综治办、最高人民法院、最高人民检察院、民政部、工商总局、全国总工会、共青团中央、全国妇联、中国残联
	加强信息网络建设，完善全国打拐 DNA 信息库，健全信息收集和交流机制	公安部、民政部	发展改革委、财政部、教育部、卫生部、人口计生委、全国妇联
	依法解救被拐卖儿童，并妥善安置	公安部、民政部	
加强被拐卖受害人的救助、安置、康复和回归社会工作	加强地区、部门和机构间救助被拐卖受害人的协作配合	民政部	中央综治办、公安部
	规范被拐卖受害人救助、安置、康复和回归社会工作程序	公安部、民政部	教育部、卫生部、财政部、全国妇联

续表

职责大项	职责细项	主管部门	协同部门
加强被拐卖受害人的救助、安置、康复和回归社会工作	完善被拐卖受害人救助、安置和康复工作机制,提升机构服务水平	民政部	卫生部、公安部、全国妇联
	加强社会关怀,帮助被拐卖受害人顺利回归社会	教育部、人力资源社会保障部、民政部	全国总工会、共青团中央、全国妇联
	为回归社会的被拐卖受害人提供必要的就业、生活和维权等服务	民政部、司法部、人力资源社会保障部	共青团中央、全国妇联
	加强对被解救受害人的登记、管理和保护工作,建立并完善专门档案	公安部、民政部	全国妇联
	加强对被拐卖受害人身心健康领域的研究,寻求更为有效的康复治疗方法	卫生部	教育部、共青团中央、全国妇联
完善法律、法规和政策体系	修订有关法律法规,健全反拐法律体系	国务院法制办	全国人大常委会法工委、最高人民法院、最高人民检察院、公安部、民政部、人力资源社会保障部、共青团中央、全国妇联
	制定并完善有关政策,推动反拐预防、打击、救助、康复工作科学化、规范化、制度化	国务院反拐部际联席会议各成员单位	

续表

职责大项	职责细项	主管部门	协同部门
加强宣传、教育和培训	开展多渠道、多形式宣传教育	公安部、中央宣传部	教育部、司法部、铁道部、文化部、人口计生委、广电总局、交通运输部、新闻出版总署、妇儿工委办公室、全国总工会、共青团中央、全国妇联
	动员社会力量支持和参与反拐工作	国务院反拐部际联席会议各成员单位	
	加强各级反拐工作人员教育培训和反拐工作队伍专业化建设	国务院反拐部际联席会议各成员单位	
加强国际合作	加强反拐工作国际交流与合作	外交部、公安部	商务部
	充分利用有关国际组织的资源和技术，加强国际反拐合作项目建设和引进工作	公安部	外交部、商务部
	加强国际警务合作，充分发挥边境反拐警务联络机制作用，共同打击跨国拐卖人口犯罪	公安部	外交部、司法部
	加强与相关拐入国政府和国际组织合作，及时解救和接收被拐卖出国的中国籍受害人，并为其提供必要的服务	外交部、公安部	民政部
	加强与相关拐出国政府和国际组织合作，及时发现和解救被拐卖入中国的外籍受害人，完善对被跨国拐卖受害人救助工作机制，做好中转康复工作，并安全遣送	外交部、公安部、发展改革委	民政部

续表

职责大项	职责细项	主管部门	协同部门
加强国际合作	认真履行和充分利用《联合国打击跨国有组织犯罪公约》及其关于预防、禁止和惩治贩运人口特别是妇女和儿童行为的补充议定书,扩大打击拐卖人口犯罪国际司法合作网络	外交部	最高人民法院、最高人民检察院、公安部、司法部

根据上述整理可以发现,对于人口贩运的治理内容,从人口贩运犯罪环节的角度,覆盖了侵害前、贩运行为实施后、被解救后等环节,具体措施包括:健全预防犯罪机制,打击犯罪和解救被拐卖受害人,加强被拐卖受害人的救助、安置、康复和回归社会工作。完善法律法规和政策体系以及加强宣传、教育和培训则是为上述具体措施的展开提供制度和环境上的保障。而上述措施的展开,除了政府各部门具体负责以外,还有赖于各非政府组织的积极参与,以及与相关国际组织的合作。由此,我们将人口贩运法治化治理的主要内容概括为主体、措施、保障三个方面。主体角度以实现广泛合作为主要治理目标;措施方面则根据人口贩运侵害的各环节,具体实现预防、起诉和保护的治理目标;而法规范的制度保障则是法治化治理的应有之义,为主体和措施方面治理目标的全面实现提供支持。

(一)治理主体

在人口贩运治理中,政府各部门的主导者角色是不言自明的,除此之外,还包括了非政府组织和个人等,这在上文提及合作这一治理目标时已经有所阐述。此外,对于跨区域和跨境人口贩运活动,区域间、各国政府之间以及与国际组织的合作治理同样是一个重要的方面。

1. 政府部门

根据以上《反拐行动计划》等相关文件,政府各部门作为治理主体,在具体职责方面,又细分为负责部门和配合部门:首先,中央综合治理办公室承担总体协调工作,旨在加强各部门间的合作治理、联合行动。其次,公安部几乎在所有的人口贩运治理事项(预防人口贩运犯罪机制的建立健全、犯罪的打击和受害人的解救、对被解救受害人的救助和康复以及国际合作的加强)中都发挥着主导性的作用。再次,国务院法制办公室在相关法律、法规的完善,民政部、财政部、教育部和卫生部等在受害人的救助和康复工作中也发挥着主要作用。最后,外交部在人口贩运防治国际合作方面几乎与公安部具有同等重要的地位。

2. 非政府组织和个人

随着国家对社会事务管理的逐渐放松,部分国家权力开始向社会转移,传统的以国家为单一治理主体的局面开始转变,一些社会公共组织开始承担起部分管理社会公共事务的职能。也就是说,社会行政的场景开始发生,公共行政逐步形成。新兴的管理部分社会事务的这部分组织被学者称为非政府公共组织或民间组织或第三部门或社会中间层,它们的兴起意味着全能型政府的终结,国家从部分社会领域"退却",而非政府公共组织则承接起因国家"退却"而空白出来的公共职能。这种国家与社会的合作与协同,被认为是一种理想的社会治理模式。①

然而,社会行政场景的形成并不意味着非政府公共组织可以涉足所有的社会事务领域。那么,对于非政府组织和个人而言,在人口贩运的治理过程中,是否有这些主体参与的空间和必要?答案显然是肯定的。前文已论及,国家具有对人口贩运活动进行管制的必要性和可能性。在第一部分中已经谈到,人口贩运活动具有手段的多样性、范围的跨地域性,并且还逐渐发展出隐蔽性和受害人难以鉴别等特点。人口贩运活动的这些特征决定了单纯依靠国家层面的力量将难以有效识别和认定人口贩运人员和受害人,即使能够成功识别,也必将耗费国家大量的成本。因此,寻求社会团体,特别是非政府公共组织的帮助成为了一项极佳的选择。非政府公共组织更贴近社会大众,在信息源上更能

① 参见石佑启:《论公共行政之发展与行政主体多元化》,载《法学评论》2003 年第 4 期。

保证其准确性；同时，非政府公共组织又有着分散的个人所不具备的人力、财力和设备等，这为其有效管制人口贩运活动提供了必要的前提物质基础。除此之外，就个人参与者的角度而言，尽管不具有非政府组织的协同性和集团化，但在有相应制度相配套和完善的情况下，同样能够发挥很强的协助治理功能（如在失踪儿童预警机制中的作用）。

3. 区域合作与国际合作

此外，治理主体中还有一个方面是人口贩运治理的区域合作与国际合作。从上一章对人口贩运问题特点的描述可以发现，人口贩运表现出很明显的跨区域甚至跨国界的特征，这一方面是由于各地经济发展水平的不同，另一方面也是犯罪分子躲避打击的一种手段。对于我国境内的跨区域人口贩运治理，有赖于各地政府特别是公安部门之间的协调与合作。而对于跨国的人口贩运治理，就主要需要在外交部的牵头下，加强与国际移民组织、联合国儿童基金会、联合国毒品和犯罪问题办公室等国际组织和相关国家的交流合作；公安部还需负责组织开展国际警务合作，充分利用双边、多边和国际刑警组织等渠道，开展跨国拐卖人口犯罪案件侦办合作和情报信息交流。此外，还要加强与相关拐入国、拐出国政府的合作，及时解救、接受、遣送人口贩运受害人。

以上是对治理主体相关地位和功能的概括性描述，而对于其中各主体的具体职能，将在下文对治理措施的阐述中予以展开。

（二）治理措施

我们在上文已经阐述人口贩运侵害的完整链条包含了侵害前、贩运行为实施后贩运目的达成前、贩运目的达成后、被解救后等环节，而预防、起诉、保护的治理目标则全面覆盖了这些环节。根据中央政府关于打击人口贩运活动的部署，政府各部门也应围绕上述侵害链条的各环节采取相应的治理措施，以下分别针对“健全预防犯罪机制，打击犯罪和解救被拐卖受害人，加强被拐卖受害人的救助、安置、康复和回归社会工作”这三个方面的治理措施进行展开。值得一提的是，尽管《反拐行动计划》主要是针对政府各部门（主要是中央层面）的职责进行部署，但在具体内容上实际也包含了非政府组织和个人协助治理的空间，这正体现了合作这一治理目标。

1. 健全人口贩运预防机制

在人口贩运问题中,防患于未然始终是治理的重中之重。人口贩运的预防机制以综合整治人口贩运活动的重点地区和“买方市场”为主要方向,即从需求方角度减少拐卖人口犯罪的发生。在这一预防机制中,中央综治办是主要的职责部门,与之相配合的协同部门主要是公安部、教育部、民政部、卫生部、司法部、商务部、人力资源社会保障部、妇儿工委办公室、全国妇联等,各部门联动和多方面配合是实现预防机制的重点。

在实现预防机制时,具体还可细分为人口贩运活动重点领域和“买方市场”两个方向。针对人口贩运活动重点行业、地区和人群的主要治理措施包括:人力资源市场(劳务市场)的管理,需要加大对非法职业中介及使用童工、智力残疾人等违法行为的查处力度;整治卖淫嫖娼的违法犯罪行为,另外还包括对娱乐服务场所治安整治和失足妇女的教育帮扶工作;加强拐卖人口犯罪活动重点地区计划生育服务和孕情管理工作;加大老少边贫地区农村人口扶持力度,鼓励农村有外出务工意愿的妇女、残疾人、城市失业下岗妇女创业就业,保障所有适龄儿童、少年接受九年义务教育,切实控制学生辍学;健全流浪未成年人救助保护机制。关于“买方市场”的整治问题,主要方向包括加大对出生人口性别比偏高的综合治理;规范婚姻登记和收养渠道的管理;加强医疗卫生机构管理,严禁为被拐卖儿童出具虚假出生证明,明确医护人员发现疑似拐卖情况及时报告的义务等。

除了政府各部门之外,基层群众自治组织,包括城市的社区居民自治委员会和农村的村民自治委员会,应将帮助容易被拐卖的人群和有效预防、打击人口贩运活动纳入工作事项作为自身的重要职责。社区也应当将反拐教育纳入自身日常的社会管理工作中去,以提高社区成员,尤其是妇女儿童、未成年父母或其他监护人的反拐意识和能力。就人口贩运侵害链条的各环节而言,非政府组织和个人能够发挥最大功能的就是预防这一环节,而防患于未然本身也是人口贩运治理的重中之重。各政府部门在履行相应职责时,也应注意加强宣传、教育,充分动员非政府公益机构、基层群众组织和公民个人，关于这一点，还将在配套机制中予以展开。

2. 打击侵害行为、解救人口贩运受害人

对于人口贩运侵害已经发生的情况，主要的工作目标就是侦破各类拐卖人口的犯罪案件、打击人口贩运侵害行为、及时解救受害人。在这一环节，主要的职责主体就是以公安机关、法院、检察院为代表的司法职能部门，此外，还需要民政部、人力资源社会保障部、全国总工会、全国妇联等部门的配合。

人口贩运行为中，侵害性最大、社会影响最严重的是拐卖儿童行为，《反拐行动计划》在这一方面的工作部署也有一定程度的倾斜。在侦查环节，以拐卖儿童行为为例，设立了侦办拐卖儿童案件责任制，提出了“案件不破，专案组不得撤销”的要求。此外，与一般的失踪人口申报和查找不同，儿童失踪时需严格执行快速查找机制，同时还要对失踪儿童建立相应数据库，采集失踪儿童父母、疑似被拐卖儿童的血样，检验录入全国打拐 DNA 信息库。全国打拐 DNA 信息库，应健全信息收集和交流机制，实现信息共享。

在人口贩运案件侦破后，出于威慑犯罪行为的需要，对具有从重、加重情节的犯罪行为，应依法严厉惩处。比如，拐卖人口犯罪集团的首要分子和多次参与、拐卖多人，同时实施其他违法犯罪或者具有累犯情节的犯罪分子。对于收买方，如以暴力、威胁方法阻碍、聚众阻碍国家机关工作人员解救受害人，依法应当追究刑事责任的，也应依法惩处。而对于受欺骗或被胁迫从事违法犯罪行为的被拐卖受害人，依法减轻或免除处罚。此外，如除拐卖人口犯罪之外，还涉及对被拐卖受害人强迫性交易、强迫劳动，组织或强迫未成年人、残疾人乞讨或从事违法犯罪活动，强迫他人捐献器官、组织贩卖人体器官等犯罪行为的，还应根据相应的规范追究其行政、民事、刑事责任。

在人口贩运侵害发生之后，由于这类侵害通常涉及刑事犯罪，非政府组织和个人主要能够提供的是协助的功能。如最高人民法院、最高人民检察院和公安部于 2000 年 3 月 20 日联合发布的《关于打击拐卖妇女儿童犯罪有关问题的通知》中指出，各级政法机关在防治人口贩运活动时，除了要与有关国家党政机关密切配合外，还应当“广泛地发动社会各界以及基层干部、群众，积极投入‘打拐’专项斗争中，做好检举、揭发人口贩运活动，配合有关部门做好解救人口贩运活动受害者的工作，坚决同贩运人口等违法、犯罪行为做斗争”。这反映了在人口贩运侵害发生之后，国家也同样重视发动民间力量参与人口贩运防治工作，积极建立群防、群治体系，以有效打击人口贩运活动。

3. 妥善安置人口贩运受害人

对于被解救的人口贩运受害人的安置，要注重贯彻保护的治理目标，加强对其的救助、安置、康复、家庭与社区融入等工作，帮助其顺利回归社会；同时还要保护受害人隐私，使其免受二次伤害。在这一阶段，民政部门是主要的职能主体，相应的配合协同部门则包括了公安部、教育部、卫生部、人力资源社会保障部，以及全国总工会、共青团中央、全国妇联等。此外，在受害人安置阶段，基层群众组织、社会公益组织包括公民个人，具有特别重要的作用，人口贩运受害人的安置和融入社会，都需要相应社会组织的接纳、协调与配合。

首先，要完善政府多部门合作、社会各界支持的被拐卖受害人救助、安置和康复工作机制，提升各救助机构、福利机构的服务水平；充分利用现有社会救助和社会福利设施提供救助和中转康复服务。特别是对于被拐卖的儿童，在无法找到原家庭的情况下，应完善收养制度、确定被拐卖儿童的安置办法。其次，在被拐卖受害人临时救助和康复工作中引入专业社会工作服务，鼓励有关社会组织、企事业单位和个人为救助被拐卖受害人提供资金、技术支持和专业服务。再次，全面关心人口贩运受害人的生理和心理健康恢复情况，可指定相应医疗机构提供医疗服务和心理干预。最后，积极帮助受害人维护自身合法权益，增强其法律意识和维权意识，法律援助机构依法为符合条件的被拐卖受害人提供法律援助。另外，需要注意的是人口贩运受害人的保护和妥善安置，是一个长期化的工作，有条件的情况下，应建立专门的档案，加强对被解救的受害人的登记、管理和保护工作，定期对其生活进行跟踪了解，并积极协调相关部门和组织帮助其解决实际困难。

（三）保障机制

除了根据以上部署的措施展开具体的治理以外，整体治理效果的实现，还需要制度化的保障和外围环境的支持。人口贩运治理的保障机制主要包括以下内容：法律法规和政策体系的完善，以及宣传、教育和培训工作的全面展开。规范制度体系的完善是针对人口贩运治理各环节的，而宣传、教育和培训通常能在人口贩运的预防阶段发挥比较好的作用。

1. 规范和政策体系的完善

人口贩运治理相应法规范的制定和完善，主要由国务院法制办和全国人大法工委负责，同时需要法院、检察院、公安部、民政部、人力资源社会保障部等的配合。目前与人口贩运相关的刑事法律规范，包括贩卖人口、强迫性交易、强迫劳动、贩卖器官等犯罪行为的规制，相比较而言已经比较体系化。而如从人口贩运侵害链条着手，需制定和完善的规范制度还应包括失踪人口（特别是儿童）的预警制度、人口贩运受害人的救助制度、（被拐卖儿童）收养制度。

从《反拐行动计划》，也就是现有的实定规范来看，法律规范体系完善的主要方向是加大对收买被拐卖受害人行为的打击力度、完善被拐卖受害人救助有关法规和完善儿童临时监护和监护监督制度。应当说，现有的《反拐行动计划》对于人口贩运受害人被解救后的保护与安置这一方面已有相当的关注，特别是对于儿童的监护问题，要求研究制定监护权转移的具体程序，避免因监护人丧失监护能力或监护人侵权对儿童造成伤害。这明显已将治理的视角开始从打击侵害者向“受害人保护”转移。但稍显不足的是，对于人口贩运侵害链条的前端关注度较低，例如，失踪人口（特别是儿童）的预警机制，目前还未有成熟的制度出台。从现有行动计划来看，对于人口贩运的预防阶段的治理目标，一般通过加强宣传、教育和培训等非正式或非制度化的方式来实现。

2. 宣传、教育、培训等非正式机制

在非正式的治理机制中，合作目标的实现往往是更容易也是更有效的。一方面，宣传、教育和培训的目的就在于多渠道、多形式地扩大社会公众对于人口贩运防范措施的了解，与这一机制相关的政府部门就包括了公安部、中央宣传部、教育部、司法部、铁道部、文化部、人口计生委、交通运输部、国家新闻出版广电总局。另一方面，在这些非正式机制中，非政府组织和一般社会公众一方面是宣传、教育和培训的对象，另一方面也是防治人口贩运的重要支持者和相应信息的来源。因此，在宣传教育过程中，要积极动员社会力量支持和参与反拐工作。建立举报拐卖人口犯罪奖励制度，积极培育反拐志愿者队伍。此外，还可以借助非正式的平台和媒体，如网络、微博等，以广泛开辟线索来源。

而在宣传教育的内容和形式上，为了增强这些机制的有效性，对于某些地区和人群应有所侧重，着重在人口贩运活动重点地区和易被拐卖人群中开展反拐教育和法制宣传。人口贩运活动的易发地主要为交通运输行业和娱乐场所、宾馆饭店等场所，因此，应定期在火车站、汽车站、航空港、码头、娱乐场所、宾馆饭店等开展反拐专题宣传。另外，跨境人口贩运比较频繁的边境区域也是宣传教育的重点领域。从易被拐卖人群角度看，妇女、儿童、残疾人和智力障碍者是主要的被侵害对象。反拐教育应被纳入到中小学和中职学校教育教学活动中，提高学生自我保护意识；应加强流动、留守儿童及其监护人反拐教育培训；反拐宣传教育应成为社区管理工作的一项重要内容。对于残疾人和智力障碍者，应根据其认知、交流等方面的特点，使用对其有效的宣传措施，开发符合其特点的宣传品。

三、中国人口贩运治理的分类

人口贩运问题治理重点领域的确定，是在对人口贩运活动加以分类的基础上补充完善形成的。对于人口贩运活动的分类，可以从这一概念的定义入手，如前所述，根据《打击人口贩运议定书》第 3 条(a)项的规定，“人口贩运”是指为剥削目的(剥削应至少包括利用他人卖淫进行剥削或其他形式的性剥削、强迫劳动或服务、奴役或类似奴役的做法、劳役或切除器官)，而通过暴力威胁或使用暴力手段，或通过其他形式的胁迫，通过诱拐、欺诈、欺骗、滥用权力或滥用脆弱境况，或通过授受酬金或利益取得对另一人有控制权的某人的同意等手段招募、运送、转移、窝藏或接收人员。以下就将在这一定义的基础上,对人口贩运活动的分类作一细化,并在此基础上提炼出本书关于人口贩运治理的重点领域,最后就人口贩运治理的整体架构作出总结。

(一)人口贩运治理模式划分

关于人口贩运,根据《打击人口贩运议定书》第 3 条(a)项的定义可以发现,该定义呈现了"人口贩运"的三大要素,即行为要素、手段要素和目的要素。"行为要素"主要是指贩运人的招募、运送、转移、窝藏或接收行为。"手段要素",概括而言,即指贩运人所采用的一系列暴力手段,主要包括贩运人所采用的暴力威胁或暴力手段,或其他形式的胁迫,或诱拐、欺诈、欺骗、滥用权力或滥用脆弱情况,或取得对另一人有控制权的某人的同意等手段,概括而言,即贩运人所采用的一系列暴力手段。"目的要素",即指贩运人是以剥削为目的的,具体包括性剥削、强迫劳动、奴役和切除器官等。根据这一内涵的剖析,可以得出人口贩运的三种治理模式,即以"行为要素"为导向的治理模式、以"手段要素"为导向的治理模式和以"目的要素"为导向的治理模式。

1. 以"行为要素"为导向的治理模式

人口贩运活动中贩运人所实施的行为即招募、运送、转移、窝藏或接收等贩运行为。在国内,我们一般将"贩运"等同于"贩卖",这主要是受翻译的影响;因为"贩运"来源于英文的表述"trafficking","trafficking"的原初含义为"trade"(交易行为),在法律上则一般被理解成"illegal or improper commercial activity"(非法或不适当的商业活动)。因此,《打击人口贩运议定书》中的"trafficking"就不仅仅指"出卖"的行为。

此外,我们认为,在对人口贩运活动进行(不仅仅是刑事责任意义上的)治理时,还应当将"贩运行为"与"剥削目的"区分开来,两者皆有被关注的必要。在人口贩运活动中,"贩运"和"剥削"是贩运人在不同的阶段所实施的不同行为,因此,受到侵害的法益也是不同的。人口贩运活动中贩运人的贩运行为,实质上侵害的是被害人的人身自由权。剥削行为存在于贩运行为完成后的阶段,实质上遭受侵害的法益有可能是多重的。关于这一问题的讨论,具体将在"目的要素”部分予以展开。

对于人口贩运行为的管控,各国的刑事立法做了较为全面的制度安排。在以行为要素为导向的各国刑事立法中,主要有两种立法模式,即集中立法模式和分散立法模式。集中立法模式是为了保证法律规制的统一性,分散立法模式是为了突出相关法律规制的针对性,行政法的立法管控模式也大致可以参照这两条径路。以行为要素为导向的集中立法模式是指在刑法典中将人口贩运行为规定为一种犯罪行为,同时直接在该罪名的罪状描述中全面列举上述各种行为方式,或者将“人口贩运”规定为该罪的构成要件行为。如《澳门刑法典》第153a条人口贩运罪的罪状描述中直接列明了“提供、送交、引诱、招募、接收、运送、转移、窝藏或收容”。

以行为要素为导向的分散立法模式则是指将前述的人口贩运的诸种行为方式规定在刑法典的不同罪名中,日本是此种立法模式的典型代表。《日本刑法典》在第225条规定有掠取、诱拐罪,在第226条第2款(修改后为第226条之二)规定有“买卖人口罪”。其后,由于《日本刑法典》对人口贩运行为方式的列举远远小于《打击人口贩运议定书》的范围,于是遭到国际社会的普遍诟病。因此,日本第162届国会提出了一部法律案对刑法典进行修改。修改后的《日本刑法典》增加了“移交、收受、运输或者藏匿”等人口贩运行为方式,作为《日本刑法典》第227条第3款,此后《日本刑法典》对人口贩运活动的规制范围与《打击人口贩运议定书》的范围大致相当。而且日本的分散立法模式也体现在“目的要素”方面,日本刑法典在对各相关罪名的规定中都会加入“以营利、猥亵、结婚或者对生命、身体的加害为目的”这一《打击人口贩运议定书》中关于目的要素的规定。

2. 以“手段要素”为导向的治理模式

人口贩运活动中贩运人所采取的“贩运手段”是一种强制手段,这种强制手段或者已经足以排除被贩运人员的意志自由,或者可被认定为达到了排除被贩运人员意志自由的强制性程度。也就是说,贩运人所采取的诸种贩运手段对于被贩运人员的意志自由的侵害程度,必须是已经达到了使被贩运人员不能、不敢或至少难以抗拒的程度。据此,我们可以对《打击人口贩运议定书》中所提及的各种人口贩运的强制手段进行细致分析。

首先,“通过暴力威胁或使用暴力手段,或通过其他形式的胁迫”,这是通过暴力或类似暴力的手段使被贩运人员不能或不敢反抗的情形。其次,“通过诱拐、欺诈、欺骗”,则是一种带有欺骗性质的行为,它的结果是导致被贩运人员不知反抗。再次,“通过滥用权力或滥用脆弱境况”,按照《联合国打击跨国有组织犯罪公约及其议定书谈判正式记录(准备工作文件)的解释性说明》(A/55/383/Add. 1)第 63 段的规定,是要达到“被贩运人员除接受该滥用外已经别无选择”的程度,以达至排除被贩运人员的意志自由的目的。最后,“通过授受酬金或利益取得对另一人有控制权的某人的同意”,则是一种通过间接控制以达到排除被贩运人员意志决定自由的程度。

在刑法学上,被害人同意往往被视为一项违法阻却事由以排除“非法”行为实施者行为的“不法性”。因此,需要关注的一个问题是:被贩运人员的同意能否作为贩运人违法的阻却性事由?根据《打击人口贩运议定书》第 3 条(b)项的规定:“如果已使用本条(a)项所述任何手段,则人口贩运活动被害人对(a)项所述的预谋进行的剥削所表示的同意并不相干。”质言之,如果贩运人实施了《打击人口贩运议定书》第 3 条(a)项所列的诸种暴力手段(之一),则被贩运人员对于贩运人的贩运行为的同意并不能阻却该贩运行为的违法性。实际上,如果贩运人实施了前列各种暴力手段,那么被贩运人员的同意在本质上来说就不可能是真实的。也就是说,在被贩运人员不能自由表达自身意志的情况下,所谓的“同意”只是贩运人为了掩盖其贩运行为的不法性而采取的手段,当然不能阻却贩运行为本身的违法性。《联合国打击跨国有组织犯罪公约及其议定书谈判正式记(准备工作文件)的解释性说明》(A/55/383/Add. 1)第 68 段也规定“不应将(b)项解释为对被告人享有充分辩护权和无罪推定原则施加任何限制”。也即认为,上述的“禁止将被贩运人员的同意作为阻却贩运行为违法性的事由”并非疏于对作为被告的贩运人员权利的保护。

3. 以“目的要素”为导向的治理模式

有关“贩运人口”的犯罪，在刑法上一般被视为目的犯，也即只有当贩运人存有性剥削、强迫劳动、奴役或切取他人器官的非法目的时，贩运人才可能构成“贩运人口”的相关犯罪。当然，构成贩运人口罪并不要求上述那些非法目的必须实现。很多情形下，剥削的目的对于贩运人口活动来说仅仅具有间接性，在德国刑法理论上称之为“短缩的二行为犯”或“不完全的二行为犯”，在日本刑法理论上称之为“间接目的犯”。因此，欲构成贩运人口犯罪，贩运人至少应当具有间接的剥削目的。①

而且，正如在上文关于“行为要素”的论述中已经指出的，在贩运人口活动中，贩运行为和剥削行为是可被区分的两个阶段的行为。贩运人员在从事人口贩运活动时通常就具有直接或间接的剥削目的，人口贩运活动中的贩运行为和剥削行为都具有其法律上的可非难性。因为一方面，贩运人的招募、运送、转移、窝藏或接收等行为已经实质上侵害了被贩运人员的人身权利；另一方面，对于贩运人的贩运行为的提前规制，也有利于预防或提前打击人口贩运活动，并解救被贩运人员。

在贩运阶段，受害人受到的侵害主要是人身自由权的限制和剥夺，那么与之相区分，在剥削阶段所造成的侵害则更为多样化，被害人或者是被实施了性剥削，或者是休息休假的权利遭到了侵害，或者是身体受到了伤害。如果贩运者从事贩运活动是为了实现自身的剥削目的，那么贩运者与剥削者就是同一的，例如，贩运人自身为了获取被害人的器官而从事贩运行为。如果贩运者从事贩运活动并非为了满足自身的剥削目的，而仅仅是为了牟取非法利益，那么贩运者与剥削者就可能发生分离，例如，贩运人招募被害人仅仅是为了将其出卖给第三方

① 当然，我国刑法典所规定的“拐卖妇女儿童罪”将“出卖”作为犯罪的直接目的。拐卖妇女、儿童罪的各种实行行为（包括拐骗、绑架、收买、贩卖、接送、中转）实际上都是“出卖”行为的一个环节，或说是广义的“出卖”行为，正因如此，有学者认为，拐卖妇女、儿童罪只能以妇女、儿童是否被出卖给他人为标准。参见龚培华、肖中华：《刑法疑难争议问题与司法对策》，中国检察出版社 2002 年版，第 482 页；王志祥：《论拐卖妇女、儿童罪的既遂标准》，载《社会科学论坛（学术研究卷）》2007 年第 7 期。台湾地区学者也有相类似的观点，参见甘添贵：《刑法各论》（上），三民书局 2009 年版，第 112 页。

从事违法犯罪活动(如出卖给从事非正当商业活动的夜总会进行卖淫),贩运人本身就不是性剥削的主体,贩运人此时仅仅是为了获取非法利益。

《打击人口贩运议定书》将人口贩运活动的目的明确界定为性剥削、强迫劳动、奴役和切除器官等情形。与其他两个要素所不同的是,几个目的要素之间是能够被明确区分的,这为人口贩运治理类型的划分提供了便利,也为立法的目的导向模式提供了范本。在各国的刑事立法中,德国是采取目的要素为导向来规制人口贩运活动的立法模式的典型代表国家。① 《德国刑法典》第 232 条规定了以性剥削为目的之人口贩运罪(Human trafficking for the purpose of sexual exploitation)、第 233 条规定了以劳务剥削和奴役为目的之人口贩运犯罪(Human trafficking for the purpose of work exploitation)以及在第 234 条的掳人罪(Abduction for the purpose of abandonment or facilitating service in foreign military or para-military forces)、第 223 条、第 224 条、第 226 条和第 227 条伤害罪(Causing bodily harm)等条文中规定了以切除器官

① 国内最新的德国刑法典中译本是徐久生、庄敬华根据德国 2002 年修订的刑法典翻译而来的版本,即 2004 年中国方正出版社出版的德国刑法典译本。在这个中译本中,《德国刑法典》第 232 条和第 233 条已经被废除。但是,随后德国刑法典又经过修改,重新加进了第 232 条、第 233 条和第 233(a)条关于人口贩运犯罪的相关规定。因此,在此有必要做一简单交代。本部分参考的是《德国刑法典》最新的英译本,第 232 条第(1)项具体规定如下:"Whosoever exploits another person's predicament or helplessness arising from being in a foreign country in order to induce them to engage in or continue to engage in prostitution, to engage in exploitative sexual activity with or in the presence of the offender or a third person or to suffer sexual acts on his own person by the offender or a third person shall be liable to imprisonment from six months to ten years. Whosoever induces a person under twenty-one years of age to engage in or continue to engage in prostitution or any of the sexual activity mentioned in the 1st sentence above shall incur the same penalty."第 233 条第(1)项具体规定如下:"Whosoever exploits another person's predicament or helplessness arising from being in a foreign country to subject them to slavery, servitude or bonded labour, or makes him work for him or a third person under working conditions that are in clear discrepancy to those of other workers performing the same or a similar activity, shall be liable to imprisonment from six months to ten years. Whosoever subjects a person under twenty-one years of age to slavery, servitude or bonded labour or makes him work as mentioned in the 1st sentence above shall incur the same penalty."其他罪名的具体规定可参见《德国刑法典》,徐久生、庄敬华译,中国方正出版社 2004 年版,第 112 ~ 115 页。

为目的的人口贩运犯罪。

（二）人口贩运治理的重点领域

根据上文对人口贩运治理模式的阐述可以发现，一个能够对人口贩运进行比较全面科学分类的方法是从“目的要素”入手，考察以性剥削、强迫劳动和切除器官为目的的人口贩运行为。这三种类型的人口贩运治理领域，互相之间不存在重叠或模糊地带（当然不排除几项竞合的情况，即对人口贩运的受害人施以两项或两项以上的侵害），因此，这三类人口贩运活动成为人口贩运治理分类的基础。除此之外，我们还从易受侵害的人群入手进行考察，认为在人口贩运活动中，妇女儿童在被侵害者中占有相当高的比重。其中儿童无论是在所占比例上还是在群体特征上都具有突出的重要性，因此，有必要单独作为一项重点治理领域予以展开。被拐卖妇女是性剥削的最主要对象，此两种类型可以合并为一项治理重点领域。由此，我们结合被侵害人群的分类和人口贩运“目的要素”的分类，将人口贩运治理的重点领域归纳为：失踪儿童救助机制、拐卖妇女防治机制、强迫劳动阻断机制、器官买卖杜绝机制。

1. 失踪儿童救助机制

儿童失踪本身可能由多种原因造成，甚至存在家长遗弃或儿童主动离家出走等情况，但其中对儿童侵害最大也是本部分所重点关注的是因为贩运行为导致的儿童失踪。从上文对我国现有的法规范和政策的梳理来看，与其他受侵害群体相比，对于拐卖儿童打击力度是最大的，甚至提出了“案件不破，专案组不得撤销”的要求。但应当注意到的是，鉴于儿童在心智水平、自救能力、反抗能力等方面的弱势，在儿童失踪后，发生严重后果的概率是极高的，因此，对于儿童失踪的情况，预防和失踪后的快速预警应当被列为最主要的治理方向，当然还包括广泛的搜寻和营救。后文在专章介绍失踪儿童救助机制时，也将详细介绍、分析国内外现有的失踪儿童预警机制。

2. 拐卖妇女防治机制

除了儿童之外，妇女是人口贩运活动中又一个主要的侵害对象。以妇女为对象的人口贩运活动最集中地体现了第一章所提及的人口贩运侵害的特征，被拐卖妇女一般是从经济欠发达地区被拐至经济发达地区，而且跨国境的贩运现象日益严重。拐卖妇女屡禁不止的一个很重要的原因在于性别歧视的存在，而且随着性别比例失调的问题日益严重，使得贫困落后地区出现大量"婚姻剩余男性"，这些都导致了犯罪率的上升。拐卖妇女类的人口贩运活动，无论在主体、目的还是侵害的法益上，与其他类型的人口贩运活动相比，复杂程度都要高一些，后文将在相应章节，就拐卖妇女犯罪的司法认定难点问题，进行专门的剖析。此外，妇女几乎成为跨区域、跨国境人口贩运活动最主要的对象，对于跨国人口贩运的治理，也将作为重点内容，在此部分予以详细展开。

3. 强迫劳动阻断机制

我国以强迫劳动为目的的人口贩运活动，最为常见的是发生在某些特定行业中，如砖窑、煤矿行业，还包括偏远地区的工厂等，此外还包括强迫乞讨行为。其中震惊全国的山西系列"黑砖窑事件"则是这类强迫劳动侵害的典型，后文相应章节中将对这一系列案件进行详细梳理。这类行为往往还伴随着严重的身体健康权利的侵害，如为防止受害人逃跑而采取暴力手段，或人为造成受害人残疾后强迫其去乞讨。可以发现，与其他类型的人口贩运活动相比，在强迫劳动过程中，受害人受到的法益侵害是最为多重的，甚至有被奴役化的倾向。对此，需要强调国家的保护义务，特别对于强迫劳动高发的某些行业，国家有加大监管的职责，同时也要联合公益机构、基层群众组织和一般社会公众，全面预防、及时发现、积极救助强迫劳动的受害人。

4. 器官买卖杜绝机制

以切除人体器官为目的的人口贩运行为是目标最为明确直接的一种人口贩运的类别。器官买卖的最主要目的就是为了用于人体器官移植。人体器官移植技术目前几乎成为挽救晚期脏器功能衰竭患者生命的唯一有效手段，但器官移植供体存在严重不足，这样一种供需不平衡的现状以及巨额的利益诱惑，刺激了以切除人体器官为目的的人口贩运行为的滋生。在器官买卖问题上，一个比较特殊的方面是，中介人在整个犯罪链条中的作用非常重要，但我国目前对这一环节的治理措施比较简单。此外，我国对于医院或医生违反规定参与器官买卖的惩戒也相对轻微，可以说对实施器官移植这一环节的治理几乎是缺位的。后文将针对这些问题，比较和借鉴国际社会上已有的治理模式，并提出具体的治理方案和措施。

四、总体框架图

根据上文对于中国人口贩运整体性的治理目标、内容和类型的阐述，我们可以得出人口贩运治理的一个总体思路和框架，而这也构成了本书后文各分论章节展开的基本脉络与核心内涵。

总框架图具体如下表所示。

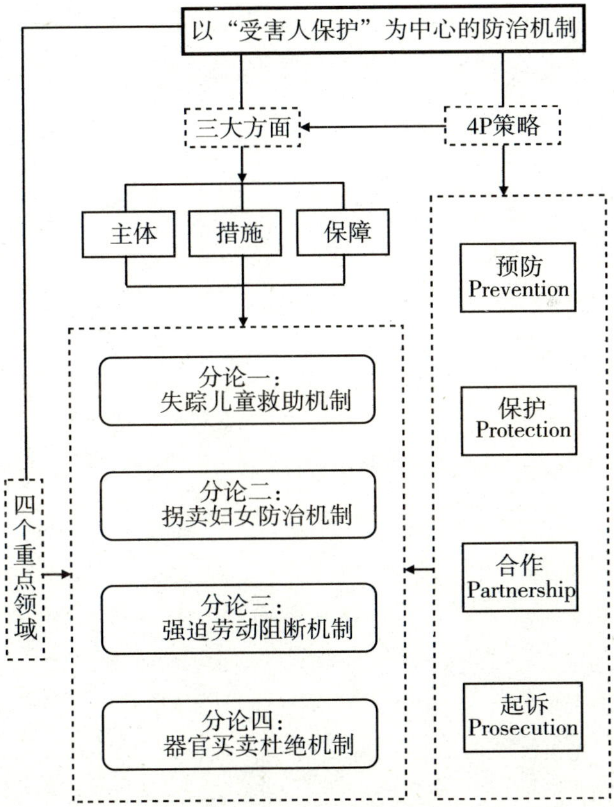

人口贩运治理总思路和框架图

总体框架图表明，本书提出的中国人口贩运的法治化治理路径是以“受害人保护”为核心导向的，无论在治理目标的提炼、治理内容的阐述还是在重点领域的划分上，都应贯彻这一治理的核心导向。对于人口贩运治理的目标，我们提出了4P策略，即预防（Prevention）、保护（Protection）、合作（Partnership）、起诉（Prosecution），这四项策略都是围绕“受害人保护”这一核心提出的。在治理内容的具体展开上，本章已从整体的角度对人口贩运治理的主体、措施和保障机制等方面的内容进行了阐述，而之后的各分论章节将围绕失踪儿童救助机制、拐卖妇女防治机制、强迫劳动阻断机制、器官买卖杜绝机制这四个重点治理领域，根据这些人口贩运侵害的特征，就具体的治理内容作详细展开。

第三章　失踪儿童救助机制

一、现状和问题

所谓儿童失踪，主要是指未成年人（尤其是0岁至14岁的未成年人）去向不明，找不到踪迹。[①] 儿童失踪属于人口失踪的一类，学理上的定义可概括为：儿童由于特定原因，主动、被动或无意识地消除日常自我信息、破坏关联载体信息记录和重现功能，进而隔绝社会联系的一种状态。[②] 由于儿童心智尚未发育完全，缺乏判断能力和反抗能力，儿童失踪的事件要比一般人口失踪的事件更容易发生，后果也更为严重。儿童失踪事件发生的起因，主要可分为两大类因素：外生因素和内生因素。

外生因素导致儿童失踪的事件：

（1）从社会危害性程度来看，最严重的莫过于，犯罪行为导致的儿童失踪事件，如拐卖、绑架、猥亵、强奸，或是蓄意伤害甚至谋杀儿童等；

---

① 有关儿童的定义主要受发展心理学和生理学的影响，根据生理年龄、身体和心理的成熟程度和能力等客观因素来界定儿童。以生理年龄为基础把儿童与成人划分为不同类别的做法体现在各种国内外文件中。如联合国《儿童权利公约》规定："儿童系指18岁以下的任何人，除非对其适用之法律规定成年年龄低于18岁。"我国的官方文件和学界对儿童没有统一的界定，概念的使用比较混乱，"儿童"在很多时候等同于"未成年人"。如我国《民法通则》和《未成年人保护法》规定，不满18周岁的人是"未成年人"，不能独立承担民事责任。参见熊伟：《儿童被害及其立法预防》，载《青少年犯罪问题》2015年第4期。

② 参见裘树祥、马跃忠：《"失踪"本质及失踪人口的公安治理》，载《中国人民公安大学学报》（社会科学版）2015年第5期。

（2）有些儿童失踪事件是由于公共安全存在隐患而造成的，比如公共设施缺乏管理、建筑工地施工、废旧设施缺乏监管和安全措施等造成儿童被困，2016 年 11 月发生的河北保定儿童坠井事件，就是著例之一；

（3）由于地震、台风、泥石流等自然灾害导致儿童失联进而失踪的事件也不在少数；

（4）在车站、广场等公共场所由于人流密集、拥挤等原因，儿童与亲人走散而失踪的情况也时有发生；

内生因素导致儿童失踪的事件：

（1）家长一方有可能在主观上存在遗弃、出卖、虐待甚至杀害儿童的动机，从而导致儿童失踪；

（2）儿童一方有可能因亲子关系、家庭纠纷、精神疾病或者心理障碍等因素，主动远离亲人，不辞而别，离家出走，从而导致失踪。

需要注意的是，上述六大类因素中，除了公共安全隐患和自然灾害两种因素引起的儿童失踪可能直接导致儿童的死亡之外，后三类因素——公共场所走失、家长的遗弃或出卖以及儿童出走，都会导致甚至助长第一类因素，即拐卖儿童的犯罪活动。不同因素引起的儿童失踪事件，相应的应对策略和措施也会有所不同。因此，对引起儿童失踪事件的因素进行分类，是进一步分析研究的基础。

（一）儿童失踪问题和拐卖儿童犯罪的现状

在我国，最主要且最棘手的儿童失踪问题来自儿童的拐卖，而其他情形下的儿童失联、失踪，比如儿童与父母在公共场所走散，主动不辞而别、赌气离家出走等，又极有可能使得犯罪分子有机可乘，从而导致犯罪行为难度降低，使儿童拐卖事件屡屡发生。与诸如美国、加拿大等发达国家有所不同，“失踪儿童”这个词在当下的中国，近乎等同于最可怕的结果，即被拐卖，甚至死亡。对失踪儿童的家庭来说，听到这个词时，他们所面对的极有可能将是与孩子多年或者永远的分离。由此也折射出在当下城市化、工业化进程不断推进，人口流动持续加速的情况下，仅仅寄希望于以严刑峻法的事后制裁与威慑效果来遏制儿童拐卖犯罪是不现实的，更多的将需要建立一种全方位的、围绕着被拐儿童的防治措施体系。电影作品《亲爱的》《失孤》等,不仅让观众为故事中主人公的遭遇感到同情和悲伤,也在一定程度上使我国公众了解到儿童失踪问题的现状。被拐卖的儿童所遭受的经历是我们无法想象的,这不仅对儿童自身产生无法磨灭的伤害,也对他们的家庭造成了近乎毁灭性的打击。有媒体对这一问题做过梳理,认为中国儿童拐卖事件之所以如此猖獗,主要是以下几个因素的影响:重男轻女的落后思想遗毒,尤其在经济发展水平落后的区域,存在庞大的男孩购买需求;拐卖儿童的犯罪行为相比拐卖妇女等其他人群的犯罪行为更容易实施;高额的利润和相对松懈的执法和制裁制度,驱使犯罪分子基于侥幸不断重复犯罪等。①

1. 儿童失踪问题现状

我国除了对拐卖儿童问题有所统计外,对于每年儿童失踪事件的数量,暂未做过官方统计。香港凤凰卫视早在 2007 年就曾做过一个专题报道:我国每年约有 20 多万名儿童失踪,直到 2007 年仍未放弃寻找的案件超过了 60 万件。②

国际上,联合国毒品与犯罪问题办公室曾经有过调查,20 世纪末至 21 世纪初,短短 10 年时间内,全球两百多个国家和地区中,有 127 个国家都受到了拐卖人口犯罪的困扰。③ 人口拐卖问题已经为各国政府所重视,尤其是拐卖儿童这种被视为是严重践踏人权的行为,多数国家都出台了打击拐卖儿童犯罪的相关法律。而诸多关注跨国有组织犯罪问题、难民和移民等人权问题的国际组织也开始纷纷研究对策和行

---

① 参见公欣:《失踪儿童背后的困与痛:亟待全社会力量救助》,载《中国经济导报》2014 年 1 月 11 日第 B06 版。

② 凤凰视频新闻:《中国儿童失踪案每年超 20 万件》,2009 年 5 月 7 日,载 http://v.ifeng.com/society/200905/e08a53c0 - d835 - 480a - bce0 - 318e4317dec7.shtml,2016 年 12 月 22 日访问。对此,公安部打拐办主任陈士渠表示,"这些数字纯属谣传,严重失实"。参见新浪新闻:《失踪儿童数量到底有多少》,2013 年 6 月 5 日,载 http://news.sina.com.cn/o/2013 - 06 - 05/163427320976.shtml,2016 年 12 月 22 日访问。

③ Edwards, Alice. "Traffic in human beings: At the intersection of criminal justice, human rights, asylum/migration and labor." Denv. J. Int'l L. & Pol'y 36 (2007): 9.

动方案,将更多的注意力给予拐卖儿童问题。① 1983 年,美国政府将 5 月 25 日定为儿童失踪日,并在全国范围内组建部门协调各地执法部门。随后的一些年,加拿大政府和欧盟也宣布 5 月 25 日为"失踪儿童日"。

对于失踪儿童问题的严重程度,我们很多情况下只能通过媒体的新闻报道、纪实纪录,以及一些民间组织、私人团体等所提供的数据从侧面作一了解。在这些非官方数据中,有一些数据是相对比较有价值的,应当引起我们的注意。比如,号称国内首个专注于走失儿童找回系统和机制的 APP"睿介寻子",自 2015 年通过众筹成立以来,在其官方网站上公布了其所收集的全国走失儿童统计数据信息。在缺乏官方第一手数据的情形下,这种非官方数据的重要性就凸显了出来。

表 1　民间组织"睿介寻子"全国走失儿童数据

地区	第六次人口普查数据			"睿介寻子"全国走失儿童数据						走失儿童占比(‰)
				近五年走失儿童数量					走失儿童总数	
	总人口	儿童人数	儿童占比(%)	2012 年	2013 年	2014 年	2015 年	2016 年		
全国	133281 万	22132 万	16.61	1013	690	458	597	32	23361	1.06
广东	10432 万	1760 万	16.87	142	110	73	98	7	2976	1.69
四川	8042 万	1365 万	16.97	65	39	25	53	2	1941	1.42
贵州	3475 万	878 万	25.26	34	25	31	28	5	1914	2.18
河南	9403 万	1975 万	21.00	40	55	33	52	0	1374	0.70
江苏	7866 万	1023 万	13.01	69	37	21	25	1	1230	1.20

① See Division for the Advancement of Women, U. N. Dep't of Int'l Econ. & Soc. Affairs, "The United Nations Response to Trafficking in Women and Girls", at 5, U. N. Doc. EGM/TRAF/2002/WP. 2 (Nov. 8, 2002).

续表

地区	第六次人口普查数据			“睿介寻子”全国走失儿童数据						走失儿童占比（‰）
				近五年走失儿童数量					走失儿童总数	
	总人口	儿童人数	儿童占比（%）	2012年	2013年	2014年	2015年	2016年		
山东	9579万	1507万	15.74	73	35	14	26	2	1033	0.69
湖北	5724万	796万	13.91	53	29	11	18	0	984	1.24
福建	3689万	571万	15.47	37	22	10	23	0	884	1.55
陕西	3733万	549万	14.71	44	24	11	24	0	883	1.61
浙江	5442万	719万	13.21	49	30	21	15	1	845	1.18
湖南	6570万	1158万	17.62	36	28	27	30	1	787	0.68
重庆市	2884万	490万	17.00	15	16	14	12	0	731	1.49
上海市	2302万	198万	8.61	26	13	10	10	0	721	3.64
河北	7185万	1209万	16.83	29	24	12	26	1	706	0.58
云南	4597万	953万	20.73	15	21	8	17	1	704	0.74
安徽	5950万	1058万	17.77	33	21	10	23	2	671	0.63
江西	4457万	976万	21.90	31	21	25	16	1	615	0.63
广西	4602万	1000万	21.71	27	19	21	21	1	590	0.59
山西	3571万	611万	17.10	26	16	10	8	2	574	0.94
北京市	1961万	169万	8.60	25	20	10	19	2	484	2.87

续表

地区	第六次人口普查数据			"睿介寻子"全国走失儿童数据						走失儿童占比（‰）
				近五年走失儿童数量					走失儿童总数	
	总人口	儿童人数	儿童占比（%）	2012年	2013年	2014年	2015年	2016年		
黑龙江	3831万	457万	11.94	24	8	8	4	0	471	1.03
辽宁	4375万	500万	11.42	18	10	7	12	1	337	0.67
吉林	2745万	329万	11.99	11	8	6	2	0	329	1.00
天津市	1294万	127万	9.80	34	18	3	1	1	319	2.52
甘肃	2558万	464万	18.16	11	10	17	12	1	313	0.67
青海	563万	118万	20.92	18	10	6	1	0	266	2.26
内蒙古	2471万	348万	14.07	13	6	1	6	0	246	0.71
新疆	2181万	446万	20.45	1	10	5	6	0	221	0.50
宁夏	630万	135万	21.39	10	4	4	7	0	135	1.00
海南	867万	172万	19.78	2	1	4	2	0	61	0.36
西藏	300万	73万	24.37	2	0	0	0	0	16	0.22

注：数据来源：国家统计局官方网站：www. stats. gov. cn；"睿介寻子"官方网站：stat. ruijiexunzi. com

需要说明的是，除了来源于国家统计局第六次人口普查所获得的各地区人口数量、儿童人口数量和占比以外，这一份表格所整理的走失儿童统计数据来源于民间组织“睿介寻子”。这虽然在一定程度上已经能够反映当下走失儿童的大致情况，但囿于资金、人员和资源等的限制，数据的真实性、准确性和权威性无法与官方机构提供的数据相提并论。还需要注意的是，表1中的儿童人口，指的是0～14周岁人口，原因在于：国家统计局公布的第六次人口普查数据中，各地区人口年龄构成和抚养比人口数是按照0～14周岁、15～59周岁和60周岁及以上人口的划分来统计的，但“睿介寻子”官方网站所提供的数据并未明确走失儿童的年龄分界。从其他数据来源所统计的失踪人口、被拐卖儿童数据信息来看，14周岁以上走失的人口数量本身就非常稀少，几乎可忽略不计。因此，表1将“睿介寻子”官方网站所提供的走失儿童数据直接对应为0～14周岁走失儿童数据，从而可与各地区人口大致作一比较。另外，可能是由于2016年度尚未结束，统计尚不完全，“睿介寻子”官方网站所提供的近五年走失儿童数量中，2016年的数据普遍较少；香港、澳门和台湾地区的数据没有列入其中。

从表1中我们可以看到，在全国13亿人口中，有两亿多儿童，这其中，走失儿童的总数达到了两万多，占全国儿童总数的1.06‱——意味着在我们身边，平均每一万个儿童中，就有一个走失。在走失儿童数量最多的广东省，由于该省人口数量庞大，因此，走失儿童占比并未过高。相比之下，超级城市上海，走失儿童占比竟然达到了惊人的3.64‱（列居全国首位）。这意味着在上海，平均每一万个儿童就有超过三个走失。同样地，在首都北京，达到了2.87‱（走失儿童占比仅次于上海）；天津位列第三，走失儿童占比达到了2.52‱。

根据表1的数据，就近五年来全国走失儿童数量的走势可绘制成如图1所示。除去数据尚不完整的2016年以外，近五年来，全国走失儿童数量从2012年的1013人下降到2015年的597人，2014年至2015年在数量上有所抬头。而各省除了河南省、四川省、山东省等少数省份，大部分省市地区近五年的走失儿童数量都呈现下降的趋势。

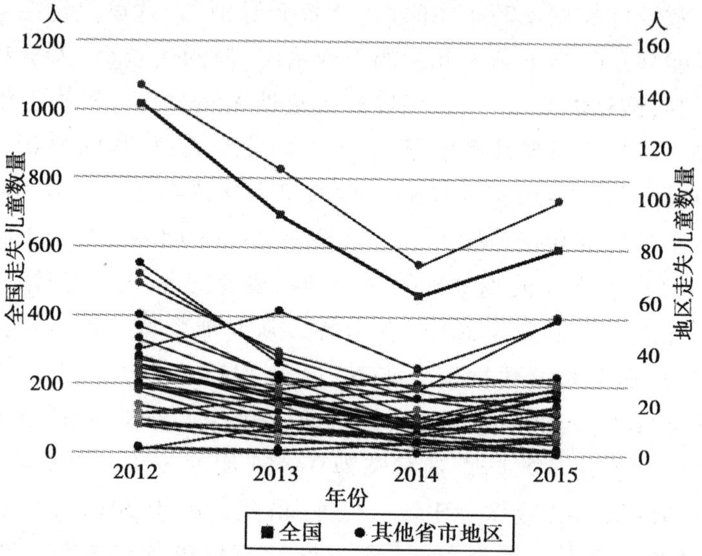

图1　“睿介寻子”2012～2015年走失儿童数量走势

注：数据来源：“睿介寻子”官方网站，stat. ruijiexunzi. com

在所有地区中，走失儿童占比高于全国平均水平的共有13个省或直辖市，分别是广东省、四川省、贵州省、江苏省、湖北省、福建省、陕西省、浙江省、重庆市、上海市、北京市、天津市和青海省。其中，东部沿海地区就占到7个。其余18个地区，包括河南省、山东省、湖南省、河北省、云南省、安徽省、江西省、广西壮族自治区、山西省、黑龙江省、辽宁省、吉林省、甘肃省、内蒙古自治区、新疆维吾尔自治区、宁夏回族自治区、海南省和西藏自治区，走失儿童占比都在全国平均水平之下。其中中西部地区占到了半数以上。可见，走失儿童多发的区域主要集中在人口稠密的东部沿海地区。而说到儿童拐卖的犯罪活动，媒体经常提及的河南省，却反而名列走失儿童占比低于全国平均水平的地区，只有0.7‱。当然，走失儿童的分布状况不能与拐卖儿童犯罪活动直接关联。尽管如此，这一统计数据也大致能够为我们提供一个对走失儿童现状相对直观的感受。总体而言，我们可以归纳出走失儿童的分布主要为几大片区：

①东部沿海高发分布带

首当其冲当然是延海岸线分布的东部沿海地区，呈现出一条狭长的分布带，是我国走失儿童数量最多的片区；这里是我国经济最为发达、人口最为稠密的地区，虽然人均教育水平和人均收入水平都位居全国前列，但由于人口流动频率较高，城市较多，儿童走失的概率反而是全国最高。这一狭长分布带又包括了明显的三个核心圈，在这条分布带上呈现出三个节点，与我国三大核心经济发达地区一致，即京津冀地区、长三角地区和珠三角地区。

②中西部密集分布带

我们可以看到儿童走失事件发生的密集区域集中在中原地区，包括河南大部，河北中部和南部，山东西部，以及陕西和山西的部分地区，这些地区共同组成中原地区密集亚分布带；而四川东部，重庆大部，贵州西北部，同样呈现出密集的状态，可组成川渝贵密集亚分布带。

③中南部集中分布带

在中南部地区，包括湖南、湖北大部，江西，广西，安徽南部，浙江、福建的中西部，以及广东的西北部地区，呈现出集中但未达密集程度的分布状态，我们可称之为中南部集中分布带。

④东三省稀疏分布带

东三省——黑龙江、吉林和辽宁三个省份相对有聚合效应，但儿童走失的分布远远没有达到集中的程度，可称之为东三省稀疏分布带。

⑤西部稀少分布带

内蒙古，甘肃大部，青海，西藏，以及四川的西部地区，分布的走失儿童数相对稀少，可共同组成中西部的稀少亚分布带；而新疆的西北部，同样具有相当程度的稀少分布，但由于与中西部地区以戈壁滩相隔，因此，可独立成为新疆稀少亚分布带。

归纳起来，在我国走失儿童地理分布上，按照分布的密集程度从高到低，可总结为五个分布带：东部沿海高发分布带，中西部密集分布带，中南部集中分布带，东三省稀疏分布带，西部稀少分布带。

2. 有关拐卖儿童的犯罪活动现状

我国自21世纪以来，在国家政策层面先后出台了《中国反对拐卖妇女儿童行动计划（2008～2012）》《中国反对拐卖人口行动计划（2013～2020）》，着力构建多部门联动、全社会参与的预防、打击、救助、康复

“四位一体”的反拐卖长效工作机制，从单纯“打拐”向综合“反拐”转变，着力遏制拐卖儿童犯罪活动的势头。[①] 经过若干年的努力，已经取得一定的实效，且建立起了号称中国“安珀警报”的中国儿童失踪预警平台（China's Child Safety Emergency Response，CCSER）。尽管如此，基于我国庞大的人口基数，地区发展的巨大差异以及经济发展的不平衡，儿童失踪的治理仍然存在诸多不足，预防、搜救和善后全方位动态的治理体系尚未形成。

当前，全国拐卖儿童犯罪活动较为猖獗，受害人及受害家庭数以万计。据民政部估计，2013 年前后，全国流浪乞讨儿童数量在 100 万到 150 万左右；河南、云南以及两广沿海等地乡村地区，买卖儿童几近市场化，形成了一个完整的地下黑色利益链。[②]

根据《中国法律年鉴》所提供的数据，自 1991 年至 2014 年，拐卖妇女儿童的刑事犯罪案件概况如图 2 所示。[③] 对于拐卖儿童刑事案件的情况，目前尚没有官方的单独统计。《中国法律年鉴》提供的公安机关对拐卖妇女儿童刑事案件的立案数据，可以从侧面提供一个我国拐卖儿童犯罪的概况。我们可以看到，20 世纪 90 年代初，我国拐卖人口犯罪活动曾经非常猖獗，一度达到年立案数量 26507 件，占全部刑事案件立案总数的 1.12%，应该说是有官方数据可考以来的巅峰。随后，随着我国法治建设的起步和人权保障事业的开展，自 1992 年开始，拐卖人口的犯罪活动大幅下降，直至 1999 年。2000 年突然发生一次剧烈上涨，仅一年时间就使得拐卖人口犯罪数量回到 20 世纪 90 年代初期的水平，达到年立案数 23163 件，但比重的增幅相对较缓（0.64%），由此可见，在 2000 年时全国犯罪活动普遍大幅增加。然而从 2001 年开始，立案数又重新回到 2000 年以前的走势，回落至 7008 件，占比

---

① 参见王锡章：《拐卖儿童犯罪的现状与遏制对策——以 F 省为例的实证研究》，载《中国人民公安大学学报》（社会科学版）2015 年第 5 期。

② 参见李春雷、任韧、张晓旭：《我国被拐卖儿童救助保护现状及完善对策研究——基于对近年 133 个公开报道案例的分析》，载《中国人民公安大学学报》（社会科学版）2013 年第 6 期。

③ 1991 年至 1990 年，年鉴中统计的是“拐卖人口”刑事案件立案数，2000 年以后，开始以“拐卖妇女儿童”代替。1991 年以前的年鉴没有统计“拐卖人口”的刑事案件情况。

0.16%，这就使得2000年的数据看起来有些突兀。从2001年至2008年，全国拐卖妇女儿童刑事案件立案数量继续保持下降的趋势。2008年以前，全国拐卖妇女儿童的刑事案件立案数量维持在2000件到3000件左右，占全部刑事案件立案数量的比重不到0.1%。而在2008年以后，从2009年开始，全国拐卖妇女儿童刑事案件立案数量开始猛增，案件占比也不断爬升，远远超过2008年以前的平均水准，一直到2013年增长至最高点，达到了20735件，直追20世纪90年代初的立案数。但占全部刑事案件立案数的比重增幅并没有相应地加快，2013年只有0.31%。由此可见，从2008年开始全国的犯罪活动又开始整体呈现逐年多发的态势。

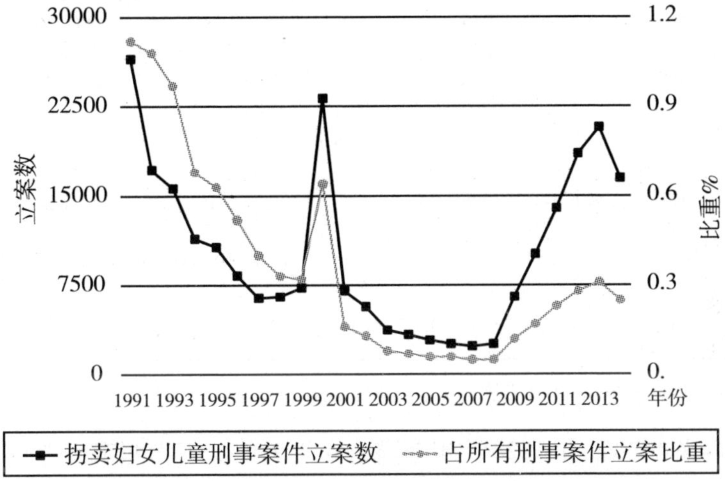

图2　1991～2014年全国拐卖妇女儿童案件情况

2007年底，国务院在《中国妇女发展纲要（2001—2010年）》和《中国儿童发展纲要（2001—2010年）》两份文件的基础上，发布了《中国反对拐卖妇女儿童行动计划（2008—2012年）》，提出了"健全反拐工作协调、保障机制，明确相关部门职责任务，加强合作，建立集预防、打击、救助和康复为一体的反拐工作长效机制，提高工作效率，最大限度地减少拐卖妇女儿童犯罪活动的发生，最大限度地减轻被拐卖妇女儿童遭受的身心伤害"的总体目标。《中国反对拐卖妇女儿童行动计划（2008—2012

年)》从2008年开始实施,为期五年。然而,对照2008年后的这五年中拐卖妇女儿童案件立案数量的飙升状况,不得不令人感到一些费解:在政府出台有力政策,重拳打击之下,为何拐卖妇女儿童的犯罪活动不减反增?

在2013年达到顶点以后,2014年的数量回落至16483件,占比为0.25%。这可能与2013年国务院发布《中国反对拐卖人口行动计划(2013~2020)》有关。但鉴于之前《中国反对拐卖妇女儿童行动计划(2008~2012年)》与现实效果完全相反,2014年数量的下降与《中国反对拐卖人口行动计划(2013~2020)》之间的相关性还有待进一步观察。

表2　1991~2014年全国拐卖妇女儿童案件立案情况

年份	1991	1992	1993	1994	1995	1996	1997	1998	1999	2000	2001	2002
立案数(件)	26507	17168	15629	11367	10670	8290	6425	6513	7257	23163	7008	5684
比重(%)	1.12	1.08	0.97	0.68	0.63	0.52	0.4	0.33	0.32	0.64	0.16	0.13
年份	2003	2004	2005	2006	2007	2008	2009	2010	2011	2012	2013	2014
立案数(件)	3721	3343	2884	2569	2378	2566	6513	10082	13964	18532	20735	16483
比重(%)	0.08	0.07	0.06	0.06	0.05	0.05	0.12	0.17	0.23	0.28	0.31	0.25

注:数据来源:《中国法律年鉴》(1992~2015年卷)

再来看2009年至2015年全国公安机关侦破拐卖儿童案件数量,如图3所示,对比之下,状况不容乐观:从2009年开始,仅在2011年陡然增加至5320起,但侦破拐卖儿童案件数量总体仍然呈现下行趋势。根据新华网报道,"2009年4月起在全国开展'打拐'专项行动,截至2010年底,全国共破获拐卖妇女案件9165起、拐卖儿童案件5900起,解救被拐卖儿童9388人、妇女约1.8万人"。①

① 余晓洁:《截至2010年底中国"打拐"行动解救被拐卖儿童9388人》,2011年7月14日,载http://news.xinhuanet.com/legal/2011-07/14/c_121667254.htm,2016年12月22日访问。

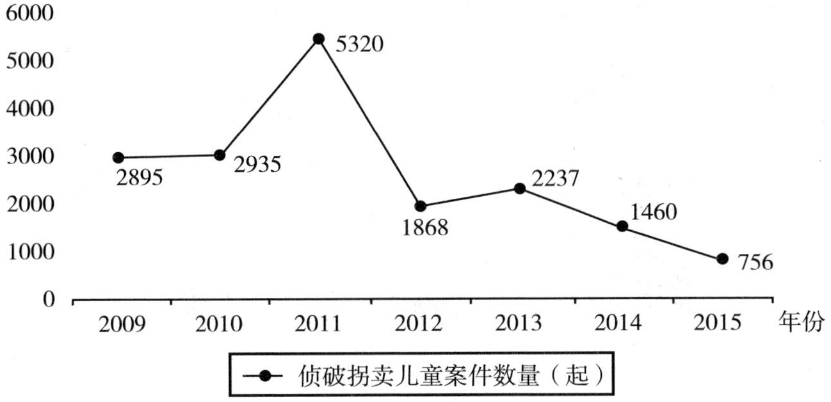

图3　侦破拐卖儿童案件数量(起)

注:数据来源:2009～2011年部分来自王锡章:《拐卖儿童犯罪的现状与遏制对策——以F省为例的实证研究》,载《中国人民公安大学学报》(社会科学版)2015年第5期;2012年部分来自靳高风:《2012年中国犯罪形势与刑事政策分析》,载《中国人民公安大学学报》(社会科学版)2013年第2期;2013～2015年部分来自国家统计局的《中国儿童发展纲要(2011～2020年)》实施情况统计报告和中期统计监测报告,www. stats. gov. cn

根据2013年一项实证研究显示,[①]拐卖儿童的犯罪活动具有如下几个特点。

第一,如图4所示,在133个自2000年以来媒体公开报道过的拐卖儿童案件中,被拐卖儿童在年龄上以6岁以下的低龄儿童、特别是婴幼儿居多,性别上男童显著多于女童,但年龄越大,被拐卖的男童比例越少,14周岁至18周岁被拐卖儿童则基本以女性为主。[②]

第二,从被拐卖儿童的来源和去向来看,全国大部分地区甚至境外个别地区都存在拐卖儿童的现象,被拐卖儿童的来源地比去向地更为广泛复杂。其中,被拐卖儿童的拐出地如图5所示,不仅包括了我国大部分省市地区,还包括了我国香港特别行政区、澳门特别行政区、台湾地区,以及越南、老挝、缅甸等国,虽然比重不大,但也已超过黑龙江省、

---

① 参见李春雷、任韧、张晓旭:《我国被拐卖儿童救助保护现状及完善对策研究——基于对近年133个公开报道案例的分析》,载《中国人民公安大学学报》(社会科学版)2013年第6期。

② 李春雷、任韧、张晓旭:《我国被拐卖儿童救助保护现状及完善对策研究——基于对近年133个公开报道案例的分析》,载《中国人民公安大学学报》(社会科学版)2013年第6期。

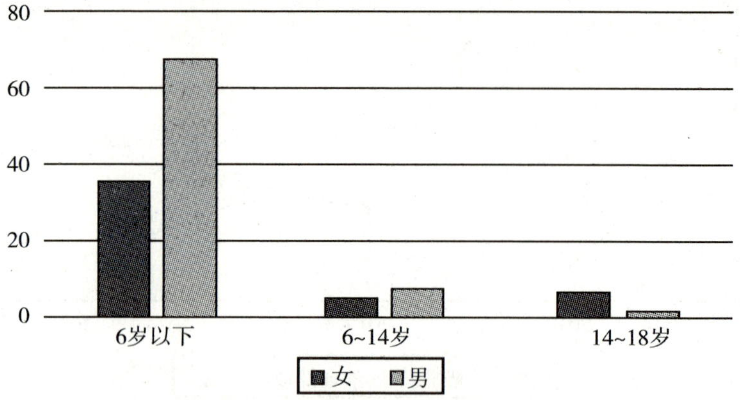

图4 被拐卖儿童的性别和年龄分布

注：数据来源：李春雷、任韧、张晓旭：《我国被拐卖儿童救助保护现状及完善对策研究——基于对近年133个公开报道案例的分析》，载《中国人民公安大学学报》（社会科学版）2013年第6期，绘制本图时略有改动

内蒙古自治区等我国大陆若干省市地区。根据这项实证研究，被拐卖儿童的主要来源地是河南省和云南省，紧随其后的是占到近10%的广东省，另外广西壮族自治区也占到7%有余。[①] 以上四个地区合起来，已经占到了所有被拐卖儿童来源地的半数以上。对比前述走失儿童的地区分布，两者的数据大致相对应，其中河南省和广东省的走失儿童数量绝对值位居全国前列，而广西壮族自治区和云南省在走失儿童总量的绝对值上居中靠后。然而，考虑走失儿童占儿童数量比例再看两组数据的对比，就会发现，上述四个地区除了广东省的比例（1.69‱）超过全国平均水平以外，河南省（0.7‱）、云南省（0.74‱）和广西壮族自治区（0.59‱）都低于甚至远低于全国平均水平。

从被拐卖儿童的去向来看，如图6所示，河南省仍然是全国之最，约有25%的被拐卖儿童被拐入河南省境内，其次是山东省（12%）、福建省（12%）、广东省（9%）。以上四个省份的总数占到了被拐卖儿童被拐入地分布的半数以上。

① 参见李春雷、任韧、张晓旭：《我国被拐卖儿童救助保护现状及完善对策研究——基于对近年133个公开报道案例的分析》，载《中国人民公安大学学报（社会科学版）》2013年第6期。

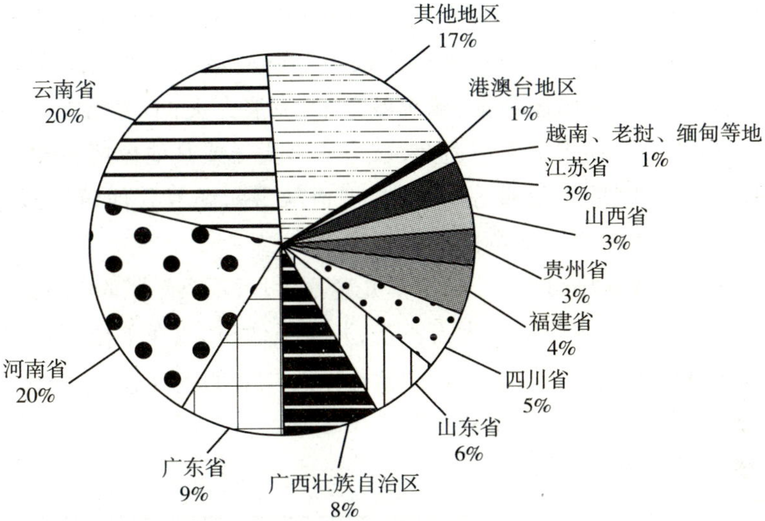

图5　被拐卖儿童拐出地分布

注:数据来源:李春雷、任韧、张晓旭:《我国被拐卖儿童救助保护现状及完善对策研究——基于对近年133个公开报道案例的分析》,载《中国人民公安大学学报》(社会科学版)2013年第6期,绘制本图时略有改动

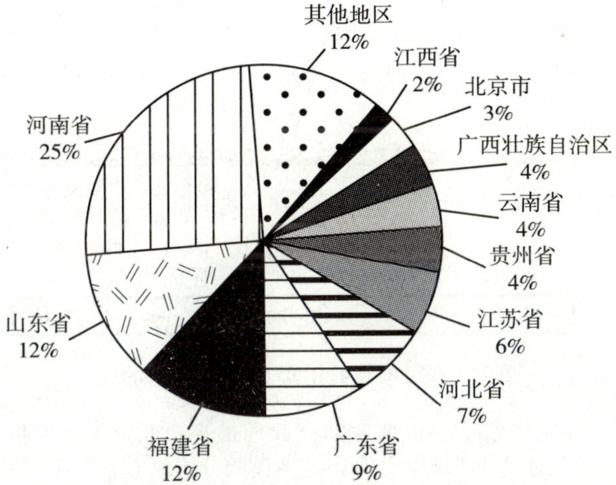

图6　被拐卖儿童拐入地分布

注:数据来源:李春雷、任韧、张晓旭:《我国被拐卖儿童救助保护现状及完善对策研究——基于对近年133个公开报道案例的分析》,载《中国人民公安大学学报》(社会科学版)2013年第6期,绘制本图时略有改动

第三,如图7所示,各年龄段儿童被拐卖后的不同生存处境,以6岁以下被拐卖儿童被收养这种形式最为普遍。除此以外,各年龄段被拐卖儿童的生存处境还包括:被卖做童工,流浪街头,不幸死亡,因健康状况不佳或未找到卖主而遭遗弃,被迫从事卖淫或其他色情服务,以及被拐卖后受到唆使而犯罪等。其中,被迫从事卖淫或其他色情服务的主要集中在14~18岁女童被拐卖的案件中。①

第四,从表3中可以看出,拐卖儿童之手段除了绝大部分是被亲生父母卖出的以外,主要由于大人不备,儿童被偷窃,或在单独玩耍、上学途中被拐走。从组织形式上看,团伙作案为主要的形式,除了被亲生父母卖出的,很少有单独作案的情况。

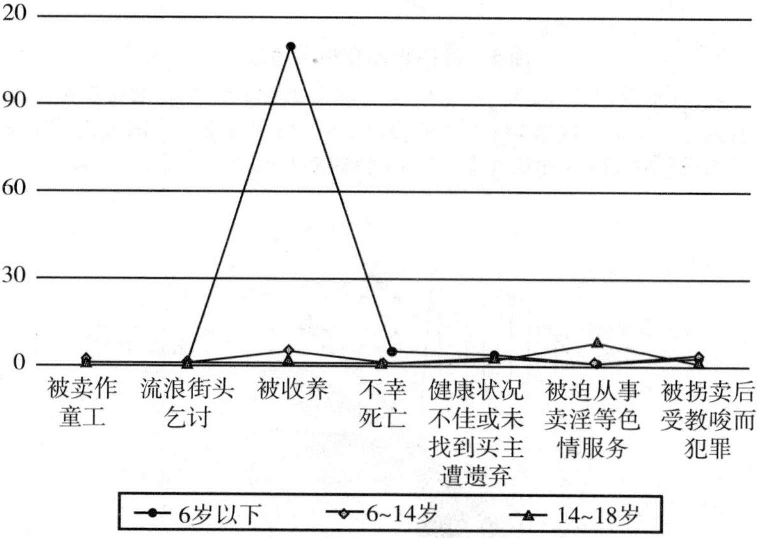

图7 不同年龄被拐卖儿童的生存处境

注:数据来源:李春雷、任韧、张晓旭:《我国被拐卖儿童救助保护现状及完善对策研究——基于对近年133个公开报道案例的分析》,载《中国人民公安大学学报》(社会科学版)2013年第6期,绘制本图时略有改动

① 参见李春雷、任韧、张晓旭:《我国被拐卖儿童救助保护现状及完善对策研究——基于对近年133个公开报道案例的分析》,载《中国人民公安大学学报》(社会科学版)2013年第6期。

表3　拐卖儿童的手段及组织形式

拐卖手段	组织形式				小计
	个人	团伙	夫妻合谋	其他家人合谋	
被亲生父母卖出	23	29	15	2	69
单独带孩童出行被抢走	0	6	0	0	6
带孩童出行被哄骗后拐卖	1	3	0	0	4
趁大人不备,孩童被偷窃	6	11	0	0	17
被亲戚卖出	3	0	0	6	9
被熟人朋友卖出	2	1	0	0	3
孩童单独玩耍或上学途中被拐	2	10	0	0	12
其他方式	1	6	0	0	7
未成年人自身被诱骗	1	4	0	0	5
捡到婴儿后卖出	1	0	0	0	1
总计	40	70	15	8	133

注:数据来源:李春雷、任韧、张晓旭:《我国被拐卖儿童救助保护现状及完善对策研究——基于对近年133个公开报道案例的分析》,载《中国人民公安大学学报》(社会科学版)2013年第6期,绘制本表时略有改动

第五,从图8可以看到,获救的被拐卖儿童绝大多数是通过公安机关的搜救行动而获救,极少部分由志愿者利用互联网等手段解救或由拐卖儿童的犯罪分子自行交出。①

① 参见李春雷、任韧、张晓旭:《我国被拐卖儿童救助保护现状及完善对策研究——基于对近年133个公开报道案例的分析》,载《中国人民公安大学学报》(社会科学版)2013年第6期。

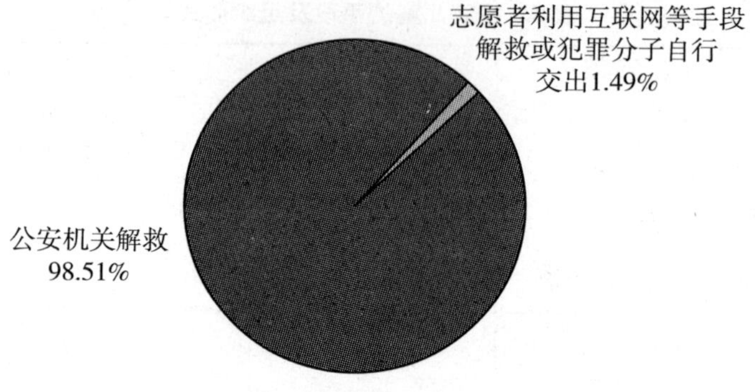

图8　被拐卖儿童获救渠道

注:数据来源:李春雷、任韧、张晓旭:《我国被拐卖儿童救助保护现状及完善对策研究——基于对近年133个公开报道案例的分析》,载《中国人民公安大学学报》(社会科学版)2013年第6期,绘制本图时略有改动

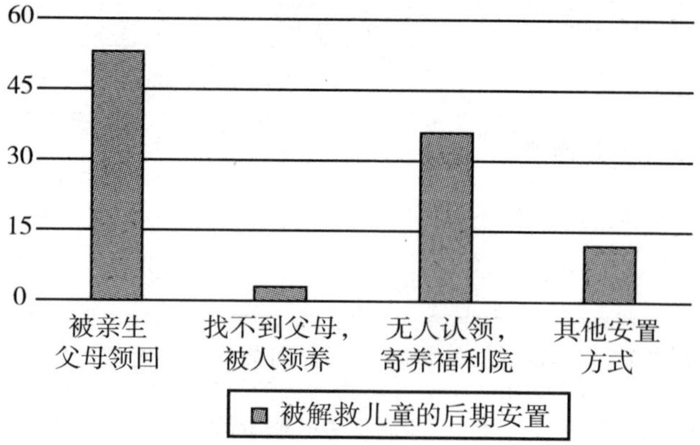

图9　被解救儿童的后期安置

注:数据来源:李春雷、任韧、张晓旭:《我国被拐卖儿童救助保护现状及完善对策研究——基于对近年133个公开报道案例的分析》,载《中国人民公安大学学报》(社会科学版)2013年第6期,绘制本图时略有改动

第六,被拐卖儿童在被解救出来以后,部分被亲生父母领回;无人认领的儿童则被寄养在福利院;另外少部分会在找不到父母的情况下被人领养。这其中,近一半的被拐儿童解救后最终没能回到自己的亲生父母身边,原因则需要结合表3来理解:这些被拐儿童中,绝大部分

都是由他们的亲生父母所卖出。①

（二）存在的问题

1. 预防和预警

对于拐卖儿童问题来说，儿童失踪的预防和预警是重中之重。与一般的人口失踪事件不同，儿童因其心智尚未成熟，行动能力有限，活动更容易受到控制，实际上更容易预防；也正是基于同样的原因，儿童一旦与父母失去联系，尤其是年龄越小的儿童，被找回的可能性就越低，搜救工作也越难展开。因此，对于儿童失踪问题的治理，首当其冲就是要全方位完善儿童走失、拐卖预防机制。

我国对于拐卖妇女儿童犯罪的打击是强有力的，1997 年《刑法》（第 240 条）将原 1979 年《刑法》第 141 条拐卖人口罪改为拐卖妇女、儿童罪。除在拐卖妇女、儿童罪下增设刑罚加重事项以外，还增加了一个新罪名——收买被拐卖的妇女、儿童罪。此后，国务院又先后出台了《中国反对拐卖妇女儿童行动计划（2008 ~2012）》《中国反对拐卖人口行动计划（2013 ~2020）》，着力构建多部门联动、全社会参与的预防、打击、救助、康复“四位一体”的反拐卖长效工作机制，从单纯“打拐”向综合“反拐”转变，着力遏制拐卖儿童犯罪活动的势头。然而，这样的法律和政策似乎并没有起到多大的威慑效果，根本原因仍然在于，刑法作为事后追惩性的社会管制手段，是一种“堵”而非“疏”。就儿童拐卖问题的预防而言，核心的解决途径是要逐渐降低、消除收买儿童的需求，其次要逐渐降低、消除供给一方的出卖意愿。从上文中我们已经看到，绝大部分的儿童被拐卖后的处境是被收养，同时还有部分被拐卖的儿童是由亲生父母卖出，这就说明在当下中国，拐卖儿童的买方和卖方市场仍然广泛存在；同时，在拐卖儿童的犯罪活动中，处于最便利地位的父母，成为源源不断的供给方。

---

① 参见李春雷、任韧、张晓旭：《我国被拐卖儿童救助保护现状及完善对策研究——基于对近年 133 个公开报道案例的分析》，载《中国人民公安大学学报》（社会科学版）2013 年第 6 期。

有学者调查发现,基于不孕不育、遗传疾病、重大变故、生育指标限制、错过育龄等各种因素,在中国农村社会特定的人文环境之下,普遍存在收养子女的刚性需求,而这种需求并不全然是通常所理解的"重男轻女、延续香火"这类的封建观念。① 该学者提出,要从根本上解决儿童拐卖问题,除了技术防范和刑事制裁外,更应通过系统的社会改良,消除、缓和隐藏于问题背后的一系列促成因素,比如计划生育政策的调整,农村养老体系的建立,经济落后地区的加快发展,社会资源的公平分配,贫困地区教育条件的改善等。②

除了对拐卖儿童犯罪的直接打击和预防以外,对儿童走失的预警也尤为重要。我们不可能完全杜绝拐卖儿童的犯罪活动,也不可能存在某一种方法或工具可以保证儿童永远不会走失、失踪,但我们可以在儿童走失、失踪发生的时候,尽最大努力将其找回。一般认为,儿童走失后的24小时内,是将其找回的黄金时间。③ 因此,预警机制对于儿童被拐的预防有着极为关键的作用。

目前,我国已建立若干预警平台,如中国儿童失踪预警平台(CCSER),公安部儿童失踪信息紧急发布平台,以及睿介寻子等。然而,这些平台远未达到如美国安珀警报那样的功效,这体现在:首先,由于缺乏国家强制力保障和公共财政的支持,非官方背景的民间平台,都无法在全国范围内形成广泛的覆盖,也无法吸纳足够庞大的受众。如中国儿童失踪预警平台和睿介寻子,前者是由中社儿童安全科技基金(由商人赵莉捐资与前刑警张永将共同设立),联合德利迅达、香江科技、三智资本等爱心企业共同创立,后者则是通过众筹的方式创立。这些平台所发布的儿童走失警报无法发挥出如美国安珀警报直接推送移

① 赵军:《法治建构与社会治理的"刑法依赖症"——以拐卖儿童犯罪的法律演进为中心》,载《法学评论》2016年第6期。

② 参见赵军:《法治建构与社会治理的"刑法依赖症"——以拐卖儿童犯罪的法律演进为中心》,载《法学评论》2016年第6期。

③ 于英杰:《失踪24小时是找回孩子黄金时间》,2014年10月6日,载 http://news.sina.com.cn/o/2014-10-06/061930950909.shtml,2016年12月22日访问。

动电话这样的效果；其次，具有官方背景的平台，即公安部儿童失踪信息紧急发布平台，仅仅是借助其他应用平台，如微博、支付宝、淘宝、QQ、360 手机卫士等，向使用这些应用的用户推送儿童失踪信息，相比直接推送手机而言，受众面仍然不够广泛。

2. 搜寻和营救

当儿童已经失去联络，超过合理时间，或者拐卖事件已经发生以后，搜寻和营救失踪或已被拐卖的儿童将是首要目标。前文中已经说明，在我国，搜寻、营救失踪儿童、被拐儿童的工作基本由公安部门一家独揽。获救的被拐卖儿童绝大多数系通过公安机关的搜救行动而获救，极少部分是由志愿者利用互联网等手段解救或由拐卖儿童的犯罪分子自行交出。在那些人流密集的大型超市、商场等场所，第三方的搜寻走失儿童义务尚没有制度化；而我国民间的营救被拐儿童的组织，比如“宝贝回家”志愿者组织等，都尚处于起步阶段，与公安部门也尚未形成较为紧密的协同合作，在营救的渠道、力量、广度和深度方面都明显薄弱。

3. 善后阶段

将被拐卖儿童营救回来以后，如何帮助儿童与其家人团聚，或者在暂时无法找到其家人的情况下如何妥当地安排他们的生活，也是一个十分重要的议题。前文已经说到，被解救出来的被拐儿童，仍然有相当一部分最终没能回到自己亲生父母身边，而只能寄养在儿童福利院。据媒体报道，民政部公布的数据显示，在 2010 年到 2011 年公安系统开展的打拐专项行动中，共解救被拐儿童 13000 余名，其中未找到亲生父母的孩子约 12100 名。这就意味着，只有不到 10% 的被解救儿童能够回到父母身边。[①] 或因为本身就是由亲生父母卖出而无法团聚，抑或是未能找到亲生父母，这部分数量庞大的被拐儿童的善后安置问题，往往面临着诸多法律上的困境：被解救的被拐儿童的身份和监护状态需

---

① 郑诚：《全国人大代表、佛山民警梁志毅：建议修改〈收养法〉让获救儿童被合法收养》，载《羊城晚报》2013 年 3 月 13 日，http://www.ycwb.com/ePaper/ycwb/html/2013－03/13/content_106698.htm? div = －1，2016 年 12 月 22 日访问。

要明确,而现行的《收养法》没有对被解救后无人认领的被拐儿童的收养问题做出特别规定,对待无法确认身份和监护状态的儿童只是规定了交由民政部门的福利机构委托养育,不发生监护权转移,从而使得被解救的被拐儿童落入可能无法被收养的灰色地带。另外,现行《收养法》对于被拐儿童被收养后原监护人出现时,如何处理收养人和原监护人之间的关系问题也没有做出规定。

除上述主要问题以外,从主观要素来看,我国家庭教育中缺少和谐亲子关系的维护观念,以及对儿童心理状态的不重视、及时心理干预的缺位等因素,导致的儿童走失,都使得我国儿童走失、儿童拐卖犯罪活动的问题不容乐观。

归纳起来,我国目前儿童走失、儿童被拐卖的主要问题可大致概括为:

第一,未能形成有效的预警机制,使走失的儿童源源不断地流入到社会中,给拐卖儿童犯罪分子以可乘之机;

第二,大量的走失儿童、被拐卖儿童几乎只能仰赖公安机关进行搜索和救援,本可发挥助力的社会第三方公民、法人、其他组织,以及近年来纷纷兴起的民间救助机构等,尚未被有效调动组织起来,力量被低估或被压抑,未能释放其应有的能量;

第三,获得营救的被拐儿童在被救出以后,大量地只能"积压"在公共福利机构中,在社会上存在收养需求的情况下,由于法律制度上的不完善,被营救后的被拐儿童这部分"库存",无法得到"周转"。对这些已经经历了被拐卖的悲惨遭遇的孩子来说,仅仅因为法律上无法确认他们的身份,而与更加幸福美满的生活失之交臂。

(三)治理的目标

针对前文所述的现状和问题,为建立以受害人保护为中心的防治机制,围绕着被拐儿童从走失到失踪,再到被拐,最后到解救之后的善后事项,可划分三个治理阶段,相应地可以确定以下三大治理目标。

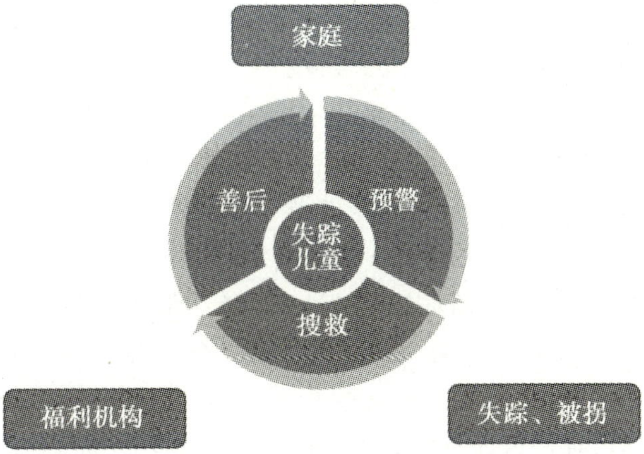

图10 以失踪儿童为中心的治理目标

首先,推动相关立法,建立全国性的走失儿童预警机制,使儿童走失后,相关机构或组织能够快速地、第一时间响应,并将警报尽可能传递至最广的范围,将儿童失踪或被拐卖的可能性降到最低。预警机制的建立,有助于从源头上控制拐卖儿童的犯罪活动。

其次,构建国家和社会合作治理拐卖儿童问题的框架和模式,充分调动社会第三方力量,联合群众、企业、公益组织和民间机构等主体,与公安机关形成较为紧密的互动合作。

最后,尽可能建立收养、寄养信息的大数据资料库,使本可团聚的被拐儿童家庭团聚;完善被拐儿童的收养等相关问题的立法,使无法与家人团聚的被拐儿童在被解救后能够更加顺畅地进入收养程序,进入新的家庭。

二、比较和借鉴

通过对美国、加拿大、我国台湾地区失踪儿童的预防、失踪儿童的搜救,以及对拐卖儿童犯罪的打击、解救后的善后处理等相关制度的梳理,可以看出,通过纵向上的回应性规制和横向上的多元主体合作、联动机制,可以更好地保护青少年、儿童的权益。

(一)纵向——回应性规制

儿童失踪后,基于父母能力的局限性和促进、协调多元治理主体发挥功能的需要，国家应该积极地承担起“家长”责任，扶助家庭，尽可能提高儿童福利水平。

美国《失踪儿童援助法案》规定的行政机关职责

1984年，美国通过《失踪儿童援助法案》(Missing Children Assistance Act)。这是美国第一个关于失踪儿童救援的法案，提出应对失踪儿童案件时，需要充足的警力支持，强调机构之间的协调、合作。研究联邦、州以及其他当地执法机构的最优合作模式，如何促进社区对失踪儿童的重视程度，以及向失踪父母、儿童提供治疗、咨询的有效方式。行政部门可以通过与其他公共机构或者非营利组织签订合同的方式，在全美范围内建立一条失踪儿童免费警报热线；并且建立全国失踪儿童信息采集与甄别中心，从而可以帮助执法部门、社会组织、个人寻找失踪儿童、提供技术支持，在全国范围内宣传寻找、救助失踪儿童的创新的项目、服务、合作方式。

合作治理不同于多个治理主体的简单参与，回应性规制可以为我们提供思路参考。① 失踪儿童案件需要国家根据内生因素/外生因素的区分，回应、运用不同的规制手法。

1. 内生因素驱动儿童失踪事件的预防及救助

(1)预防

由于美国警力的大量投入与重视以及社会力量的广泛合作，美国儿童失踪主要是由内生因素驱动的。根据美国司法部的报告，一年内有未满18岁的797500名青少年儿童报告失踪，平均每天有2185名失

① See Ayres, Ian, and John Braithwaite. *Responsive regulation: Transcending the deregulation debate*. Oxford University Press on Demand, 1994, pp. 101－133. Ayres 和 Braithwaite 对新治理途径下的规制金字塔予以详述，新治理对传统理论提出的挑战，主要在于私人发挥更多作用的治理过程中，政府规制角色的转换。于是，提出规制金字塔理论，政府规制控制程度依据不同的危险逐步升级。失踪儿童案件同样需要政府针对不同的案件类型，灵活地协调、监控，在此过程中，政府可以同时做好规制者、控制者、促进者。

踪儿童。203900 名儿童是被亲属绑架，58200 名儿童是被非亲属绑架。[①] 美国通过家庭暴力预防和服务法（Family Violence Prevention and Services Act），资助社会组织、州的超过 1500 个以社区为中心、以防治家庭暴力为目的的项目。每年，这些项目可以处理超过 140 万的危机热线电话，并为超过 120000 名家庭暴力的受害儿童提供紧急庇护。[②]

美国《防止父母劫持子女法》

美国《防止父母劫持子女法》（Parntal Kidnapping Prevention Act）是 1980 年通过的一项联邦法律，要求各州都承认并执行他州法院所作之符合该法规定的关于子女监护的判决，其目的在于防止无法定监护权的父母一方将子女“劫持”出作出监护判决的法院所在州，通过利用各州法院在管辖权上的重叠和实体问题上的分歧，从他州法院获得对己有利的新判决或对原判决作出更改。

针对失踪儿童的内生驱动因素，我国台湾地区“儿童及少年福利与权益保障法”第 54 条第 3 项规定了关于执行职务人员应通报及其他相关机关应提供必要协助的责任。依据本条规定，我国台湾地区制定的“儿童及少年高风险家庭通报及协助办法”中规定的“儿童及少年高风险家庭”，是指因遭遇经济、教养、婚姻、医疗等问题，使儿童、少年有未得到适当照顾的风险的家庭。医务人员、社会工作人员、教育人员、司法人员、移民业务人员、家政人员、公寓大厦管理服务人员、村长以及其他执行儿童及少年福利业务的人员，在履行职务过程中发现儿童及少年高风险家庭时，应通过网络、电信传真或其他方式通知相关部门。而主管机关接到通报后，会对相关家庭进行访视评估，并在一个月内提出评估报告，并视评估结果提供整合性服务。经过系统的评估，可以判

---

① 参见 National Center for Missing & Exploited Children，“Statistics”，http://www.missingkids.com/en_US/archive/documents/Statistics.pdf，2016 年 12 月 22 日访问。

② 参见 Family & Youth Services Bureau，http://www.acf.hhs.gov/fysb，2016 年 12 月 22 日访问。

断"儿童及少年高风险家庭"中是否存在驱动儿童失踪事件发生的内生因素,从而起到有效的预防作用。

(2)救助走失儿童

失踪儿童的救助存在双向机制,一方面要协助寻找已知身份、刚刚发现的失踪儿童;另一方面发现不明身份的走失儿童的,也要保障其权益免遭侵害。美国家庭和青少年服务部门(Family and Youth Services Bureau,FYSB)通过项目资助离家出走无家可归的儿童(Runaway and Homeless Youth Program)。

我国台湾地区依据"儿童及少年福利与权益保障法"第23条第10项"对于无依靠儿童及少年,予以适当之安置"的规定,在"无依儿童及少年安置处理办法"中规定了医务人员、社会工作人员、教育人员、保育人员、警察、司法人员及其他任何人员,发现失踪儿童时应及时通报。警政机关接到失踪儿童案件的通报后,应立即指派社会工作人员进行访视、调查。社会工作人员访视、调查后发现无依儿童及少年是被遗弃或者走失的,应该立即向警察机关报案,并协助寻找其父母或者监护人。找到其父母或者监护人后,会对其家庭是否适合担任儿童监护人作出评估,预防儿童再次失踪。

(3)失踪儿童家庭的救助

每一个家庭都是社会的一个单位,家庭的幸福关乎社会的和谐和稳定,如果不能成功找到失踪儿童,对其家庭的救助就具有特别的意义。加拿大为失踪或遭遇谋杀青少年的父母提供资金支持(The Federal Income Support for Parents of Murdered or Missing Children grant,PMMC)。① 即申请者因为寻找已经失踪或死亡的青少年,耽误工作,造成收入损失的,可以获得此类资助。获得PMCC资助的人需

① 参见Service Canada,"Federal Income Support for Parents of Murdered or Missing Children grant",http://www.servicecanada.gc.ca/eng/sc/pmmc/index.shtml?utm_source=vanity+URL&utm_medium=e-brochure,+DDN&utm_term=/pmmc&utm_content=Dec+2012,+eng&utm_campaign=PMMC,2016年12月22日访问。

要同时满足申请人资格标准(Applicant eligibility criteria)[①]以及案件标准(Incident eligibility criteria)。[②]

2. 针对外生因素的规制

(1)灵活、人性化的规制措施

我国台湾地区“儿童及少年福利与权益保障法”第 7 条,规定了警政主管机关负责主管失踪儿童及少年、无依儿童及少年的协寻工作。“失踪人口查询作业要点”提出警察机关对于失踪人口报案,除查明有特殊情形的,应不分辖区立即受理,不得拒绝或推诿。警政署一旦受理失踪儿童报案,不管失踪多久,均会立即受理,迅速通报全国各警察机关协寻。警政署主网页也提供“查寻失踪人口、身份不明者资料”及“紧急查寻”服务,提供家属同意公开的协寻失踪儿童照片等资料,希望通过全民力量帮助失踪儿童找到回家的路。为教育少年儿童与陌生人保持安全距离,并认识警察以寻求帮助,警政署 NPA 署长室已经于 2016 年儿童节自制儿童绘本《迷途的小崔蒂》,通过可爱的动物故事绘本,教育儿童如何远离危险,及时请求警察协助。[③]

我国台湾地区警政主管机关灵活、人性化的规制措施的使用,成效显著。据我国台湾地区警务部门统计,受理失踪儿童报案人数/获寻人数,近五年相继为:2011 年 1403/1387 人、2012 年 1097/1080 人、2013 年 941/928 人、2014 年 827/792 人、2015 年 766/701 人。失踪儿童案

---

① 申请人资格标准:是失踪或者遭遇谋杀的青少年的法定监护人(青少年年龄限定于:失踪或者被谋杀时,18 岁以下);在案件发生之前的 52 周内,或者案件发生前日历年的时间内,申请人必须有 6500 美元的收入;由于青少年子女被谋杀或者已经失踪,请假不再从事任何工作,或者在案件发生的当时已经休假,而由于青少年子女被谋杀或者已经失踪,不能再回到工作岗位;具备有效的社会保险号码(Sin);没有被指控可能触犯刑法,导致青少年的死亡或者失踪;并且目前没有任何的就业保险(Employment Insurance benefits)或者魁北克监护人保险[Québec°Parental Insurance Plan (QPIP) benefits]。

② 视为刑事犯罪行为导致青少年死亡或失踪;案件发生当时,青少年未满 18 岁;案件应当发生在加拿大,时间限定于 2013 年 1 月 1 日当日及 2013 年 1 月 1 日以后;在青少年丢失的案件中,青少年应当已经失踪超过一周;在青少年死亡的案件中,主观要件上,如果青少年希望、放任导致他/她死亡的刑事案件发生的,案件不符合标准。

③ “中华民国内政部”:《5 月 25 日国际失踪儿童日,警署呼吁社会各界共同防范儿童失踪事件》,载 http://www.moi.gov.tw/chi/chi_news/news_detail.aspx? sn = 10628&type_code =01,2016 年 12 月 22 日访问。

件数量逐年降低,平均获寻率高达97%。①

脸书携手刑事警察局,协寻被绑儿童

2016年11月18日,Facebook宣布与"内政部警政署刑事警察局"一同合作,正式在我国台湾地区推出安珀警报(Amber Alert),以期协助寻找我国台湾地区被绑架的儿童。当"内政部警政署警察局"确定失踪儿童案件符合发布遭遇绑架儿童警报的条件时,Facebook会将目标警报传送到用户手机的Facebok"动态消息"中,并附有关于该名儿童的详细资料。具体包括儿童的照片、相关车辆描述或任何其他与找到该失踪儿童有关的有用信息。

"内政部警政署刑事警察局"会决定警报的发布范围及区域,人们会接收到警报的数目取决于该地区的警报发布数量。有些人可能每年会收到一些警报,有些人可能不会收到任何警报。警报会直接出现在动态消息中,但是不会以通知的方式在用户手机上跳出。②

(2)分级别的警力投入

回应性规制的思想还体现在执法部门在搜救失踪儿童过程中,警力资源的分配、执法措施的选择需要根据案件情形的严重程度、失踪儿童危险程度,制定、选择不同的搜救方案。比如,2015我国台湾地区修订"失踪人口查询作业要点",规定将7岁以下无自我保护能力幼童纳入紧急协寻对象,并比照重大刑事案件由警员不分辖区扩大侦办。这意味着如果有7岁以下幼童失踪,可以在第一时间动员全社会协寻资源,将会提高找回7岁以下失踪儿童的概率。③

加拿大多伦多市警局对失踪人口的搜救更为典型。作为加拿大最

---

① 台湾英文新闻:《5/25 國際失蹤兒童日　警署籲各界重視兒童安全》,载 http://www.taiwannews.com.tw/ch/news/2928201,2016年12月22日访问。

② "中央通讯社",《脸书协寻被绑儿童　携手刑事警察局》,载 http://www.cna.com.tw/news/ahel/201611180218-1.aspx,2016年12月22日访问。

③ 失踪儿童上年资料管理中心:《修法快讯——提高幼童协寻强度》,载 http://www.missingkids.org.tw/chinese/news.php? mode=show&bid=1232&serialnum=15,2016年12月22日访问。

大的城市，多伦多失踪人口事件多发，其失踪人员搜救分为三个级别（search levels）：

第一级（level 1），没有任何迹象显示失踪人员是由于犯罪原因失踪，也没有迹象显示失踪人员人身安全受到威胁；①

第二级（level 2）的失踪人员包括：16 岁以下或者被判定为没有自理能力的人；精神存在问题的人；70 岁以上的人、身体虚弱的人；有证据表明是犯罪行为导致失踪的人士；

第三级（level 3）适用的情形包括：前两级的搜救无效，或者失踪人员可能由于犯罪行为失踪，犯罪情节推断严重的，判定有必要适用第三级别的。

适用第二、第三级别搜寻时，警局主管需要抵达现场指挥工作；在适用第三级别时，警局负责人员或值班人员要确保制作包括失踪人员照片以及其他相关信息的网页。如果警方半夜收到有关失踪人员的案件，会率先在社交媒体上发出通告，随后会发出正式的失踪人员协查新闻通稿。② 分级别的搜救方案，有利于警局资源的最优化配置，在提高失踪儿童搜救效率的同时，节约成本。

（3）刑事法律规制

对社会危害性强的买卖儿童的犯罪行为，应诉诸刑法规制。加大违法成本可以威慑犯罪分子，刑法上规定对买卖儿童的犯罪行为处罚

---

① 在第一级的情形下，首先赶到的警员需要做到：尽可能地与最后一个看到失踪人的目击者面谈；如果目击者不讲英文，或者因健康原因无法交流的，警员需要寻找翻译或通过其他方式与其沟通；全面搜查失踪人员房屋或者失踪现场；调查失踪人员邻居；确保现场警员知晓全部关于失踪人员的描述以及关键或有争议的事实；如果合适，确保相关信息已经提供给了附近警局；获得了失踪人员的照片，如果可以，将其发送给其他相关机构；提供侦缉警长的电话号码；考虑是否需要张贴寻人启事协助寻找失踪人员位置。

② 在处理第二级以及第三级搜救时，警局主管做到：抵达现场并在建立现场指挥点；确保已经跟失踪人员家属会面、取证；确保描述失踪人员的信息以及其他相关证据信息得到传播扩散；划定搜寻区域；有充足的人员可供指派搜救工作；考虑是否通过以下渠道寻求协助支持：水警、公共安全紧急管理部门、骑警、警犬或其他警察部门；志愿者队伍、社区社会组织；确定所有的证据都已经被收集和保存；考虑是否需要通过媒体获得协助；考虑是否张贴寻人启事。参见 Toronto Police Service，"Procedure Information sheet"，http://www.torontopolice.on.ca/procedures/index.php，2016 年 12 月 22 日访问。

本身就是对犯罪行为的预防。我国台湾地区对于贩卖人口行为的刑法规制,[①]规定在“刑法”分则第296条之一中。我国台湾地区于1999年4月21日将此条纳入“刑法”,2005年经过修订。1999年我国台湾地区在“刑法”中规定买卖人口罪的原因在于当时色情行业十分猖獗,经常发生买卖人口、扣押人口,强迫妇女卖淫的重大犯罪行为,需要修订“刑法”加以制裁。我国台湾地区“刑法”第296条之一第1项规定的是一般性的普通买卖人口的制裁法条,条文虽然没有特别列举贩卖儿童行为,但是少年儿童也是人口,买卖人口的犯罪行为当然包括买卖儿童的行为在内。

买卖人口主观动机为强奸、猥亵受害人的,就构成了296条之一第2项的加重情节,处以7年以上有期徒刑,并且需要并处50万元,也就是新台币150万元的罚金。买卖人口或质押人口的过程中,有使用“强暴、胁迫、恐吓、监控、药剂、催眠术或者其他违反本人意愿”的方法,构成第1项的普通买卖、质押人口罪,或者构成第2项的加重买卖、质押人口罪的,都要依据第296条之一第3项的规定,就原来的法定刑加重二分之一。原来最重的法定刑是7年以上有期徒刑,加重二分之一后,最轻的法定刑变成了10年6个月以上的有期徒刑,可以并处的罚金也要随之加重。有期徒刑的上限,依据我国台湾地区“刑法”第33条第3款的规定:“有期徒刑:二月以上十五年以下。但遇有加减时,得减至二月未满,或加之二十年。”也就是最高刑罚为15年以下,但也可以加至20年。与大陆刑法拐卖儿童罪最严重的可以判处无期徒刑、死刑相比较,最高刑相对更轻。可见,我国台湾地区并不如大陆倚重刑事法律规制手段。

而我国台湾地区“儿童及少年福利与权益保障法”规定了政府及公私立机构、团体应协助儿童及少年的父母、监护人或其他实际照顾儿

---

① 我国台湾地区“中华民国刑法”第296条规定,使人为奴隶或使人居于类似奴隶之不自由地位者,处一年以上7年以下有期徒刑。买卖、质押人口者,处5年以上有期徒刑,得并科50万元以下罚金。意图使人为性交或猥亵之行为而犯前项之罪者,处7年以上有期徒刑,得并科50万元以下罚金。以强暴、胁迫、恐吓、监控、药剂、催眠术或其他违反本人意愿之方法犯前二项之罪者,加重其刑至二分之一。

童及少年的人,对于需要保护、救助、辅导、治疗、身心障碍重建及其他特殊协助的儿童及少年,应提供所需要的服务及措施。强调各主体之间通过合作促进少年儿童身心健全发展,更为注重政府与社会、执法机构与民间团体合作的多元化协寻工作体系的建构。那么在美国、加拿大、我国台湾地区的失踪儿童案件中,多元化的主体具体起到了怎样的作用呢?

(二)横向——多元治理主体合作、联动机制

1. 社会组织

社会组织的作用主要体现在四个方面:第一,提供失踪问题的咨询服务;第二,通过建立全国失踪及身份不明儿童少年人口资料库,提供失踪儿童及身份不明儿童查询、对比、管理、统计工作,发展全国失踪儿童通报网络;第三,为没有找到失踪儿童的家属提供心理适应及社会支持,帮助找到失踪儿童的家庭恢复常态,辅导儿童重新适应家庭生活;第四,收集相关议题倡导预防工作,举办相关知识宣传活动,增强少年儿童的自我保护能力,提升家长教育少年儿童的技巧。下面将详细介绍美国、加拿大以及我国台湾地区主要的失踪儿童协寻组织。

(1)美国

美国全国失踪和受剥削儿童中心(National Center for Missing & Exploited Children,NCMEC)①是有关失踪和受剥削儿童的国家资源中心以及信息沟通机构,致力于寻找失踪的儿童、消除儿童性剥削以及防治儿童受到其他侵害。NCMEC 的家庭职能部门(Family Advocacy Division)向失踪儿童的家属提供针对性的服务,其与执法机构、其他失踪儿童家庭合作,提供技术支持以及危机处理服务。一些亲身经历过儿童绑架的志愿者通过培训,为 NCMEC 的服务对象提供建议、帮助和鼓励。

---

① Office of Juvenile Justice and Delinquency Prevention,"Program Summary",https://www.ojjdp.gov/Programs/ProgSummary.asp?pi = 10&ti = 1&si = 3&kw = &strItem = &strSingleItem = &p = topic&PreviousPage = SearchResults,2016 年 12 月 22 日访问。

NCMEC竭力帮助每一个失踪儿童家庭

NCMEC提供的家庭扶持服务具体包括：当失踪儿童亲属需要帮助寻找儿童时的紧急危机处理服务；为濒危的离家出走的儿童、父母及其他监护人以及其他家庭成员提供精神、情感上的支持；为家庭推荐合适的机构以及心理健康专家；帮助家庭向专业的治疗师寻求支持，共同帮助失踪受害儿童从挫伤中恢复，重新融入家庭、学校、社会的生活，共同关注失踪儿童治愈的每一个阶段；支撑、关注受害者的兄弟姐妹；协助联邦、州、当地组织定位受性剥削的青少年；如果执法机构当地的服务不能满足家庭的需求，支持执法机构合作帮扶受害者家庭。①

失踪与受剥削儿童组织协会(Association of Missing and Exploited Children's Organizations, AMECO)是由协助预防、找回失踪儿童以及帮助儿童重新融入家庭生活的非营利组织组成的联合体。AMECO致力于建立和培育诚信、道德、有效运作的非营利组织，共同服务于执法部门和失踪、受剥削的儿童及其家属。②

儿童犯罪研究中心(Crime Against Children Research Center)③的任务是针对儿童犯罪提供高质量的研究报告和数据，以有效打击罪犯。儿童犯罪研究中心创立于1988年，由研究家庭暴力以及相关话题的家庭研究实验室发展而来，专注于研究从出生到17岁的青少年儿童受害者，既包括在家庭内部受害，也包括罪犯是陌生人的情形。犯罪类型包括针对儿童以及青少年的性侵犯、绑架、盗窃、抢劫以及加重侵害犯罪；各种形式的虐待儿童犯罪行为，包括身体、性侵犯、情感伤害以及针对儿童的冷暴力，研究成果服务于政策制定者、执法人员以及其他的儿童

---

① National Center for Missing & Exploited Children, "Victim & Family Support", http://www.missingkids.com/Support, 2016年12月22日访问。

② Association of Missing and Exploited Children's Organizations, "Mission Statement", http://www.amecoinc.org/about/mission-statement/, 2016年12月22日访问。

③ Office of Juvenile Justice and Delinquency Prevention, "Program Summary", https://www.ojjdp.gov/Programs/ProgSummary.asp?pi=34&ti=1&si=3&kw=&strItem=&strSingleItem=&p=topic&PreviousPage=SearchResults, 2016年12月22日访问。

福利事业从业者。通过针对儿童犯罪的研究,可以发现买卖儿童等针对儿童犯罪的原因,及早预防失踪儿童案件的发生。

(2)加拿大

失踪儿童案件发生的初始阶段,会得到执法机关、媒体的关注,但随着时间流逝,公众的关注度会随之降低,关注失踪儿童的就只剩下他们的亲属。成立于1986年的加拿大失踪儿童协会(Missing Children Society of Canada)致力于帮助这些家庭找寻失踪儿童。[①] 其重视应用尖端科学技术,为失踪儿童家庭免费提供精神和知识上的支持。

(3)我国台湾地区

我国台湾地区的民间儿童青少年协寻组织十分独立。台湾儿童福利联盟文教基金会(以下简称儿福联盟)成立于1980年,是非营利的公益性组织。[②] 当时除了警方会为个别儿童开展搜寻工作外,并没有其他特别的组织负责这方面的工作。儿福联盟邀请召集了社政、警政、户政、教育、法政等单位、多所民间基金会,以及多位失踪儿童的家长,共同成立了"失踪儿童协寻委员会"。

2000年,儿福联盟正式与"内政部儿童局"合作建立了"失踪儿童少年资料管理中心"。台湾失踪儿童少年资料管理中心发现有失踪儿童后,向警方报案有失踪儿童,并电话联系失踪儿童亲属,在咨询失踪儿童亲属意见后,如果他们同意公开协寻,将提供如下服务:网络协寻,与公益厂商联系,通过其帮助印刷协寻海报,与不明人口的资料对比,提供其他协寻管道咨询。如果不同意公开协寻,失踪儿童少年资料管理中心将与不明人口的资料比对,提供其他协寻管道咨询。[③]

---

① Missing Children Society of Canada,http://mcsc.ca/,2016年12月22日访问。

② 儿福联盟:《缘起》,载 http://www.children.org.tw/about/origin,2016年12月22日访问。

③ 失踪儿童上年资料管理中心:《中心简介》,载 http://www.missingkids.org.tw/chinese/profile.php,2016年12月22日访问。

儿福联盟的创新服务——“这次我们不募款，我们募您的 404 error page”①

HTTP404 或 NOT FOUND 错误信息是 HTTP 的其中一种“标准回应信息”，这个信息代表客户端在浏览网页时，此服务器无法正常提供信息，或是此服务器无法回应且不知原因。404 错误信息通常是在目标页面被更改或者移除之后显示的页面。是不是可以更好地运用 404 error page，传递失踪儿童的信息呢？发源自比利时的 not found project，已经累计有欧洲 7 个国家的失踪人口组织加入响应，包括西班牙、法国、英国、希腊等，其将网站的 404 错误信息页面，套用上失踪儿童的协寻信息页面。近 3000 个网站已经参与了这项活动，传递了超过 1300 万次失踪儿童信息。我国台湾地区是如何推进这项活动的呢？

儿福联盟在其官网下方设置“我要把协寻信息放在我的网站的 404 页面”一栏，任何拥有官网的企业与非营利组织单位、拥有咨询网站的公部门、拥有个人专属网站的社会大众都可以通过简单操作将程式码复制到自己的网站中设置 404 页面。原本平淡无奇的一项通知信息，在程式码的套用下，转变为协助失踪儿童少年协寻的曝光网页。可以使无数的网友在浏览网页的过程中，有机会接收到协助寻找儿童的信息，进而增加寻找到失踪儿童的机会。

2. 家庭

家庭，是人类迄今为止确保儿童健康成长的最普遍的成功经验。失踪儿童的安全，时时牵系着每一个家庭成员的心，所有的治理主体都以家庭为中心展开活动。家庭在儿童失踪的预防以及搜救过程中扮演着重要的角色。

儿童失踪后的 48 小时最为关键。在美国，儿童失踪后，其家庭成员作为搜救机制的重要启动阀门，一旦发现失踪儿童，立即向当地执法机构报告。案件调查员会将案件信息立即录入国家犯罪情报中心

① 404 协寻儿少专案：《这次我们不募款，我们募您的 404 网页》，载 http://404page.missingkids.org.tw/，2016 年 12 月 15 日访问。

(National Crime Information Center, NCIC),美国联邦调查局(Federal Bureau of Investigation, FBI)通过 NCIC 数据库与失踪儿童当地执法机构建立联系并及时更新信息,①一旦确定失踪儿童,可以及时送回失踪当地执法机构,得以使失踪儿童最短时间内回到其家庭,降低、恢复其心理创伤,并可以确保失踪儿童的寻找范围从城市、州扩展至全国。

两个失踪的小男孩,两个值得铭记的家庭

· 艾坦的故事

美国纽约的一个名叫艾坦的小男孩,1979 年 5 月 25 日在纽约曼哈顿第一次独自上学的路上失踪,此后音讯全无。他的父母 35 年没有更换电话号码,从未搬家,这一切仅仅是源自一个渺茫的期望:万一艾坦有一天回来了,他还能找到回家的路。正是由于艾坦父母全力奔走,引起全美及国际间对失踪儿童的重视。艾坦失踪的日子,每年 5 月 25 日,后来被定为国际失踪儿童日(International Missing Children's Day)。现今,在这一天,全球许多国家会举行纪念活动以提高公众对儿童失踪问题的重视和关注,以及加强对此类事件的防范行动。

· 亚当的故事

"您好,这里是全国失踪和受剥削儿童保护中心,请问有什么可以帮助您?"NCMEC 中心为失踪儿童及线索举报开通了 24 小时免费热线电话;"记住,你的参与能改变一切",是美国的一档以公布疑犯特征线索的法制节目"美国头号通缉犯"中节目主持人的结束语。美国最主要的救助失踪儿童非营利组织、美国收视率极高的福克斯电视台的王牌节目都与一个失踪男孩儿亚当·沃尔什有关。

1981 年 7 月 27 日,亚当在百货公司失踪。那时的美国,并没有儿童失踪后的应急方案、解救措施。过了半个月,亚当的头颅在污水渠中被发现,亚当的父母痛心不已。他们深深地感受到美国警方处理失踪儿童案件经验的缺乏,从此致力于创建 NCMEC 中心,成为 NCMEC 董

① Federal Bureau of Investigation, "National Crime Information Center (NCIC)", https://www.fbi.gov/services/cjis/ncic,2016 年 12 月 15 日访问。

事会成员，并通过中心宣传、推广“亚当代码”的使用。“亚当代码”是一套儿童安全警报系统，设置在大型零售商场。当发现有儿童失踪的时候，大型零售商场会启动“亚当代码”，关闭所有的出口，同时会利用广播反复播报失踪儿童的体貌、衣着相关信息，如果在10分钟后，仍然找不到失踪儿童，便会向警方报案。

而您一定不会想到，亚当的父亲便是“美国头号通缉犯”节目的主持人。2010年5月6日，其播放第1000集，奥巴马总统到场担任嘉宾。

3. 媒体

电视、广播、报纸、杂志、互联网，均可以在失踪儿童相关信息扩散中发挥巨大的作用。媒体出于对新闻的需求、对公益的支持，有意愿帮助报道失踪儿童信息。在执法机构不希望利用媒体的情况下，失踪儿童亲属仍然可以主动联系媒体，或寻求社会组织的帮助联系媒体。

与媒体合作的安珀警戒计划(The AMBER Alert Plan)

· 什么是安珀警戒计划？

AMBER是美国执法机构解救被拐卖儿童的执法工具，适用于找回被绑架儿童的情形；是执法机构与媒体、运输代理机构之间的合作机制。这种合作关系的重点在于及时传播准确的被拐儿童、嫌疑人以及拐卖中使用的车辆信息。媒体使用紧急报警系统(Emergency Alert System, EAS)(原名Emergency Broadcast System)广播被拐儿童以及嫌疑人的特征描述；在适当的情形下，交通主管部门可以与司机群体通过即时信息系统(changeable message signs, CMS)沟通。

· 如何适用安珀警戒计划？

执法机构接到报案后，首先依据安珀计划标准判定是否启动安珀警报系统：执法机构确定发生了绑架；失踪儿童17岁或未满17岁；执法机构认为失踪儿童有受伤或者死亡的危险；有关于失踪儿童和嫌疑人的充足信息；失踪儿童信息已经录入 NCIC 系统。[①]

如果符合这些标准，执法机构将信息整理、传真给媒体机构，媒体机构通过紧急报警系统（Emergency Alert System，EAS）进行传播，通过收音机、电视以及网络系统的全方位播送，使公众共同参与到失踪儿童的寻找中来。例如，会中断收音机中正在播放的节目，播放失踪儿童以及嫌疑人信息；电视以及网页滚动播放失踪儿童照片。与此同时，交通及时信息系统（changeable message signs，CMS）也会向广大司机群体播送嫌疑人驾驶车辆的信息。

· 每个失踪儿童都可以启动安珀警报系统吗？

安珀警报是执法机构与媒体的合作机制，只有符合安珀警报标准的情形，才可以启动安珀警报系统。但寻找不符合安珀警报的失踪儿童，仍然可以得到媒体的帮助。

4. 志愿者

只要执法机构充分的调动，志愿者也可以发挥十分重要的作用。尤其是在少年儿童最后一次被发现的附近区域，在最开始发现失踪的时间内，由个人组成志愿者队伍往往可以在最短的时间内集结起来共同搜寻失踪儿童。

当儿童失踪事件发生后，很多企业、社会组织都有意愿参与失踪儿童的搜寻工作。但是，往往有组织的志愿者队伍在搜救工作中更为有效、节约成本，原因有以下几点：志愿者队伍相对容易调动和动员，向心力强；志愿者队伍可以自己选择领导者负责与执法机构和失踪儿童亲属的协调与联系，提高效率；志愿者搜寻队伍中的信息相对容易传播，基于其自愿选出的领导者可以向志愿者们解释需要如何协助搜寻失踪儿童。

但是，未经培训的志愿者很容易在其完全不知情的情况下，超出其责任范围，给失踪儿童家属施压，不利于搜寻工作的开展。故而，执法

---

① U. S. Department of Justice Office of Justice Program，"Guidelines for Issuing AMBER Alerts"，https://www.amberalert.gov/guidelines.htm，2016 年 12 月 22 日访问。

机关以及志愿者队伍领导的指导、协调作用格外重要。①

由执法机构退休人员组成的专业志愿组织

美国 NCMEC 在 1992 年建立了退休人员志愿组织(Project Alert),执法机构退休人员为行政机构提供志愿服务,免费提供咨询意见。包括以下服务内容:一个经验丰富的应急小组,可以提供额外的调查人员、搜寻协调以及其他关键资源;执法机构专项培训,以帮助执法机关解决最近或者长期的失踪儿童案件;有经验的公共事件发言人,可以就儿童安全问题以及儿童失踪防治策略公开发表演说,起到很好的宣传作用。

(三)收养和安置

1. 我国台湾地区

我国台湾地区“无依儿童及少年安置处理办法”规定,行政机关接到无依儿童及少年通报满 6 个月后,仍没有寻得儿童的父母、监护人时,应向警察机关确认协寻结果,并安排收养、安置,这是一般性的规定;完全无法获知儿童父母、监护人身份的,时间缩短为 4 个月。对于所有无法找到其监护人的无依儿童,均应以少年儿童最佳利益为考量标准,依据下列方式予以安置:第一,委托经许可的儿童及少年收出养媒合服务者办理出养;第二,为无法出养的儿童及少年,择定适当的寄养家庭、儿童及少年福利机构或其他安置机构予以安置,同时定期追踪评估及提供必要的福利服务。

当发现弃儿时,最急迫的就是带儿童到医院进行健康检查,确认儿童的身体健康状况,接下来安排儿童住进保姆家,进行全天候 24 小时

---

① 欲充分发挥志愿者作用,执法机构需要做到:明确搜救工作需要的非警力的志愿者的人数;明确搜寻计划,包括失踪儿童搜寻的位置、区域;需要为志愿者提供何种形式、何种内容的培训;明确在志愿者队伍中传播关于失踪儿童以及嫌疑人的、搜寻工作进展的信息的方式;具体指示志愿者搜寻失踪儿童工作的程序、步骤;列出参与搜寻失踪儿童工作的志愿者的名单以及地址并注意保存。Office of Juvenile Justice and Delinquency Prevention,“When Your Child Is Missing: A Family Survival Guide”, https://www.ojjdp.gov/pubs/childismissing/contents.html,2016 年 12 月 15 日访问。

的生活照料。台湾地区儿童福利联盟文教基金会(儿福联盟)为被丢弃、出养的孩子提供“弃儿保护服务”,服务内容包括紧急医疗服务、生活安置照料、心理咨询辅导以及后续寻找适当收养家庭的服务过程。在安置儿童过程中,社工人员一方面透过持续的游戏治疗对儿童进行辅导,另一方面也为儿童寻找适当的收养家庭做准备。①

2. 美国

美国的收养和法定监护人奖励支付计划项目(Adoption and Legal Incentive Payments Program)是由1997年通过的《收养和安全家庭法案》(Adoption and Safe Family Act)提出的。美国儿童事务局(Children's Bureau,CB)支持解决收养儿童困难、帮助失踪儿童找到永久家庭的项目和研究。CB提供资金给收养儿童的家庭,并且为收养儿童数量多的州提供额外的资金支持。② 对收养非亲生子女的成年人采用监护机制,对收养人并无经济实力的要求,但是必须确保被收养的儿童心理不会受到压抑和扭曲。

失踪儿童、被拐卖儿童往往需要特别的照顾,美国的Kidspeace是一家私人慈善机构,建立于1882年,专门帮助无家可归的儿童。其中心儿童有的在接受住院治疗,有的发育迟缓,有的遭受虐待,他们中的大多数都受过身体或心理上的伤害。为了避免再次受伤害,这些儿童都喜欢与外界世界隔绝,Kidpeace为收养他们的家庭(foster parents)提供一对一培训,支持这些家庭帮助这些儿童从痛苦和动荡中走出来。③

3. 加拿大

加拿大的Adoption Council并不是一个行政机构,其致力于提供收养儿童的咨询服务,是加拿大唯一的、全国性的提供需要被收养儿童

---

① 儿福联盟:《弃儿保护服务》,载 https://www.children.org.tw/services/service_list/49/30,2016年12月22日访问。

② Children's Bureau,“Adoption”,https://www.acf.hhs.gov/cb/focus-areas/adoption,2016年12月22日访问。

③ KidsPeace,“About Us”,http://fostercare.com/why-kidspeace/,2016年12月22日访问。

的照片清单和背景信息的社会组织。而失踪或被拐卖的儿童条件比较特殊，可能会得不到家庭的收养，为了帮助受到虐待或者得不到照顾的儿童，加拿大政府出资建立教养院和寄养中心；对于需要特殊护理和照顾的儿童，会有专业的社会工作者负责照顾，可以最大程度地保护少年儿童的利益。①

三、方案和措施

（一）预防和预警

1. 预防

第一，预防的根本在于促进经济发展。因此，应加大对贫苦地区的扶持，帮助发展经济，提高贫困人群脱贫能力；建立、完善经济欠发达地区的养老医疗保险制度。第二，加大宣传和普法力度。公安机关应联合宣传、广电、文化、新闻出版等部门，并依托互联网新媒体，采取灵活多样的形式，有针对性地向社会尤其是走失儿童、拐卖儿童事件多发的地区进行反拐宣传教育，增强群众法制观念、反拐意识和防拐能力。通过媒体报道，召开新闻发布会，公布典型案例，制作专题纪录片等形式集中宣传打击拐卖儿童犯罪的态度和决心。第三，充分贯彻九年制义务教育，提高经济欠发达地区的人均受教育水平；跟进性别平等的宣传工作，同时，在中小学开展儿童自我保护教育，降低儿童走失的概率。②第四，继续推进计划生育制度的改革，逐步解决人口老龄化问题。上述对策需要国家和政府在立法和政策层面作出长远规划，因为每一项都不是在短期内能够使拐卖儿童问题有所缓解的。出卖子女的意愿和被拐儿童的收买需求，作为拐卖儿童问题的根源，有着根深蒂固的落后观念影响，需要逐步消除。

从拐卖儿童的现实问题出发，重点对策是打击拐卖儿童的犯罪活动，挤压犯罪分子的犯罪行动空间，提高拐卖儿童犯罪活动的犯罪成

---

① Canadian Association of Social Workers, "Social Work Practice in Child Welfare", http://www.casw-acts.ca/en/social-work-practice-child-welfare,2016 年 12 月 22 日访问。

② 参见王锡章：《拐卖儿童犯罪的现状与遏制对策——以 F 省为例的实证研究》，载《中国人民公安大学学报》(社会科学版)2015 年第 5 期。

本。首先，公安部已于2009年建成全国联网运行的打拐DNA数据库，开展全国来历不明儿童集中摸排行动，对疑似被拐卖儿童采集DNA信息后，录入全国打拐DNA信息库比对。截至2015年，全国打拐DNA信息库已为4100多名被拐卖儿童找到亲生父母。[①] 实践证明，DNA信息的采集、入库、比对工作是发现拐卖犯罪线索的重要途径，"是查找解救失踪被拐儿童的最有效手段"。[②] 这一数据库的建立，使得被拐儿童被找回的概率大大提高，进而使拐卖儿童犯罪成本也大大提高。其次，有必要进一步完善有关拐卖儿童刑事案件的司法适用。《刑法修正案（九）》对收买被拐卖的妇女、儿童罪作了重大修改，体现了对收买被拐卖妇女、儿童犯罪行为加大打击力度的精神。此后在2016年12月，最高人民法院针对上述修正，出台了《最高人民法院关于审理拐卖妇女儿童犯罪案件具体应用法律若干问题的解释》。[③] 这一司法解释无疑为拐卖儿童案件的审理提供了更为精确的指导，不仅将对婴幼儿采取欺骗、利诱等手段使其脱离监护人或者看护人的，明确视为刑法规定的"偷盗婴幼儿"；而且对医疗机构、社会福利机构等单位的工作人员以非法获利为目的，将所诊疗、护理、抚养的儿童出卖给他人的，也明确以拐卖儿童罪论处。但是，从以受害人为中心的规制机制来看，有关拐卖儿童的条文规定仍然存在一定的缺陷，在预防儿童被拐、保护受害儿童的针对性上仍有改善的空间。本书认为，基于受害人保护的针对性和全面性考量，在轻罪刑事政策指导下，将现有的收买被拐卖妇女、儿童罪拆分为收买被拐卖妇女罪和收买被拐卖儿童罪，是一个可行的制度安排策略，或者至少是一个修法方向。由于收买儿童所侵犯的法益和收买被拐卖妇女所侵犯的法益不尽相同，统一的罪名无助于区别对待不同的收买行为；收买者收买被拐卖

---

① 国务院新闻办公室：《中国司法领域人权保障的新进展》（白皮书），载 http://www.gov.cn/zhengce/2016-09/12/content_5107604.htm，2016年12月22日访问。

② 王锡章：《拐卖儿童犯罪的现状与遏制对策——以F省为例的实证研究》，载《中国人民公安大学学报》（社会科学版）2015年第5期。

③ 罗沙：《最高法：医疗机构等出卖儿童以拐卖儿童罪论处》，载 http://news.sina.com.cn/c/nd/2016-12-22/doc-ifxyxusa4727958.shtml，2016年12月22日访问。

儿童的动机和被拐卖儿童的来源也不尽相同,不同的动机和来源所涉及的主观恶性和社会危害也不同,应当区别对待。因此,对于收买被拐卖儿童的,量刑上可适当提高自由刑,并增加罚金刑,以适应不同恶性程度的收买行为。对于主观恶性程度低,比如对于出售儿童者是具备监护权的,或者无法找到监护人的儿童,且收买人与儿童已形成稳定家庭关系的,可以从轻、减轻甚至免除处罚。[①] 这样,一方面能够遏制社会危害较大的收买被拐儿童的行为,另一方面又可逐渐"消化"已经存在的被拐儿童供应市场,进而压缩拐卖儿童犯罪的利润,从而遏制拐卖活动。

此外,家长应当提高防止儿童走失的监护意识,如不让儿童独处,与学校做好上下学的接送衔接等。就此而言,正如联合国《儿童权利公约》第18条第3款所明确规定的那样,"缔约国应采取一切适当措施确保就业父母的子女有权享受他们有资格得到的托儿服务和设施",政府也应促进发展托幼服务行业,解决现代社会因父母忙于生计而无法照顾儿童的问题,这对于预防儿童被拐和意外伤害非常关键。[②] 家长也应当与儿童建立良好的亲子关系,注重维护和谐稳定的亲子关系,关注儿童心理状态,及时作出心理干预,避免儿童主动离家出走。

2. 预警

事实上,在国内,已经有一群有志之士在一步一步推动中国版"安珀警报"的建立。2016年5月15日,公安部终于推出了警方的儿童失踪紧急发布平台,借鉴了CCSER的"时空"(时间+空间)推送规则、"多APP响应"扩散机制,为公安机关快速侦破拐卖案件,尽快找回失踪儿童,形成群防群治、全民反拐的良好局面,迈出了重要一步。[③]

---

① 参见王吉春:《轻罪刑事政策视域下收买被拐卖儿童罪的修改建议》,载《河北法学》2016年第3期。

② 邓飞:《从内因外因入手　系统防治儿童失踪——访北京青少年法律援助与研究中心副主任张文娟》,载《中国经济导报》2014年3月8日第B6版。

③ 中社儿童安全科技基金:《中国的安珀警报离实现还有多远》,载 http://ccser.org/information/news-id/20/,2016年12月22日访问。

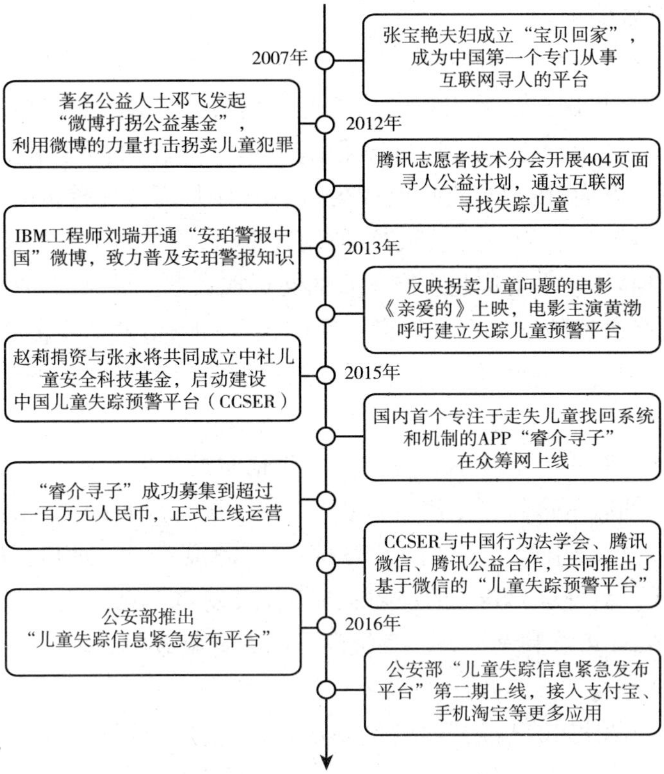

图 11　中国儿童走失预警平台的进程与发展

(1)中国儿童失踪预警平台 CCSER

中国儿童失踪预警平台(China's Child Safety Emergency Response，CCSER)由中社儿童安全科技基金(由商人赵莉捐资与前刑警张永将共同设立)，联合德利迅达、香江科技、三智资本等爱心企业共同创立，号称中国首个专业预防儿童走失的预警平台，注重防范和预警。根据其官方网站介绍，该平台通过移动互联网技术、GIS 地理信息系统和智能手机的结合，当发生儿童走失的紧急状况时，家长即刻可使用“失踪预警”APP 发出信息，以走失儿童发生地为圆心精准定位，按照预警平台设定的“时空规律”推送至所覆盖区域，在最短时间内、最大限度地调动 CCSER 守护者，同时该儿童走失信息一键上报警方，形成“群防互助 + 警方联动”的快速响应，使得走失儿童在第一时间获得社会的有效监护。[①]

所谓守护者，就是该平台的注册用户。在该平台上注册成为守护者，一方面，将用户以及用户的孩子有关真实信息录入到平台中，当用户的孩子走失时可以立即通过该平台向周边区域内的所有守护者推送警报；另一方面，用户自身也就成为接收其他儿童走失警报的守护者。这就意味着，除了相关的志愿者，使用该平台，包括其对应的手机客户端的用户群体基本上都是已有子女的父母或长辈。若某人自己没有孩子，也没有亲近的家属有可能会走丢的孩子，那么，这类人群很可能不会愿意使用这一平台，仅仅为了非常偶尔的善行而特意去下载一个手机 APP。

另外，CCSER 本身不具备儿童丢失信息的发布权限，发布权限只能由家长拥有。这就可能产生误报的问题，倘若发布的儿童走失信息不实，可能就会引起不必要的人力、物力资源浪费，甚至引起群众的反感和排斥。对此，CCSER 的应对策略是，对发布信息的用户进行身份核实："CCSER 会和全国公民身份证号码查询服务中心联网核验家长、孩子的身份真实性，同时不采集相关信息。"[②]

目前，CCSER 已经开通微信公众号，微信用户可以通过关注该公众号共享自己的地理位置，成为守护者，接受附近区域的儿童失踪警报推送。

CCSER 自 2015 年上线至 2016 年 11 月，已经成功帮助了 57 名走失儿童平安回家。[③]

归纳起来，CCSER 平台主要具有以下特点：

①移动互联网作为主要信息传播媒介；

②平台拥有自己的 APP 客户端，可用于发布预警信息和接受预警

---

① 中社儿童安全科技基金：《儿童失踪预警平台（CCSER）荣获"2016 风尚榜样"》，载 http://ccser.org/information/news-id/29/，2016 年 12 月 22 日访问。

② 张敏、王亦君：《"链家门店将守护失联儿童"引发争议该如何救助走失儿童》，载 http://www.legaldaily.com.cn/index/content/2016－05/07/content_6616679.htm? node＝20908，2016 年 12 月 22 日访问。

③ 中社儿童安全科技基金：《儿童失踪预警平台（CCSER）荣获"2016 风尚榜样"》，载 http://ccser.org/information/news-id/29/，2016 年 12 月 22 日访问。

信息;

③除自己的 APP 客户端以外,平台拥有自己的微信公众号,但因为腾讯不愿意承担不实信息的网络服务提供方责任,因此,微信公众号只可作为预警信息接收端,而不能作为预警信息的发布端;

④与其他应用和媒体尚在磋商合作;

⑤面临的最大质疑为用户隐私安全问题。

(2)公安部"儿童失踪信息紧急发布平台"

公安部在阿里巴巴公司的技术支持下,于 2016 年 5 月上线启动了"儿童失踪信息紧急发布平台"(以下简称公安部平台),建立了我国首个儿童失踪信息发布官方平台。与作为非官方民间组织建立的 CCSER 不同,对于儿童失踪线索,公安部平台首先是第一时间部署涉案地打拐民警进行即时核查,确属失踪的,平台将会积极督促涉案地公安机关尽快找回儿童,并即时发布各地儿童失踪信息,自动推送到相关新媒体和失踪地周边一定范围内相关人群,让更多群众准确获取相关信息,提供失踪儿童线索,协助公安机关破获拐卖案件,尽快找回失踪儿童;失踪儿童已找回的,将失踪原因及找回情况及时反馈;属于谣言的,通过平台及时辟谣,形成了与广大群众的良性互动。平台上线 6 个月以来,平台共发布失踪儿童信息 286 条,找回儿童 260 名,找回儿童比例达到 90.91%,其中解救被拐卖儿童 18 名、离家出走儿童 152 名、迷路走失儿童 27 名、不幸溺亡儿童 32 名、不幸遇害儿童 20 名、其他原因儿童 11 名,取得了显著成效。2016 年的 11 月,"儿童失踪信息紧急发布平台"第二期上线启动。该平台二期新接入支付宝、UC、手机淘宝、YunOS 系统、腾讯 QQ、百度、一点资讯、今日头条、360 手机卫士、滴滴出行等新媒体和移动应用,进一步扩大了平台信息发布渠道和范围。①

归纳起来,作为我国首个政府官方预警平台,公安部"儿童失踪信

① 中华人民共和国公安部:《公安部"儿童失踪信息紧急发布平台"二期上线平台上线 6 个月来,发布失踪儿童信息 286 条,找回儿童 260 名》,载 http://www.mps.gov.cn/n2254098/n4904352/c5548254/content.html,2016 年 12 月 22 日访问。

息紧急发布平台”具有如下特点：

①同样是以移动互联网作为主要的信息传播媒介，并没有移动通信运营商的参与；

②平台自身没有独立的网站、手机 APP 等应用客户端，也就意味着普通群众无法直接发布预警信息；

③预警信息的发布主体为平台自身，而非群众、用户直接发布，各地公安机关经过对线下的儿童失踪线索首先进行核查，确属失踪的才会发布预警信息，这使得预警信息的可靠性得到有力保障；

④预警信息的接收端广泛，包括移动互联网主流媒体和应用，拥有专属新浪微博账号，但没有微信公众号，与群众交互性上仅限于微博；

⑤用户隐私问题因政府官方的背书而相对有所保障。

(3)“睿介寻子”

2015 年 7 月，国内首个专注于走失儿童找回系统和机制的 APP“睿介寻子”众筹上线，4 个月后，成功募集到超过一百万元人民币，2015 年 11 月正式上线运营。与 CCSER 类似，“睿介寻子”属于民间发起的公益组织，但是通过时下非常流行的众筹集资方式，创造的一种主要依靠移动互联网新媒体作为信息传播媒介的走失儿童预警信息平台。“睿介寻子”与其他两个平台相比，核心竞争力在于其拥有号称全球最精准的人脸识别技术和大数据分析技术。

“睿介寻子”的运作机制主要如下：首先，“睿介寻子”将会建立起两大数据库，即“全国失踪儿童信息库”和“全国儿童生物信息信息库”。这两个信息库中不仅会包含走失儿童的基本信息，还包括生物特征信息，如面部特征、声纹、指纹、瞳孔以及 DNA 信息。其次，联合各大社交平台，发布儿童走失信息。当孩子走失后，通过“睿介寻子”可以快速发布儿童走失信息，并扩散到各个社交平台。当后续更新孩子信息时，已经扩散的信息会自动更新到最新状态。孩子找回后，可一键撤销所有扩散信息，保证信息不会出现误传播情况。第三，通过面部识别等生物识别技术，匹配走失儿童和定位流浪儿童。“睿介寻子”系统平台以及 APP 通过全球最精准的人脸识别技术，可以快速甄别网友上传的照片信息，通过比对失踪儿童信息库，为家长寻找孩子提供更多线索。后期可通过声纹、指纹、瞳孔以及 DNA 等识别技术来提高信息对比的准确性。第四，通过大数据分析，挖掘疑似走失儿童信息，并定位可疑人员，为家长、公益组织和政府职能部门提供线索，帮助流浪儿童获得救助。①

另外，“睿介寻子”与阿里巴巴、七牛、Face + + 等优秀云计算公司达成合作，将该平台打造成自动化平台，尽量减少人工干预，确保 24 小时工作。从图片上传到面部分析，从发布走失儿童信息到撤销已扩散消息，整个平台全部实现自动化操作，杜绝人为介入对系统产生的影响。“睿介寻子”还与网信移动达成合作，联合组建中国版的“安珀警报”系统。网信移动将为其提供通信服务支撑，赠送网信移动通信资源和通信特权。为推动亚当警报系统的建立，“睿介寻子”与河南大型家居连锁企业欧凯龙合作，在连锁店内试运行“亚当警报”系统。当人们发现孩子走失时，可立即联系欧凯龙工作人员激发“亚当警报”，马上关闭所有出入口，所有工作人员在自己管理区域帮助寻找走失孩子，如果超过 10 分钟还未找到，警方会立即介入。②

可见，“睿介寻子”几乎整合了从儿童走失的预警到失踪儿童搜寻，再到流浪儿童的数据整合、匹配可能的失踪儿童信息等一系列功能，就其所宣称的状况来看，其几乎相当于亚当警报、安珀警报，以及前述 CCSER 和公安部平台，加上流浪儿童救助平台的综合体，功能堪称强大。但也正因为如此，与 CCSER 和公安部平台不太相同的地方就在于，“睿介寻子”从其发起众筹直至平台建立，都没有强调过儿童一旦走失后在确认其失踪甚至被拐之前的社会响应机制，基于作为核心技术的人脸识别和数据库，其相对更为强调已失踪儿童的公民协助寻回机制。

归纳起来，“睿介寻子”平台主要具有如下特点：

①与前述两个平台不同，“睿介寻子”虽然仍然主要依靠移动互联

---

① 王亦君：《国内首个寻找走失儿童 APP“睿介寻子”众筹上线》，2015 年 7 月 14 日，载 http://ccn.people.com.cn/n/2015/0714/c366510 - 27302608.html，2016 年 12 月 22 日访问。

② 王亦君：《国内首个寻找走失儿童 APP“睿介寻子”众筹上线》，2015 年 7 月 14 日，载 http://ccn.people.com.cn/n/2015/0714/c366510 - 27302608.html，2016 年 12 月 22 日访问。

网作为主要的信息传播媒介，但它首次加入了移动通信虚拟运营商的参与，尽管覆盖面有限，但不得不说是一个突破；

②平台自身拥有独立的官方网站、手机 APP；

③儿童走失的预警信息可由用户通过手机 APP 客户端发布，但信息的真实性同样不如官方平台那样可靠，从其官方网站的介绍中也没有特别提到走失信息的可靠性问题，且其 APP 的寻人发布没有如 CCSER 那样以真实身份信息认证的前置条件；

④与其称之为儿童走失预警的信息发布平台，倒不如称之为失踪儿童的信息收集整合平台，因为这一平台并未突出儿童一旦走失后短时内的社会响应，而是强调失踪、被拐儿童的寻回机制；

⑤预警信息的接收端主要为其自身的 APP 和若干社交平台，拥有专属新浪微博账号，也有微信公众号；

⑥作为民间平台，尤其是相比前述 CCSER，“睿介寻子”所收集的隐私信息基于其数据库分析和生物识别技术的需要而更为广泛和详细，其面临用户信息安全问题更大的质疑，因为更详细的个人隐私信息一旦泄露，如反为拐卖儿童的犯罪分子所利用，那么危害后果无疑将更加严重。

表3　三大平台细节比较

	CCSER	公安部平台	“睿介寻子”
全　称	中国儿童失踪预警平台	儿童失踪信息紧急发布平台	“睿介寻子”
性　质	民间公益组织	政府官方组织	民间公益组织
主要媒体	移动互联网	移动互联网	移动互联网“＋”虚拟运营商
信息发布主体	用　户	平　台	用　户
信息可靠性程度	中　等	较　高	较　低
隐私安全	中　等	较　高	较　低

续表

	CCSER	公安部平台	“睿介寻子”
信息接收端范围	以客户端和微信公众号为主，其他手机应用和社交平台尚未接入，覆盖面相对较窄。	无客户端和微信公众号，但接入了新浪微博、支付宝等手机应用和社交平台，覆盖面相对较广。	以客户端和微信公众号为主，其他手机应用和社交平台接入较少，虽然与虚拟运营商有合作，但总体覆盖面仍然相对较窄。
定　位	本着以民间平台的兴起推动政府官方平台建立的初衷，致力于构建中国的安珀警报，在目标愿景上与公安部平台一致。	作为首个政府官方推出的预警平台，其实效性被认为将超过另外二者以及其他诸多小平台和组织，但由于缺乏相关法律制度的保障和支持，要发展为系统全面的预警机制还有一段很长的路要走。	更多地着眼于已失踪儿童、已被拐儿童包括流浪儿童的搜索和营救，而非如前二者那样着眼于走失儿童的预警机制。所拥有的数据库和生物识别两大核心技术是否能发挥其所宣称的效果还有待验证。

除了上述三个平台以外，在各大新媒体和网络社交平台中，还广泛存在诸多大大小小民间自发的公益组织和机构。较为有知名度的，比如“宝贝回家”网站，有十几万名志愿者遍布全国各地，截至 2016 年 12 月 17 日，已经成功帮助找回了 1740 名儿童。但非常明显的是，诸如“宝贝回家”这样的民间公益组织，仅仅起到失踪儿童或其他人群的找回作用，儿童走失的预警超出了它的功能定位。其他诸如“宝护”“帮帮寻人”“众寻天使”等手机应用，也同样定位在已失踪儿童或其他人群的找回功能，而非走失预警功能。

在公安部推出儿童失踪信息紧急发布平台以后，CCSER 和“睿介寻子”作为民间公益组织发起的救助平台将何去何从？就此而言，我们认为，进一步加强公安部平台的预警功能，逐步取代民间平台的预警功能，同时，继续培育民间的失踪儿童及其他人群的搜寻、数据整合和找回的功能，并加以适当的干预使民间平台能够互相协调，是一个相对比较科学的发展路径。

理由在于,对于儿童走失预警机制而言,儿童走失预警信息的及时性、真实可靠性,以及信息的可达范围,是此种机制的核心三要素,而这三要素的达成,有赖于平台的资金实力,官方背书的可靠性验证和隐私安全保障,以及至少具备一定程度的强制推广能力三大基础。这三大基础,都是民间公益组织无法与政府官方组织相匹敌的。更何况,预警信息发布的统一、整合和系统化,能够形成规模效应,在规制理论话语中,属于应形成自然垄断的领域。换句话说,单一的、垄断的平台,比分散的、竞争的多个平台要更为有效率。至于已失踪儿童和其他人群的寻回,因其功能定位与预警平台不尽相同,应鼓励民间组织多头发展,促进人脸识别、生物识别等相关技术的成熟化;且市场化运作,也有利于在达到公益目的的同时,减轻政府财政负担。

可以看到,在儿童失踪预警机制的建设上,我国已经取得了令人瞩目的成果。2016 年 9 月国务院新闻办公室发表的《中国司法领域人权保障的新进展》白皮书也特别提到了公安部的打拐微博,也就是公安部儿童失踪信息紧急发布平台的微博:

"打拐专项行动深入推进,反对拐卖妇女儿童工作取得重要进展。坚持不懈预防、打击拐卖妇女和儿童犯罪,落实《中国反对拐卖人口行动计划(2013 - 2020 年)》,解救拐卖犯罪被害人。《刑法修正案(九)》对收买被拐卖妇女和儿童的行为,加大了处罚力度。公安机关深入推进打拐专项行动,完善工作机制,县(市、区)公安机关主要领导或主管领导担任拐卖儿童案件专案组长,全程负责;在全国实行儿童失踪快速查找机制,充分调动警务资源快速查找失踪儿童;公安部打拐办开通微博,普及防拐知识,推动全社会提高防拐反拐意识,支持参与打拐工作。拐卖妇女儿童犯罪得到有效遏制,案件数量自 2013 年起逐年下降。各级法院 2015 年审结的拐卖妇女儿童犯罪案件数量比 2010 年下降了 55.55%。"①

---

① 国务院新闻办:《中国司法领域人权保障的新进展》(白皮书),载 http://www.gov.cn/zhengce/2016-09/12/content_5107604.htm,2016 年 12 月 22 日访问。

然而,正如CCSER在其官方网站中指出的那样,中国的儿童预警机制远没有真正建立起来:没有相应法律的保障,儿童失踪信息无法实现全员覆盖,就达不到预警机制强大的威慑作用;不能实现全员覆盖的预警机制只能是寻找孩子的工具、帮助破案的助手,无法实现其强大的挤压犯罪空间、预防针对儿童犯罪的终极效果。这一点在上述三大平台的对比中已经很明显地体现出来,尤其是"睿介寻子",基本属于"寻找孩子的工具、帮助破案的助手",而非真正的预警平台。"政府、民间只有持续努力,才能形成符合中国国情的儿童失踪社会应急响应机制,才是真正有效遏制中国的儿童失踪问题,营造和谐的社会环境。立法是一个漫长的过程,中国的安珀还有很长的路要走,这套机制的建立,离不开社会的参与和持续的推动。"①

另外,值得一提的是硬件辅助预警机制。如今市面上,各式各样的防儿童走失小工具、小设备也呈现出遍地开花的态势。比如,由壹萌科技开发的产品"e扣",目前正在京东众筹平台上进行众筹,且当下已经筹集到18万余元人民币,远远超过了筹款目标10万元,人们对于这类产品的出现所怀有的期待可见一斑。据其众筹页面所描述,"e扣"是一款外观上与普通衣扣非常类似的蓝牙设备,可以佩戴于儿童的衣服、头饰等部位而显得十分自然,强调隐蔽性;一个主要功能是,通过与父母的手机进行配对,"e扣"可以持续与父母手机连接,一旦儿童远离了父母超过预设的警戒范围,父母的手机就会发出警报,从而及时控制儿童的去向;另一个主要功能是,当儿童与父母在商场等公共场所走散,父母可以寻求商场广播向所有在商场内的顾客播报儿童走失信息,并请求所有顾客拿出手机,打开蓝牙,通过微信摇一摇,就能搜寻顾客附近有无走失儿童所佩戴的"e扣"蓝牙信号,从而快速锁定儿童位置。另外,虽然"e扣"能够持续不断发射蓝牙信号,但其续航足够运行6个月,较为有效地防止了电力不足、信号中断带来的麻烦。② 不得不说,

① 中社儿童安全科技基金:《中国的安珀警报离实现还有多远》,载http://ccser.org/information/news-id/20/,2016年12月22日访问。

② 京东金融:《e扣:婴童防丢众寻智能专家》,载http://z.jd.com/project/details/29855.html,2016年12月22日访问。

这一款产品的确具有创新意义，且与腾讯微信的合作也大大拓宽了产品得以推广的范围，至少使得特定封闭区域内的儿童走失预警机制得到更强力的支持。相信随着越来越多这样的创新科技设备的出现，更加现代化、网络化的儿童走失预警机制能够最终得以建立，依托互联网的预警机制或许能够远远超越美国的安珀警报。

（二）搜寻和营救

1. 公安机关多警种化、跨区域化、跨境化打击

公安机关对拐卖儿童犯罪的协作侦查应实现多警种化、跨区域化、跨境化的打击。首先，各相关警种的公安干警应充分发挥职能优势，通力合作：刑侦部门作为打击拐卖儿童犯罪的主力军，应通过综合运用各种侦查手段，重点打击团伙犯罪，加快来历不明、疑似被拐儿童的 DNA 鉴定，全力解救被拐儿童；治安部门，尤其是基层派出所应充分发挥人熟、地熟、情况熟的优势，结合户籍、人口、行业等日常管理工作，深入开展疑似被拐儿童摸排和 DNA 信息采集，及时发现被拐儿童的线索；交通巡警部门应强化巡逻防控，提高出警率，阻遏犯罪活动；指挥情报中心、技侦、网络安全部门则应同步上案，加强情报研究判断和技术手段支持。[①] 其次，根据上文分析，拐卖儿童的犯罪活动多是从一个集中的拐出地区域向另一个集中的拐入地区域移动，这就需要各地公安机关跨区域联合行动。上级公安机关应当发挥统筹协调作用，及时整合调配所辖各地公安资源，展开联合侦查，实施联合打击；各地公安机关应树立打击拐卖儿童犯罪一盘棋的思想，进一步完善区域间的协作配合机制；拐出地公安机关重点监视、侦查出卖亲生子女的行为亦即针对儿童的"偷、抢、拐、骗"四大犯罪活动，拐入地公安机关重点监视、侦查收买被拐儿童的犯罪活动，其他地区公安机关协同铁路、民航等相关部门查控来历不明的流浪儿童和疑似被拐儿童。[②] 最后，前文也已经说明，拐卖儿童犯罪活动已经呈现出了跨境犯罪的趋势，因此，未来我国打击

① 参见王锡章：《拐卖儿童犯罪的现状与遏制对策——以 F 省为例的实证研究》，载《中国人民公安大学学报》（社会科学版）2015 年第 5 期。

② 参见王锡章：《拐卖儿童犯罪的现状与遏制对策——以 F 省为例的实证研究》，载《中国人民公安大学学报》（社会科学版）2015 年第 5 期。

拐卖儿童犯罪还需要加强跨境合作，尤其应与东南亚国家建立合作打拐机制。

2. 组织引导社会力量参与

根据上文分析，由于已失踪儿童和其他人群搜寻和营救机制的功能定位与预警机制不同，应鼓励民间组织多头发展，促进人脸识别、生物识别等相关技术的成熟化，且市场化运作，也有利于在达到公益目的的同时，减轻政府财政负担。从相关实证研究所收集的数据来看，目前在我国搜寻失踪儿童、营救被拐儿童仍然主要依靠警方的力量。尽管如“宝贝回家”这样的公益组织已经取得了令人刮目相看的成就，但与我国庞大的失踪儿童、被拐儿童总量相比较来看，仍然犹如杯水车薪。近年来，公安部在部署全国公安机关开展“打拐专项行动”中，也开始特别强调动员社会力量打拐，明确提到要主动与民间“寻子联盟”“寻子网站”以及被拐卖儿童家长、亲属交流沟通，让民间反拐力量和公安专门力量实现真正汇流。①

比如，在北京，民间的公益组织有着得天独厚的优势：人员素质相对较高，从业人员数量较多，应急处理能力强，信息来源广泛等。以“宝贝回家”为典型代表的民间公益组织，在自发搜救走失、被拐儿童的工作中，往往具有如下特点，值得其他地区的民间公益组织借鉴和学习：

①设置专职工作人员全面协调志愿者的寻亲工作；

②将资料分析与实地调查相结合；

③每份寻亲资料都分配固定志愿者进行跟进；

④所有志愿者都接受系统的寻亲技能培训；

⑤对志愿者寻亲资料跟进情况进行检查监督；

⑥管理机制上，包括志愿者工作群、地区群在内，都实行值班员工作制度；

---

① 李春雷、任韧、张晓旭：《我国被拐卖儿童救助保护现状及完善对策研究——基于对近年133个公开报道案例的分析》，载《中国人民公安大学学报》（社会科学版）2013年第6期。

⑦所有日常管理和寻亲工作由志愿者自主运营；

⑧与当地警方保持密切联系；

⑨志愿者寻亲服务是全天候式的服务等。[①]

（三）善后阶段

从受害人为中心救济机制的角度来看，善后阶段面临的最大问题是被拐儿童回归到家庭状态中去的困难，包括回归亲生父母家庭和融入新家庭。对于前者，通过建立DNA数据库的方式可有效应对；但对于后者，则需要配合《收养法》相关制度的完善才能得到解决。我国《收养法》第4条没有对“查找不到生父母的弃婴和儿童”作出更为详细的解释，因而，查找不到生父母的被拐儿童能否适用《收养法》的规定被收养，就成了亟待解决的首要问题。首先，从保护被拐儿童，帮助被拐儿童重新回归家庭状态出发，应对《收养法》的规定作扩张解释；其次，与此同时还需要处理好被拐儿童、收养家庭与被拐儿童生父母的合法权益之间的矛盾和冲突，因此，还需要对抚养被拐儿童的优先权、收养公告和时效以及生父母出现后，原收养家庭解除收养关系和抚养费用分担问题作出具体规定。另外，根据现行《收养法》规定，生父母不愿领回的被拐儿童不被认为是孤儿或弃婴，因而无法被社会福利机构接收，此时再强行送回亲父母身边，很可能并不利于被拐儿童的身心发展。对于这种类型的被拐儿童，可以尝试对《社会福利机构管理暂行办法》第2条所界定的“孤儿”和“弃婴”进行扩张解释，将生父母不愿领回的被拐儿童纳入其中。甚至在被拐儿童生父母愿意领回但综合考虑下，认为被拐儿童被领回可能面临虐待或二次拐卖的危险等不符合儿童的最大利益时，也可以决定交给社会福利机构暂为抚养。这种做法也较为符合联合国《儿童权利公约》第9条的精神。[②]

此外，在被拐儿童得到解救后、回归家庭与家人团聚或暂时进入社会福利机构之前的善后阶段，民间慈善组织也是一股重要的救助力量。

---

① 参见魏聪：《社会组织在救助被拐妇女儿童中的作用研究》，中央民族大学2016年硕士学位论文，第19页。

② 参见兰立宏：《论国际视域下我国被拐儿童保护和救助制度的完善》，载《青少年犯罪问题》2014年第4期。

以北京市的相关民间公益组织为例，这些公益组织往往为被解救的受害儿童提供：

①场所安置服务，为被拐儿童提供安全的安置场所；

②健康照顾服务，为受害者提供改善营养的食物和基本医疗服务；

③法律援助服务，提供法律相关的建议和对策帮助受害人寻求救济；

④就业培训服务，为受害者提供职业和技能培训，帮助他们创造就业条件；

⑤心理治疗服务，帮助受害者走出被拐卖的悲惨经历所带来的心理阴影，重新树立人生目标，恢复生活态度；等等。[①]

---

① 参见魏聪：《社会组织在救助被拐妇女儿童中的作用研究》，中央民族大学2016年硕士学位论文，第20~25页。

第四章　拐卖妇女防治机制

女性无疑是人口贩卖问题最主要的受害者。21 世纪,以性剥削、强制婚姻和强迫劳动为目的的拐卖妇女犯罪具有全球扩张趋势。据联合国毒品与犯罪问题办公室发布的《2014 年全球人口贩运问题报告》显示,49% 的被贩卖人员是妇女。在我国,拐卖妇女犯罪也以各种形式年复一年地发生着,仅 2011 ~ 2015 年间,公安机关就破获拐卖妇女案件 1.5 万起。近年来,拐卖妇女犯罪呈现出跨地域、跨国境,从单独作案到团伙作案,女性犯罪主体数量增多等特征。拐卖妇女犯罪屡禁不止的缘由包括:地下色情产业链带来的商机,尚未消除的性别歧视现象,性别比失调引发的婚姻挤压,薄弱的法制观念等。伴随拐卖妇女问题上升至人权侵害层面,拐卖妇女的防治机制也应当贯彻人权保障理念。

一、拐卖妇女犯罪的现状概览

(一)拐卖妇女犯罪的特点

仅仅聚焦于拐卖妇女个案,虽能够揭露罪犯的不轨行为,同情受害人的悲惨遭遇,但往往会忽视拐卖妇女犯罪的发展、演化趋势。旨在建构有效的防治机制,首先应当从宏观上掌握拐卖妇女犯罪的特点。结合联合国所作的相关调查,以及国内已审结的典型拐卖妇女案件来看(具体梳理可见表 1、表 2),时下拐卖妇女犯罪逐渐呈现出以下特征。

从地域分布来看,一方面,被拐妇女主要是从广西、四川、贵州、云南等西部农村流入广东、福建、浙江、江苏、山东等东部沿海城市。结合地域分布和经济发展水平来看,被拐卖妇女一般是从经济欠发达地区被拐至经济发达地区。另一方面,跨国境区域的拐卖妇女现象日趋严重,特别是集中在我国西南边境与缅甸等国接壤的地区。以福建省检察机关审查起诉的拐卖妇女案件为例,涉外案件逐渐增多。从办案情况来看,外籍妇女被拐卖入闽呈现出如下两方面特征:一是被拐卖的妇女绝大多数是东南亚妇女,特别是缅甸籍妇女被拐卖案件呈现上升趋势。例如,从 2010 年 1 月至 2011 年 11 月,宁德市检察机关共受理提请批捕拐卖妇女案件 19 件,解救被拐卖妇女 46 人,其中 42 人为缅甸籍。这些被拐卖的缅甸籍妇女年龄均在 20 岁至 30 岁之间,文化程度低,家境贫困,被拐卖到中国后多不愿回国,但因为非法入境,被出卖他人为妻后,又没有到民政部门进行婚姻登记,这也给社会管理带来困难。二是拐卖流向地域比较固定。被告人通常是将被拐卖的外籍妇女途径云南、贵州等地拐卖到福建,出卖地集中在农村地区。①

从拐卖妇女犯罪特点来看,团伙化犯罪趋势明显。近年来,为了应对拐卖妇女现象,在国际层面,联合国发布了多项文件和报告,成立了"联合国机构间湄公河次区域反拐项目",在国内层面,国务院也发布了《中国反对拐卖人口行动计划(2013 ~ 2020 年)》。各项举措不断加大对拐卖妇女犯罪在内的人口贩卖活动的打击,使得单个人实施拐卖妇女犯罪的难度越来越大。在这种情况下,犯罪分子自然而然地勾结在一起,由最初的松散型犯罪方式逐渐发展成团伙犯罪方式。罪犯在共同犯罪中形成较稳定的组织分工,有人在拐出地负责引诱蒙骗妇女,有人专门负责多地区间的中转对接,有人负责在拐入地联系销路,形成一个多人员、跨地域的犯罪网络,甚至有些犯罪团伙对外宣称提供"拐、卖、转、销"一条龙服务。由于时间跨度、地域跨度等问题,这种组织严密的团伙犯罪大大加剧了被拐卖妇女犯罪的侦查难度。

从犯罪主体来看,尽管拐卖妇女犯罪的主体以男性居多,但近年来女性犯罪主体呈上升趋势。相对于男性犯罪人而言,女性参与拐卖妇

---

① 李晓郛、黄欢:《从打击拐卖妇女犯罪的角度看妇女权益保障——以福建省为例》,载《河南警察学院学报》2014 年第 5 期。

女活动具有相当程度的欺骗性。由于多数受害人更容易对这些伪装成“好心人”的女性产生好感和信任,从而放松警惕,使得女性作案成功率更高。联合国毒品和犯罪问题办公室在2009年发布的《全球人口贩运问题报告》中指出,有大量妇女参与人口贩运,不仅作为被害人,而且作为贩运人员。在提供关于贩运人性别资料的国家中,女性贩运人比例最高的国家竟然占30%,相比之下,女性犯罪人在拐卖妇女犯罪中,较在其他多数形式犯罪中起着更加突出的作用,甚至在某些地区,妇女贩运妇女,已是司空见惯的现象。此外,值得关注的是,女性犯罪主体当中有相当一部分人员曾经是受害者,也就是说这些女性是由过去的拐卖妇女犯罪受害人转变为人贩子的。例如,2000年7月,广西女青年李艳萍因拐卖妇女罪被判处有期徒刑12年。她本人是在15岁那年被表哥以打工赚钱的名义卖给广东省一位农民为妻。被警方解救之后,她父亲担心街坊邻居说闲话,丢面子,又将她哄骗到河北农村以2500元身价卖给另一位农民为妻。由于是被买来的,李艳萍在家中饱受折磨,于是决定外出打工,但在郑州劳务市场又被人贩子拐至河南范县以5000元价格卖给邢某。邢某要她还出5000元赎身费才能离开。这种情况下,李艳萍想到以贩卖人口来赚钱赎身。她先后以范县某饭店招工、待遇优厚为诱饵,在郑州劳务市场拐骗5名妇女卖给范县农民为妻。① 在这一案例当中,李艳萍几经拐卖之后,最终变成拐卖妇女的罪犯。

表1　湄公河区域跨国拐卖流向②

流出地	跨国拐卖流向
柬埔寨	流入地:越南、马来西亚、沙特阿拉伯、中国台湾地区、韩国 中转地:中国和越南拐卖妇女往往以柬埔寨作为中转地
老挝	流入地:泰国、中国、马来西亚 中转地:中国和越南拐卖妇女会通过老挝中转至泰国

① 参见赵可等著:《一个被轻视的社会群体——犯罪被害人》,群众出版社2002年版,第142~144页。

② 表1是根据“联合国机构间反对拐卖人口项目”编写的《湄公河区域国家反人口拐卖信息手册(2010)》整理而成。

续表

流出地	跨国拐卖流向
缅甸	流入地:中国、泰国、马来西亚、韩国 中转地:孟加拉国向马来西亚、中国向泰国拐卖妇女会通过缅甸中转
越南	流入地:中国、老挝、柬埔寨、泰国、马来西亚、韩国、印度尼西亚、西欧、中东国家(越南是主要的被拐人口的流出国)
泰国	流入地:马来西亚、巴林、马尔代夫、新加坡、澳大利亚、欧洲国家 中转地:泰国是大湄公河次区域人口交易的“集散地”
中国	流入地:泰国、老挝、柬埔寨、马来西亚、非洲一些国家、欧洲和美洲

表2　典型拐卖妇女案件

案件类型	基本案情	典型意义
跨国境拐卖妇女案	杨恩光、李文建等拐卖妇女案 法院经审理查明,被告人杨恩光、李文建伙同田沈忠、张兴祥、李春飞等人(均系同案被告人,已判刑),先后以嫖娼为名,在云南省河口县一些宾馆、酒店,采用暴力手段,强行将越南籍妇女被害人阮某桃、阮某恒等17人带至云南省富宁县、砚山县、广南县、马关县等地,通过赵阿林、何万周(均系同案被告人,已判刑)等联系,转卖给当地村民。其中,杨恩光参与作案6起,拐卖妇女12人,李文建参与作案7起,拐卖妇女14人。	此案件的被害人身份特殊,均系外籍妇女,且多数在我国境内从事卖淫活动,本属依法整顿治理的对象,但被害人的特殊身份并不影响我国司法机关对拐卖妇女涉案人员的定罪量刑。我国司法机关依法严厉打击、遏制一切形式拐卖妇女犯罪。我国司法机关依照我国缔结和参加的有关国际条约的规定,积极履行所承担的国际义务,将被解救妇女妥善安置,并及时与有关外事部门联系,提供司法协助和司法救助,将被解救妇女全部安全地送返国籍国。

续表

案件类型	基本案情	典型意义
拐卖妇女团伙案	2000年9月21日,江苏省宿迁市中级人民法院经过连续5天的公开开庭审讯,对全国最大拐卖妇女团伙中的18名被告人作出一审判决。郑明月、郑明亮等6名主犯被判处死刑,其他12名犯罪分子分别被判处6年有期徒刑到无期徒刑。 这个特大拐卖妇女团伙,涉案犯罪分子达90余名,拐卖妇女240余人,是公安部去年挂牌大案,被定为"7~8"大案。此犯罪团伙由云南、贵州等地70余名犯罪分子负责拐骗当地妇女到宿迁泗阳县来安乡,然后由该乡姜集村农民郑明月、郑明亮等20名犯罪分子负责向山东、淮阴等周边省、市出卖。自1992年至1998年5月间,仅此次公审的18名犯罪分子就作案101起,拐卖妇女141人,其中年龄最大的22岁,最小的只有16岁,部分妇女在拐卖过程中受到人贩子强奸和虐待。	近年来,拐卖妇女团伙案的数量呈上升趋势。但涉案人员多、作案地点分散、作案时间跨度大等问题,大大增加了侦破拐卖妇女团伙案的难度。
女性作为犯罪主体的拐卖妇女案	韩同长等九被告人拐卖妇女案 在该案件当中钟小燕、邱某某、张某定、姚某某四名被告人均为女性。法院经审理查明,2014年12月左右,被告人钟小燕及邱某某通过被告人姚某某及庞某某、江某某介绍,从广东省化州市以15000元购买智障女廖某某。随后,被告人钟小燕和邱某某将廖某某带到安徽省肥西县上派镇。被告人钟小燕联系被告人张某某,请张某某帮忙卖出。张某某答应帮忙,并联系了被告人邱某某和被告人周某某,	在该拐卖妇女案件中,近一半被告人为女性,多为农民,受教育程度不高。相对于男性犯罪人而言,女性参与拐卖妇女活动具有相当程度的欺骗性。由于多数受害人更容易对这些伪装成"好心人"的女性产生好感和信任,从而放松警惕,使得女性作案成功率更高。

续表

案件类型	基本案情	典型意义
	告知广西人带来一个女子,请求帮忙介绍出去。被告人周某某到被告人钟小燕所住宾馆,了解廖某某的具体情况,并与被告人钟小燕谈论价格。随后联系被告人韩同长,韩同长提出先看看人再说。于是,钟小燕等人带着廖某某到舒城县城富贵园饭店与被告人韩同长见面。经谈价,同意以 20000 元将廖某某卖给韩同长。	

(二)拐卖妇女犯罪的手段和目的

在探究拐卖妇女案件屡禁不止的原因之前,有必要剖析拐卖妇女的手段和目的。伴随宏观和微观社会、经济、文化环境的变迁,拐卖妇女的手段和目的也会有所不同。

1. 拐卖妇女犯罪的手段

从实践情况来看,拐卖妇女的主要手段包括以下几种:第一,借“招工”之名,行拐骗之实。这种方式所指向的对象一般是偏远农村地区家境比较贫困的女性。“人贩子”通常会利用这些妇女急于“找工作”的心理达到拐骗目的。第二,以“交朋友”为借口拐骗妇女。随着互联网的普及,目前相当一部分犯罪分子潜伏在 QQ、微信、微博等社交网络上,通过网上交友、相约出游等方式拐卖妇女。第三,利用“老乡”或“亲情”的特殊身份进行拐骗。一些人贩子唯钱是图,不惜利用亲友乡亲“不会戒备,绝对相信”这一心理行骗。第四,专门拐卖痴呆、聋哑等残疾妇女。2015 年,浙江省瑞安市公安局专案组就成功侦破了一起专门拐卖残疾妇女的案件。①

在上述手段中,存在一个共同特点:熟人间的拐骗更为容易。有学

① 参见秦晶:《浙江瑞安警方成功侦破一起拐卖残疾人妇女案件》,载《法制日报》2015 年 7 月 22 日。

者结合对被拐卖妇女的访谈,力图解释这种现象的缘由:传统农业社会是一个"熟人社会","熟人社会"的基础是诚信而不是法律。被拐卖妇女大多以传统农业社会为主要人生场景,持有传统农业社会的价值观念,相信"诚信"是人际交往的底线。正是传统农业社会的理性逻辑中形成的安全期待使得她们对包括亲戚、朋友、同乡、同学等在内的熟人抱有较大的信任感。[①] 不幸的是,这些熟人恰恰是拐卖者。

2. 拐卖妇女犯罪的目的

与其他人口贩运情况相比,拐卖妇女犯罪最主要的目的为,强迫被拐妇女卖淫进行剥削或其他形式的性剥削。[②] 据联合国毒品和犯罪问题办公室发布的《2014 年全球人口贩运问题报告》显示,全球人口贩运受害人中,遭受性剥削的受害人占到 53%。其中,在欧洲和中亚地区,遭受性剥削的受害人高达 66%,非洲和中东地区、美洲、欧洲和中亚地区分别为 53%、48%、26%。在我国,色情行业属于非法行业,但各地区均存在各式各样的地下色情行业。地下色情行业经营者往往通过对被拐卖妇女进行性剥削赚取经济利益。例如,在 2012 年广东省湛江市赤坎区人民法院审理的一起收买被拐卖妇女、强迫卖淫案中,两名越南籍女被害人在广西被四名中国男青年以唱歌为名拐骗至车上,并劫持到湛江市。次日凌晨,被告人钟某通过朋友得知有三个越南女子的消息后,遂伙同周某、卢某前往湛江,以 40000 元人民币将被害人买下并

---

① 参见王金玲:《跨地域拐卖或拐骗——华东五省流入地个案研究》,社会科学文献出版社 2007 年版,第 39 页。

② 在《联合国反人口贩运议定书》起草谈判过程中,如何界定以性剥削为目的的人口贩运与卖淫的关系,是一个极具争议的问题。围绕卖淫的性质,各国形成了两种针锋相对的观点:一种观点认为,卖淫本质上是暴力的、剥削性的,是一种性剥削,是对人权的践踏,是被害人在脆弱状态下做出的无可奈何的决定,因而应将一切卖淫归入人口贩运;另一种观点则认为,卖淫是一种职业,是性自主权的一种表现,是自愿选择的结果,因而应当区分强迫卖淫与自愿卖淫。只有强迫的卖淫才构成人口贩运。最终,《联合国反人口贩运议定书》使用了"利用他人卖淫进行剥削",而不是"卖淫",以此区分通过自身卖淫获利的人与利用他人卖淫牟利的人。根据《打击人口贩运示范法》第 13 条规定,"利用他人卖淫进行剥削",是指"从他人的卖淫中非法获取经济利益或其他物质利益"。而判断是否属于"非法"的标准则是缔约国关于卖淫的国内法。参见兰立宏:《拐卖犯罪防治对策比较研究:以〈联合国反人口贩运议定书〉实施为视角》,中国人民公安大学出版社 2014 年版,第 85 ~86 页。

将两人带到霞山区某屋村一巷3号5楼出租屋看守。期间,为了逼迫两被害人去发廊卖淫赚钱,钟某与周某、卢某等人分别看守、殴打以及使用言语恐吓等手段对待两被害人。两名被害人被殴打和恐吓所迫,被逼答应去发廊卖淫。近年来,诸如此类的强迫被拐卖妇女卖淫案不断见诸报章。

拐卖妇女的另一个主要目的则是将被拐卖妇女卖给他人做妻子。这种现象在偏远、贫穷地区较为普遍。如果一个村子贫穷,加上男女比例严重失衡问题,花钱买媳妇就很可能很普遍。因为购买被拐卖妇女的花费往往要低于正常结婚彩礼和婚礼的花费。曾在网络上引起热议的"团购越南新娘"事件,反映的正是此类拐卖妇女现象。这些越南籍妇女往往是被"朋友"以到中国打工赚钱的名义,诱骗至广西、云南、安徽、河南、贵州等地卖给当地人做媳妇。此外,拐卖妇女还可能是出于强迫劳动、摘除器官等其他目的,但这几种情况在此不作特别探讨。

(三)拐卖妇女犯罪的成因

1. 高额收益带来的诱惑

在边境,贩卖妇女已经成为继毒品、军火之后的第三大暴利行业。之所以会出现这样一种趋势,很大一部分原因在于被拐卖的妇女往往会进入地下色情产业链,被迫从事卖淫等活动。地下色情产业链的存在,使得拐卖妇女成为一种投资甚微却带来高额收益的犯罪活动。绝大多数犯罪分子正是在经济利益的驱动下作出拐卖妇女行为的。

2. 难以消除的性别歧视

被拐卖的妇女大多都被迫进入性交易行业。之所以存在性交易,与当今社会中普遍存在的女性商品化观念有着密切关系。金钱的强势作用是女性商品化的社会经济基础。在当今社会,男女不平等的现象依旧尚未消除。男性掌控着权力和经济命脉,依然控制着绝大部分的资源,男性依旧处于社会的主流和中心位置,而女性则处于依附和边缘化地位。这就构成了男女在交换关系中所处的特定位置:男性总是买方，女性总是卖方。①

3. 性别比失调引发的婚姻挤压

拐卖妇女现象，不仅仅是犯罪问题，更深层次的原因应当归结为社会问题。从这一视角来看，拐卖妇女现象屡禁不止的一个特殊之处就在于婚姻市场的存在。流出地是卖方市场，流入地是买方市场。在来自流出地的推力、流入地的拉力以及流出地、流入地的助力这三股力量合力的作用下，通过流出地和流入地的互动，又进一步形成了某种以拐卖妇女为途径的婚姻买卖市场体系。②

这一婚姻买卖市场形成的社会问题根源则在于中国人口性别比失调，长期的出生性别比偏高会强化婚姻的横向挤压。尽管我国婚姻的主要模式是男大女小，但未来婚姻的纵向年龄挤压将受到很大限制。因为旺婚年龄段附近的上下年龄段均存在男多女少的现象，未来旺婚年龄段男性人口的绝对多余，势必加深婚姻地域挤压的程度。出现"城—乡梯度挤压"模式，即城市男性到农村寻找配偶；"城—城挤压"模式，即生活在综合条件较好的城市男性到条件较差的城市择偶；"乡—乡挤压"模式，条件较好的农村男性到条件较差的农村娶妻。这三种挤压模式的最终挤压目标都是农村，受挤压最严重的边远、贫困、环境条件较差的农村。挤压的结果，"婚姻剩余男性"是沉积在贫困落后农村、条件较差的男性人口。③ 这部分群体的增多，在某种程度上还可能会引发蝴蝶效应，造成包括拐卖妇女在内的犯罪率的上升。

4. 淡薄的法制观念

从立法层面来看，我国已经建立了以刑法为核心的打击拐卖妇女犯罪的刑事法律体系，并且拐卖妇女等犯罪也存在重罪化趋势，但徒法不足以自行。由于受封建社会思想或本民族文化因素的影响至深，有

---

① 参见赵捷主编：《反对拐卖：行动与研究的反思》，云南人民出版社 2012 年版，第 54 页。

② 王金玲：《华东五省云南/广西籍未成年被拐卖/骗妇女/儿童流入地个案研究》，载《浙江学刊》2005 年第 4 期。

③ 参见周丽苹：《浙江省云南籍被拐卖/骗婚迁妇女的调查》，载《浙江学刊》2006 年第 1 期。

些偏远山区的民众混淆拐卖人口与买卖婚姻的关系，并不认为收买被拐卖妇女的行为触犯法律，重罪与刑罚也就难以起到应有的威慑效果。法制观念淡薄，导致这些地区成为拐卖妇女犯罪的重灾区。前些年，《人民日报》一位记者随公安部“打拐”采访团到达重庆市合川区一个偏远小镇，好奇的村民一下子聚集过来，当记者告诉他们“买媳妇”是违法行为时，他们竟都不以为然，甚至反唇相讥：“买媳妇有啥子罪？我们农村娶媳妇还不是要给女方家里钱财，照你们的说法，媳妇家的父母不就成了人贩子吗？”甚至当地民警在面对被拐卖妇女的哭诉时，竟劝对方“已经是人家的媳妇了，还是回去好好过日子吧”。[①] 时至今日，有些时候这种固有的观念还会让整个村子结成利益共同体，集体阻挠警察的侦查与解救工作：一是会形成一种内部共识与“习惯法”：买来的媳妇就像买来的牛羊一样，是私有财产，要予以尊重；二是会形成一套保护这种“特殊私有财产”的“群防群治”体系，对被拐卖妇女企图逃跑的行为，互相要通风报信、知会对方；对于警察来解救被拐卖妇女的意图与行动，村民会预警，会拒绝配合。[②]

通过剖析拐卖妇女犯罪的原因，可以看出，拐卖妇女犯罪既是法律问题，更是社会问题。单单从分析犯罪行为的视角出发，难以窥见犯罪背后隐藏的社会危机。对此，电影《盲山》和长篇小说《极花》等文学艺术作品，为我们提供了一个透视拐卖妇女问题的新视角。

文学艺术作品：以批判的眼光透视拐卖妇女问题

电影《盲山》：22 岁的女大学生白雪梅找工作的时候认识了热情大方的姑娘胡晓晓。她在工作和金钱的诱惑下和胡晓晓一起坐车去山区采购中草药。经过长途跋涉他们来到一个小山村。白雪梅睡醒后，发现胡晓晓和她的老板早已不知去向，她也不知道自己身在何处。白雪梅被告知，她已经被家里人卖给 40 岁农民黄德贵做老婆了。到这时候她才知道，自己上了人贩子的当了。白雪梅想要回家，遭到了黄德贵的

---

① 参见胡建新：《看“打拐”三感》，载《群言》2000 年第 9 期。

② 参见陈斌：《让被拐妇女的买家把牢底坐穿》，载《南方周末》2015 年 8 月 14 日。

拒绝。到了晚上黄德贵上床要和白雪梅睡觉,她坚决不肯就范。愤怒的黄德贵强奸了她,并且将她关在屋里。白雪梅稍有反抗就会遭到毒打、谩骂。白雪梅从此失去自由,被迫生活在一个陌生而野蛮的山村。性格坚强的白雪梅不断寻找机会的逃跑。但是这个封闭的山村中没有一个人愿意帮助她这个外来人。他们反而还帮助黄德贵对她严加看守。她每次逃跑都被抓回来,当众毒打。村民们的自私和冷漠,当地官员和警察的渎职行为使她在那里孤立无援。白雪梅为黄德贵生了一个男孩,使黄家对她放松了警惕。白雪梅在初中学生李青山的帮助下,和父母取得了联系。由于村民的阻挠,与父亲一同而来的两个警察无法救出白雪梅,于是,他们商量改天偷偷救走白雪梅,白父留这陪女儿。某日,在警察的帮助下,她终于逃出了这个山村。但是她的孩子却不得不留在那里。

长篇小说《极花》:贾平凹的这部长篇小说从拐卖人口事件入手,但真正的着眼点却是当下中国最为现实的贫困农村男性的婚姻问题,是城市不断壮大农村迅速凋敝的问题,具有震撼人心的现实冲击力。《极花》写了一个从乡村到城市的女孩胡蝶,从被拐卖到出逃、最终却又回到被拐卖乡村的故事。故事从胡蝶被拐卖到偏远山区的男性家庭开始,用全息体验的方式叙述她的遭遇,展示了她所看到的外部世界和经历的内心煎熬。胡蝶是当代中国众多从农村走出来的姑娘中的一个,她不甘于重复父辈的生活,急于摆脱农村的一切,尤其要摆脱农村姑娘的身份,她梦想着摇身一变成为城里人。这既是她对未来生活的向往,也是她试图摆脱农村印记或枷锁的一种无声抗议。但是,这个虚无缥缈的城市梦想在胡蝶第一次出去找工作的时候就被割断了,她稀里糊涂地被人贩子卖到了中国西北一个叫不上名字来的村子里,偏僻、穷苦、无望。故事从这里开始,胡蝶的抗争、撕扯、疼痛也从这里开始,又到结束。在小说后记中,贾平凹先生指出,小说的创作素材来源于贾平凹一位老乡的真实经历,是10年前发生的一个真实事件:老乡的女儿被拐卖,历尽千辛解救回来之后,女儿却再也融入不了原先的生活,重又回到了那个地方。“这是个真实的故事,我一直没给任何人说过。……但这件事像刀子一样刻在我的心里,每每一想起来,就觉得那刀子还在往深处刻。我始终不知道我那个老乡的女儿回去的村子是个什么地方，十年了，她又是怎么个活着？”而这10多年来，打击拐卖妇女儿童的力度很大，但拐卖妇女儿童的事仍在发生。《极花》虽然写了一个被拐卖的妇女，却并不是一个拐卖故事，它继续的仍是作者多年来对于乡村生态的思考与认识。

二、人权保障理念下的拐卖妇女防治机制

“我们的时代是权利的时代。人权是我们时代的观念，是已经得到普遍接受的唯一的政治与道德观念。”[①]广义的人权可以追溯至国家和法律出现之前，以自由、平等为核心内容的狭义的人权是伴随近代民主政治发展而来的。而妇女人权是晚近才获得承认和保护的。妇女人权包括两层含义：作为与男性平等的人而与男性平等享有权利和自由；基于女性的生理特征和所承担的人类再生产的任务而特有的权利。

世界各国一直以来都存在贩卖妇女现象，但在近年来拐卖妇女才被上升至人权侵犯层面。相应地，世界各国应当基于人权保障的理念，建构拐卖妇女防治机制。人权保障源于人权理论，但它不等于人权。人权以个体作为主体，决定其理论始终是以个人为依归，是站在个人利益的角度去评价国家的得失。然而，人权保障，尤其是一国的人权保障，常常是个人基于个人利益对国家提出的各项要求。[②]国家是最主要的人权保障主体，我国宪法确认“国家尊重和保障人权”。因而，在人权保障理念之下，作为人权保障主体的国家建构拐卖妇女的防治机制时，应当审视拐卖妇女活动可能会侵害妇女的哪些人权。

从人口非正常流动的整体性过程来看，拐卖妇女活动主要涉及妇女的以下权利：第一，人格尊严。作为人格权的核心价值，人格尊严是作为一个人所不可或缺的、应受到社会和他人尊重的基本权利。拐卖

---

① [美]路易斯·亨金：《权利的时代》，信春鹰等译，知识出版社1997年版，第1页。

② 李龙、余渊：《全面推进依法治国视域下的人权保障》，载《现代法学》2015年第2期。

妇女实则是将妇女视为商品，是一种奴役的过程，严重侵犯了被拐卖妇女的人格尊严。第二，人身自由权。人身自由权是人权体系中最重要的基本权利。我国《宪法》第37条规定："中华人民共和国公民的人身自由不受侵犯。任何公民，非经人民检察院批准或者决定或者人民法院决定，并由公安机关执行，不受逮捕。禁止非法拘禁和以其他方法非法剥夺或者限制公民的人身自由，禁止非法搜查公民的身体。"作为具有消极防御功能的人身自由权，首要防御的是国家公权力对公民人身自由的侵害，同时，该项功能也延伸至防御其他公民、法人或组织对公民人身自由的侵犯。这一条款正是刑法中规定拐卖妇女、儿童罪、非法拘禁罪的宪法依据。第三，性自主权。性自主权指的是，公民自主表达自己的性意愿，自主决定是否实施性行为而不受他人强迫和干涉的权利。拐卖妇女犯罪往往伴随着强迫受害人卖淫等性剥削行为，严重侵犯了受害人的性自主权。

三、拐卖妇女的防治机制：以"受害人保护"为中心

《打击贩运人口议定书》的宗旨之一，即"在充分尊重其人权的情况下保护和帮助贩运活动的被害人"。人权保障的理念贯彻至拐卖妇女的防治机制上，则体现为"以受害人保护为中心"。建构拐卖妇女防治机制的着力点包括：救助过程规范化、救助主体多元化、救助方式现代化、后续支持长效化。

（一）救助过程规范化

当前，我国在打击拐卖妇女犯罪方面，已经建立起了以公安部刑事侦查局打击拐卖犯罪办公室、各省公安厅打击拐卖犯罪办公室、各地市公安局打击拐卖犯罪办公室为主体、自上而下的专业化队伍。但是，结合拐卖妇女犯罪的特征和变化趋势，目前的救助过程仍存在一些尚需完善的地方：第一，在队伍建设方面，各地应当根据拐卖妇女犯罪情况，决定专业队伍建设和具体分工，避免采取全国"一刀切"的方式；第二，在快速反应机制方面，公安机关有必要制定各种突发情况的应急预案，避免错过追捕拐卖妇女犯罪嫌疑人的最佳时间。

此外，随着跨国拐卖案件的增多，旨在规范跨国救助机制，受害人

甄别过程等关键环节尚需完善。在此方面，作为被拐妇女的主要流出国，越南规定了较为完备的被拐妇女甄别过程，可供借鉴。[①]

1. 经官方渠道返回越南的被拐妇女甄别过程

（1）越南移民部门收到有助于受害者身份甄别的文件，如外国政府的移民或拐卖文件；

（2）收到文件后，移民部门在20个工作日内向越南地方警察发送核实有关受害人信息的请求；

（3）接到当地警方的回应后，移民部门在10个工作日内完成受害人的身份甄别，如果此人属于被拐卖的妇女，移民部会制订相应文件帮助受害者返回家乡；

（4）接收受害人的部门清理受害人的个人文件和拐卖记录，对其进行之后的管理。

2. 自行回国被拐妇女的甄别过程

（1）受害者来源省的人民委员会代表收到身份甄别的请求，开始建立受害者的个人信息档案，并提交给负责受害者甄别工作的劳动、残疾人和社会事务部门；

（2）该部门在5个工作日内记录和确认受害者的详细信息，然后要求省级公安机关对受害人的详细信息进行验证；

（3）省级公安机关在15个工作日内回复验证结果，以便劳动、残疾人和社会事务部参考。

（二）救助主体多元化

过去，我国被拐卖妇女的救助模式基本上是以“政府主导、公安推动”为主，呈现出公安机关“单打独斗”的状态。2013年3月2日，国务院办公厅印发的《中国反对拐卖人口行动计划（2013～2020年）》提出，针对反拐问题，一方面，要继续组织开展全国打拐人口犯罪专项行动，进一步完善公安部牵头、有关部门配合、群众广泛参与的打拐工作机制；另一方面，各级政府相关部门、单位应加大打拐工作力度，明确相

① 参见联合国机构间反对拐卖人口项目编写：《湄公河区域国家反人口拐卖信息手册（2010）》。

关机构具体责任承担，确保责有人负、事有人干。作为国家级反拐工作的指导文件，此行动计划反映出各级政府、政府各工作部门以及政府与社会团体、民间组织共治的理念。此外，一项具有标志性的举措当属国务院反拐部际联席会议的组建。国务院反拐部际联席会议由公安部、民政部、人力资源和社会保障部、全国妇联等来自31个部门和机构的代表组成，负责制定、实施、监督、评估国家反拐行动计划，组织和协调跨区域、跨部门、跨机构、跨国反拐工作。具体而言，拐卖妇女犯罪的多元主体共治模式体现为两个层面：政府各部门之间的协作与联动，政府—社会—受害人之间的合作与互动。

1. 政府各部门之间的协作与联动

关于“跨部门协作”问题，最具影响力的当属“整体政府”理论，该理论强调通过制度化、长效化和有效的跨部门协作来增进公共价值。其核心观点为，条块分割式政府组织结构难以有效实现公共政策目标，围绕特定政策目标，在不消除政府部门边界的前提下实现跨部门合作是一个有效的因应之道。

拐卖妇女犯罪通常涉及多个地区，甚至有些时候存在被拐妇女多次被转卖的现象，欲全面获取犯罪线索、掌握犯罪证据，亟需多地区各部门之间及时传递信息并密切合作。这种协作应当反映在以下两个层面：第一，在同级政府内部，不同部门间的协调合作至关重要。例如，执勤民警在日常巡逻过程中，人力资源和社会保障部在录入、分析就业信息时，发现疑似被拐卖妇女的，应当及时将情况告知有关部门。民政部门在办理婚姻登记过程中，也应当尽到一定义务，通过婚姻登记对象的户籍信息，注意是否有疑似被拐卖妇女。第二，公安机关内部各部门和警种也要做到通力协作，以定期召开专题研讨会的形式，分析本地区拐卖妇女犯罪情况与趋势。

2. 政府—社会—受害人之间的合作与互动

对于被拐卖妇女的救助工作，社会主体的力量不容忽视。社会主体在某些情况下是救助被拐卖妇女的主力军，同时，也发挥着连接政府与被拐卖妇女的“桥梁”功能。社会主体的范围十分广泛，包括非政府组织[①]、国际组织、新闻媒体、相关领域的技术专家、志愿者以及普通公众。

社会主体参与被拐卖妇女救助工作的主要方式为：第一，提供拐卖妇女犯罪线索；第二，促进国际合作打击拐卖妇女犯罪；第三，提供安置、照顾、心理辅导、职业培训等服务；第四，开展预防反拐的宣传、教育工作；第五，提供创新的反拐卖妇女计划；第六，剖析各国的拐卖妇女犯罪情况，发布相关报告。在中国，社会力量参与反拐卖妇女行动的一个范例，当属国际劳工组织联合全国妇联组织在中国云南省实施的"湄公河次区域反对拐卖妇女儿童项目"。该项目力图在劳务输出的框架下解决拐卖问题，为此制定了十余个子行动项目，[②]包括防拐全面计划、农业增收防拐计划、春蕾计划、妇女之家、雇主组织参与预防拐卖、合法劳务输出、跨省打工安全保障等，且成功动员人力资源与社会保障部门等政府部门、私营企业主、社区等多方力量，实现了政府、社会、潜在受害者等主体之间的互动式交流。

（三）救助方式现代化

目前，在应对拐卖儿童问题上，公安部刑事侦查局已尝试借助互联网，由阿里巴巴公司提供技术支持，开发了全国儿童失踪信息紧急发布

---

① 目前，我国最大的非政府妇女组织为成立于1949年的中华全国妇女联合会（简称为全国妇联）。

② 这些子项目的具体内容分别为：(1)防拐全面计划：通过宣传项目策略，对地方政府及其相关职能部门进行动员，建立多部门合作的组织架构，旨在促成能够体现国际拐卖定义的地方性全面预防拐卖妇女儿童规划出台；(2)农业增收防拐计划：在人口流出地，借助农业部门对家庭中的剩余劳动力开展技能培训和小额贷款，旨在减少非自愿流动和盲目流动的可能性；(3)春蕾计划：在人口流出地，通过学校对儿童进行预防拐卖的培训，对贫困少数民族女童给予直接资助，旨在减少非自愿流动的可能性，增强女童防范拐卖的能力；(4)妇女之家：在人口流出地，以妇女之家作为平台，为有流动就业意愿的群体提供必要的信息网络，以及安全就业的经验；在流入地，以妇女之家作为平台，为打工妇女开展体面工作和商业成长教育，提供更多劳动保护和社会服务，旨在预防劳动剥削；(5)雇主组织参与预防拐卖：对私营雇主进行"防拐"培训，旨在改变雇主对劳动雇佣关系的认识，在反对拐卖的框架下减少劳动剥削的可能性；(6)合法劳务输出：由劳动部门提供必要的支持，为流动务工群体提供必要的劳动信息网络，构建安全就业环境，旨在降低流动人口通过非正式渠道就业所面临的拐卖风险；(7)跨省打工安全保障：进行省际间合作，建立跨省打工安全保障联系机制，旨在提高务工群体从"流出"到"流入"过程中的安全保障。参见李娜：《人权目标在地方的实践：一个国际"反拐"项目的实施案例》，载《云南大学学报》(法学版)2010年第5期。

平台，利用社会公众的力量搜集拐卖儿童犯罪线索。据统计，在平台上线6个月内，共发布失踪儿童信息286条，找回儿童260名。[①] 由此观之，应对人口贩运问题，这一创新举措发挥了示范作用。

针对拐卖妇女的救助及预防，也有必要实现互联网等现代信息技术与拐卖妇女救助及预防工作的深度融合，积极获取拐卖妇女犯罪的线索与证据，而不是像过去那样被动等待受害人报案和群众举报。与传统的拐卖妇女救助方式相比，信息时代的创新方式具有如下优势：

其一，避免侦查打击工作的分散性，提升反拐工作的规范性。通过互联网可以解决信息沟通不畅的难题。在信息互联互通的情况下，各部门之间可以更好地展开协作，抓住发现拐卖妇女犯罪的“黄金24小时”，避免错失侦查良机。

其二，避免侦查资源浪费，实现反拐工作的高效化。传统工作模式常常需要侦查人员频繁到异地调取证据、抓捕犯罪嫌疑人或解救被拐卖妇女，这大大增加了公安机关的办案成本。甚至有些时候，侦查人员到达犯罪嫌疑人所在地之后，发现犯罪嫌疑人早已逃往其他地区，造成侦查资源的浪费。通过搭建网上办案平台，对接信息系统，侦查人员不用到外地即可完成大量查询信息、调取证据、确认身份的工作，有助于提高侦查效率，同时还能够增强侦查工作的精准性。

其三，互联网作为这个时代的创新性基础设施，每时每刻都在通过互联互通拓展和打破物理和思维的疆域，由此产生的大数据是新型的生产资料，对大数据进行运用性计算将会释放出突破性的生产力。具体到被拐卖妇女的救助工作，通过对大数据进行运用性计算，一方面可以精准剖析全国范围内、某一城区内拐卖妇女犯罪的多发地点和多发时段，然后，有的放矢地进行侦查工作。另一方面，可以掌握被拐卖妇女的年龄、职业、性格等具体特征，并据此有针对性地开展预防拐卖的宣传和教育工作。

---

① 参见石云香、曾伟：《公安部：儿童失踪信息紧急发布平台已找回儿童260名》，载http://politics.people.com.cn/n1/2016/1117/c1001-28874986.html，2016年12月20日访问。

依托于互联网等信息技术，可以采取下列方式排查并救助被拐卖妇女：首先，建立完备的全国在逃人员信息系统、人口信息、婚姻登记信息、就业信息等基础信息库，通过录入疑似被拐卖妇女、犯罪嫌疑人以及其他关联人员的信息进行比对，及时、准确地掌握相关线索，避免人工查询过程中难查、漏查等问题。其次，积极利用微信、微博等社交媒体。实际上，"微博打拐"[①]早已成为一个流行词，也有一些成功解救被拐人员的先例。早在 2010 年 12 月 12 日，公安部刑事侦查局打击拐卖妇女儿童犯罪办公室主任陈士渠就开通了实名微博，积极探索利用微博创新反拐工作。在他看来，可以利用微博发动群众，收集拐卖犯罪信息；展示打拐措施成效，以案说法，增强群众防拐反拐意识；加强与民众的沟通，安抚受害人亲属。[②]

（四）后续支持长效化

1. 场所安置

政府有义务提供临时场所，妥善安置被解救妇女。但由于受人财物等行政资源掣肘，往往无法妥善安置被解救妇女。对此，政府通过向社会力量购买公共服务，是一个可行的解决路径。政府购买公共服务，是指将原来由政府直接提供的、为社会公共服务的事项交给有资质的社会组织和市场机构来完成，并根据社会组织或市场机构提供服务的数量和质量，按照一定的标准进行评估后支付服务费用，即"政府承担、定向委托、合同管理、评估兑现"，是一种新型的政府提供公共服务方式。随着服务型政府的加快建设和公共财政体系的不断健全，政府购买公共服务将成为政府提供公共服务的重要方式。2013 年国务院

---

① 2011 年春节期间，一起非常值得关注的公共事件，就是"微博打拐"。网友们零碎的、非专业的行动，与公安部门、媒体、人大代表及政协委员等社会力量结合在一起，迅速形成舆论焦点。或许，在微博传播的历史上，这是一起值得被铭记的事件。事件起于中国社科院学者于建嵘教授所发的"随手拍照解救乞讨儿童"微博，该微博经热心网友不断转发，形成强大的舆论传播力量，并吸引了传统媒体的跟进与关注。一时间，微博与"打拐"分别成为春节期间的重要关键词。这起高举道德与法律旗帜的公共事件，为兔年春节涂抹了一层人文的亮色。

② 参见张彬、陈士渠：《微博助力，期待"天下无拐"》，载《人民公安报》2011 年 12 月 5 日。

办公厅发布了《关于政府向社会力量购买服务的指导意见》,强调推进政府向社会力量购买服务,事关人民群众切身利益,是保障和改善民生的一项重要工作。

在被拐卖妇女救助方面,政府可以通过向社会购买公共服务的方式,引入民间资本,设立救助站。救助站可分为临时救助站和长期救助站。临时救助站主要是为被解救妇女提供一个临时住所,并帮助其联系家庭成员,顺利返乡。对于跨国拐卖案件中被解救的妇女,还应当协助其办理身份证件、更新户籍信息等回国手续。

长期救助站主要针对的是已无法联系到任何家庭成员的受害人,以及不愿意返回原籍生活的受害人。成功解救被拐卖妇女之后,令人尴尬的一个问题在于,许多被拐卖妇女不愿意回原籍生活。西安市在进行第六次集中解救被拐卖妇女工作时,对受害人是否愿意返回原籍做了调查。调查结果表明,与解救人员见过面的被拐卖妇女共 52 人,其中 18 人明确表示不愿返回原籍。[①] 受害人不愿回原籍生活的原因主要包括:对未来的生活缺乏信心,且受教育程度低,难以重新融入社会;被拐卖时间过长,与买主产生了感情,特别是有了儿女的牵挂;拐入地的经济条件比拐出地好;当初被拐卖妇女离家出走、上当受骗,很多是因为对包办婚姻不满,或者是从原家庭中得不到温暖,如今被解救回去仍要面对不幸的婚姻或家庭。对于此类不愿意返回原籍生活的被拐卖妇女,长期救助站应当允许她们延长停留期限,还有必要联合妇联以及其他社会组织,为她们提供就业指导和职业培训,帮助她们重新择业就业,确保其有能力重新融入社会。

2. 法律援助

法律援助是国家建立的保障经济困难公民和特殊案件当事人获得必要的法律咨询、代理、刑事辩护等无偿法律服务,维护当事人合法权益、维护法律正确实施、维护社会公平正义的一项重要法律制度。截至

---

① 参见胡杰:《被拐卖妇女为何不愿回家——西安市第六次集中解救被拐卖妇女、儿童工作调查》,载《人民公安》1995 年第 15 期。此类现象十分普遍,另可参见《不愿回家的被拐妇女》,http://news.163.com/13/0812/12/9631063700014Q4P.html,2016 年 12 月 10 日访问。

2015 年底,全国共建立省、市、县三级政府法律援助机构 3739 个。但实践中,法律援助机构的人员严重不足,且业务知识不够熟练。

为了给被拐卖妇女提供专业的法律援助,各地法律援助机构应当积极探索与妇联、当地知名律所、法院、检察院展开合作,组建专门负责被拐卖妇女法律服务的团队。例如,重庆市司法局与妇联等相关部门共同下发了《关于进一步加强妇女法律援助工作的通知》,山东省枣庄市妇联与市司法局联合出台了《关于成立维护妇女儿童合法权益律师志愿团的实施意见》。

3. 心理治疗

从实践情况来看,拐卖妇女的典型形式表现为被拐为妻、被拐为妓以及被强迫劳动。在被拐卖过程中,被拐妇女的心理均遭受了一定程度的伤害,其中被拐为妻、被拐为妓的女性遭受的伤害尤为严重。被拐妇女一般会经历被欺骗、被贩卖、被囚禁、被殴打、被强奸、被迫卖淫的过程,这些经历导致她们对亲戚、朋友丧失信心,进而对整个社会丧失信心。甚至在被解救之后,始终存在一种非理性信念,认为自己被拐卖是宿命,或是长期感到羞耻。针对被拐卖妇女的心理问题,应当同时展开个案工作和小组工作。[①]

通过个案工作给予治疗和支持。由于被拐卖的目的不同,加之,被拐卖妇女有着不同的人生经历,致使个人对于创伤的心理调适能力和抗逆力相异,这就需要视个人情况进行辅导。一方面,通过进行心理疏导,降低被拐卖妇女的戒备心,增强她们的安全感,逐渐建立起彼此信任、相互合作的关系。心理辅导者要积极鼓励她们讲述故事,让她们有一个宣泄、疏导的渠道以减轻心理痛苦和压力,但要力避在第一阶段就探索创伤记忆,在此期间,心理辅导者要运用尊重、真诚、同理心等技巧,遵循保密、接纳原则。另一方面,注重提升被拐卖妇女的自信心,矫正她们的非理性信念,让她们对被拐卖的经历、自身价值等有一个正确

---

① 除了个案工作和小组工作以外,另一种重要的社会工作方法为社区工作。但笔者认为,对于被拐卖妇女的心理治疗而言,社区工作方法不一定奏效,因为所处社区环境中的异样眼光和评价,将对被拐卖妇女带来二次伤害。有关这三种社会工作方法的介绍,参见陈月慧:《被拐卖妇女救助工作的社工介入研究》,福建师范大学 2012 年硕士学位论文。

的认识,重新建构自信心。

通过小组工作为被拐卖妇女提供交流与互助的平台。小组工作是通过小型的治疗性和任务性小组展开活动,以满足社会和情感需要,完成某些特定任务为宗旨,以目标为导向的活动。[①] 一方面,建立被拐卖妇女互助小组,引导组员在一个温暖且有归属感的环境下,敞开心扉互动交流;另一方面,可以尝试建立被拐卖妇女原家庭互助小组,帮助被拐卖妇女的家庭成员交流经验,这有利于为被拐卖妇女创造一个良好的家庭氛围。

四、拐卖妇女犯罪司法认定的重难点问题

(一)立法沿革之概要

从历年修法沿革来看,我国对于拐卖人口犯罪的打击,总体上呈越来越严厉的趋势。[②]

1979 年《中华人民共和国刑法》(以下简称《刑法》)第 141 条虽然明确规定了“拐卖人口罪”,但规定得十分简单且法定刑较低。该条规定:“拐卖人口的,处五年以下有期徒刑;情节严重的,处五年以上有期徒刑。”此后,1983 年 9 月 2 日第六届全国人民代表大会常务委员会第二次会议通过了《全国人民代表大会常务委员会关于严惩严重危害社会治安的犯罪分子的决定》(以下简称《关于严惩严重危害社会治安的犯罪分子的决定》),提高了 1979 年《刑法》第 141 条“拐卖人口罪”的法定刑。根据《关于严惩严重危害社会治安的犯罪分子的决定》第 1 条第 3 项的规定,“拐卖人口集团的首要分子,或者拐卖人口情节特别严重的”,“可以在刑法规定的最高刑以上处刑,直至判处死刑”。

针对司法实践中贩运人口犯罪形态的多样性,1984 年 3 月 31 日,

---

① 参见李培林、王春光主编:《当代中国社会工作总论》,社会科学文献出版社 2014 年版,第 162 页。

② 有学者指出,从历年修法沿革看,我国刑法的修改,显示出增设新罪、加重法定刑与限制有利于犯罪人制度的适用三大轨迹,换言之,“严刑”始终是指引刑法修改的主旨。这一观点同样可以在打击贩卖人口犯罪的修法历史上得到验证。参见邢馨宇、邱兴隆:《刑法的修改:轨迹、应然与实然兼及对刑法修正案(八)的评价》,载《法学研究》2011 年第 2 期。

最高人民法院、最高人民检察院、公安部联合发布了《关于当前办理拐卖人员案件中具体应用法律的若干问题的解答》(以下简称《解答》)。《解答》针对如何认定1979年《刑法》第141条与1983年《决定》第1条第3项中“拐卖人口”“情节严重”“特别严重”等概念作了说明。为了严惩拐卖、绑架妇女、儿童的犯罪分子,保护妇女、儿童的人身安全,1991年9月4日第七届全国人民代表大会常务委员会第二十一次会议通过了《全国人民代表大会常务委员会关于严惩拐卖、绑架妇女、儿童的犯罪分子的决定》(以下简称《决定》)。《决定》针对1979年《刑法》第141条作了若干重大修改与补充。

一是在没有取消1979年《刑法》第141条“拐卖人口罪”的基础上,新增了“拐卖妇女、儿童罪”(“拐卖人口罪”与“拐卖妇女、儿童罪”并存)。该《决定》第1条第1款规定:“拐卖妇女、儿童的,处五年以上十年以下有期徒刑,并处一万元以下罚金;有下列情形之一的,处十年以上有期徒刑或者无期徒刑,并处一万元以下罚金或者没收财产;情节特别严重的,处死刑,并处没收财产:(一)拐卖妇女、儿童集团的首要分子;(二)拐卖妇女、儿童三人以上的;(三)奸淫被拐卖的妇女的;(四)诱骗、强迫被拐卖的妇女卖淫或者将被拐卖的妇女卖给他人迫使其卖淫的;(五)造成被拐卖的妇女、儿童或者其亲属重伤、死亡或者其他严重后果的;(六)将妇女、儿童卖往境外的。”《决定》第1条第2款对“拐卖妇女、儿童”下了定义,即“拐卖妇女、儿童是指以出卖为目的,有拐骗、收买、贩卖、接送、中转妇女、儿童的行为之一”。

二是在“拐卖妇女、儿童罪”之外又单独设立了“绑架妇女、儿童罪”(“绑架妇女、儿童罪”与“拐卖妇女、儿童罪”并存)。《决定》第2条第1款规定:“以出卖为目的,使用暴力、胁迫或者麻醉方法绑架妇女、儿童的,处十年以上有期徒刑或者无期徒刑,并处一万元以下罚金或者没收财产;情节特别严重的,处死刑,并处没收财产。”同条第2款规定:“以出卖或者勒索财物为目的,偷盗婴幼儿的,依照本条第一款的规定处罚。”该条第3款同时规定:“以勒索财物为目的绑架他人的,依照本条第一款的规定处罚。”

现行《刑法》(1997年修订)取消了1979年《刑法》第141条的“拐

卖人口罪”与1991年《决定》中规定的“绑架妇女、儿童罪”，取而代之的是，在现行《刑法》分则第240条、第241条与第242条中分别规定了“拐卖妇女、儿童罪”“收买被拐卖的妇女、儿童罪”“聚众阻碍解救被收买的妇女、儿童罪”等3个罪名。

现行《刑法》第240条规定：

> 拐卖妇女、儿童的，处五年以上十年以下有期徒刑，并处罚金；有下列情形之一的，处十年以上有期徒刑或者无期徒刑，并处罚金或者没收财产；情节特别严重的，处死刑，并处没收财产：
>
> （一）拐卖妇女、儿童集团的首要分子；
>
> （二）拐卖妇女、儿童三人以上的；
>
> （三）奸淫被拐卖的妇女的；
>
> （四）诱骗、强迫被拐卖的妇女卖淫或者将被拐卖的妇女卖给他人迫使其卖淫的；
>
> （五）以出卖为目的，使用暴力、胁迫或者麻醉方法绑架妇女、儿童的；
>
> （六）以出卖为目的，偷盗婴幼儿的；
>
> （七）造成被拐卖的妇女、儿童或者其亲属重伤、死亡或者其他严重后果的；
>
> （八）将妇女、儿童卖往境外的。
>
> 拐卖妇女、儿童是指以出卖为目的，有拐骗、绑架、收买、贩卖、接送、中转妇女、儿童的行为之一的。

关于拐卖“儿童”的相关问题，上一章已有专门论述。下文主要针对《刑法》分则拐卖“妇女”犯罪司法认定的重难点问题（主要是第240条），加以说明。为便于论述，下文将拐卖妇女这一犯罪行为，简称为“拐卖妇女罪”。

（二）拐卖妇女犯罪的司法认定

1. 此罪与彼罪

实践中拐卖妇女罪与婚骗、介绍婚姻收取财物等行为在形式上有类似之处,但不可混为一谈。为便于说明,先看两则司法案例。

案例一:介绍婚姻收取财物①

吴某系某村村民,丈夫贺某是该乡村一名小学教师。2005 年 3 月,刚结婚 2 个月的贺某在一次车祸中不幸受重伤,遂被送往某医院手术治疗。因此,家庭负债累累,其中欠下同村个体工商户马某 8000 余元。贺某在医院治疗期间,其妻吴某一直在医院照料。手术医师雷某见吴某善良贤惠,遂对其产生爱慕之意。一日,马某来医院看望贺某,一眼便看穿雷某心思。马某便主动与雷某搭讪,称可以为雷某牵线搭桥。雷某向马某许诺,事情成功之后将给马某 5 万元介绍费。一星期后,贺某因医治无效死亡。马某眼看大功告成,便到吴某家游说,并说明来意,称如果吴某同意这门亲事,那 8000 元债可以不用还。同年 5 月,吴某因债务缠身嫁给了雷某,婚后吴某得知此事,遂起诉。

案例二:婚骗②

案件事实:三被告人崔小兰(52 岁,河南省修武县人)、卢德均(40 岁,四川省巫溪县人)、卢德彩(22 岁,四川省巫溪县人)均为没有什么文化的农村妇女。三人合谋约定,三人在作案过程中均用化名,以崔小兰、卢德均为媒人,卢德彩为新娘的方法,以农村大龄未婚男青年为作案对象,以相家、定亲、结婚为名骗取彩礼、女方父母赡养费等。2006 年 12 月,三被告人骗取被害人武陟县小董乡某村民现金 25100 元。2007 年 5 月,三被告人伙同另一被告人陈克新(另案处理),骗取了博爱县金城乡某村民现金 38650 元。2008 年 10 月,三被告人伙同陈克新再次以同样的方法骗取了修武县高村乡某村民 16300 元。另外,2008 年 3 月,被告人崔小兰还伙同薛寸英(另案处理)以同样的手段骗取修武县郇封镇某村民 36350 元。被告人崔小兰还伙同其他人员以同样的手段作案多起。

---

① 案例选自黎宏、何洋编:《刑事案件诉辩审评》,中国检察出版社 2014 年版,第 80 页。

② 案例选自北大法宝,http://www.pkulaw.cn/case/pal_21110623253410847.html?keywords=%E5%A9%9A%E5%A7%BB%E8%AF%88%E9%AA%97&match=Exact.,2016 年 11 月 12 日访问。

判决：河南省修武人民法院审理认为，被告人崔小兰、卢德均、卢德彩以非法占有为目的，虚构事实借婚姻骗取他人财物，被告人崔小兰诈骗数额特别巨大，被告人卢德均、卢德彩诈骗数额巨大，其行为均已构成诈骗罪。2009年10月，河南省修武人民法院依据《中华人民共和国刑法》第266条、第52条、第25条第1款之规定，以被告人崔小兰犯诈骗罪，判处其有期徒刑10年，并处罚金人民币10万元；同案犯卢德均、卢德彩因犯诈骗罪分别被判处有期徒刑5年，并处罚金人民币10万元和判处有期徒刑5年，并处罚金人民币3万元。

以双方男女婚姻介绍人的身份，向其中一方或双方索取财物的，不成立拐卖妇女罪。[①] 其一，根据《刑法》第240条规定，拐卖妇女罪必须以"出卖妇女为目的"，即人贩将妇女如同商品一般与买方讨价还价；行为人作为婚姻介绍人牵线搭桥、索取报酬，目的仅在于索要好处费，并无"出卖"妇女之意图。其二，在拐卖妇女案件中，妇女并无任何选择余地，出卖行为势必违反妇女意志，严重侵害夫妇女人格尊严；而在婚姻介绍中，婚姻介绍人并未强迫妇女意志，妇女仍有选择接受或者不接受婚姻的选择余地。其三，在拐卖妇女行为中，妇女处于人贩子的实力控制之下，换言之，在拐卖妇女行为中受害者并无人身自由；而在婚姻介绍中，婚姻介绍人并未限制妇女人身自由。

案例一中，马某作为吴某与雷某的婚姻介绍人，有向雷某索要财物的行为（收取5万元"介绍费"），并且向吴某隐瞒了介绍婚姻真实目的（收取高额"介绍费"）。对此，可能有两种截然不同的观点：一种观点认为，表面上马某是将吴某介绍给雷某，但实质上是为了获取5万元介绍费，因此，是将吴某当做商品交还给了雷某。而吴某由于迫于还债压力才嫁给雷某，并非自愿，因而马某的行为构成拐卖妇女罪；另一种观点认为，吴某自愿嫁给雷某，马某也未实施拐卖行为，因而马某不构成拐卖妇女罪。[②]

---

① 参见张明楷：《刑法》，法律出版社2011年版，第799页。

② 案例选自黎宏、何洋编：《刑事案件诉辩审评》，中国检察出版社2014年版，第81页。

上述第二种观点可兹赞同。《刑法》第240条指出，拐卖妇女、儿童是指“以出卖为目的，有拐骗、绑架、收买、贩卖、接送、中转妇女、儿童的行为之一”。需注意的是，其中“拐骗”这一行为不仅包括“骗”，还包括“拐”，因而所谓“拐骗”，必须是以欺骗、利诱等方式将妇女拐走。本案中，首先，马某并不存在“出卖”吴某的目的，马某只是希望在吴某与雷某之间牵线搭桥，并向雷某收取5万元好处费。其次，虽然马某向吴某隐瞒了收取5万元介绍费这一真实目的，但该事实之隐瞒并未影响吴某对其自身行为（嫁给雷某）的社会意义与后果的判断，并未导致吴某产生错误认识。换言之，马某完全是基于自由意志嫁给雷某。最后，吴某并未处于马某的实力控制之下，不能认为“家庭负债累累，其中欠下同村个体工商户马某8000余元”这一情节左右了吴某的自由意志。吴某有接受或者不接受马某所提条件的自由，通过与雷某结婚的方式这一方式免除8000元债务，是吴某自由选择的后果。

行为人与妇女同谋，将妇女介绍给某人结婚，获得财物后，该妇女与行为人双双逃走的，是共同诈骗行为（俗称“放鸽子”），不构成拐卖妇女罪，如果诈骗数额较大，应当认定为诈骗罪。① 拐卖妇女罪与诈骗罪较好区分。案例二中，被告人崔小兰、卢德、卢德彩三人以结婚的名义（卢德彩假冒“新娘”）骗取彩礼、女方父母赡养费。在这其中不存在任何“出卖妇女的目的”或“拐骗、绑架、收买、贩卖、接送、中转”等行为。

2.“双性人”也是本罪保护对象

实践中存在一类较为特殊的群体，他（她）们既不属于男性，也不属于女性，而是具有双重性特征的“双性人”。对于“双性人”能否成为《刑法》第240条拐卖妇女罪的保护对象，学界存在不同意见。一种意见认为，由于双性人不属于“妇女”，因而对于贩卖双性人的情况，《刑法》第240条不适用；另一种意见认为，由于双性人有“妇女”的部分特征，因而应当将《刑法》240条中的“妇女”扩大解释，予以相应适用。

我们认为，应当将真两性畸形人与女性假两性畸形人解释为《刑

---

① 参见张明楷：《刑法》，法律出版社2011年版，第799页。

法》第240条中的“妇女”。《刑法》第240条是侵犯妇女(包括儿童)人身自由、身体安全的犯罪。上文提及,现行《刑法》废除了1979年《刑法》“拐卖人口罪”,转而单列“拐卖妇女、儿童罪”,这种罪名上的变更,本就体现了立法者将妇女(包括儿童)作为拐卖人口犯罪特别保护对象的意图。既然妇女作为本罪保护对象具有特殊的社会意义,我们在评价双性人是否属于《刑法》第240条中的“妇女”时,就应特别强调其“女性特征”。尽管双性人具有生物学意义上的男性特征,但从《刑法》第240条保护法益特殊性的角度考虑,并不妨碍将其评价为“妇女”。

3. 被害人同意不可作为违法阻却事由

近年来,许多贫困地区的妇女为摆脱困苦生活,往往自愿或主动要求他人将其拐卖到经济发达地区。因而在司法实践中,不断涌现是否可将被害人承诺作为拐卖妇女罪违法阻却事由之问题。先看一则由最高人民法院刑事审判一庭编写公布的典型案例。

案例:尹发等拐卖妇女案①

案件事实:2005年至2006年间,被告人尹发单独或伙同他人共同实施拐卖妇女犯罪8次,拐卖妇女10人;被告人高正艳参与拐卖妇女犯罪2次,参与拐卖妇女3人;被告人夏宝山拐卖妇女1人。

(1)2006年3月,被告人尹发在吉林省龙井市三合镇,以1万元的价格买得被害人郑色英(女),后以2万元的价格将郑色英卖给黑龙江省望奎县恭六乡三前村村民刘柱,得赃款1万元。2006年,郑色英主动联系被告人夏宝山,称收买人刘柱总是打她,要求夏宝山为她找户人家。2006年4月24日,夏宝山联系买主,将郑色英带至黑龙江省绥化市北林区三井乡,在准备将郑色英以1.7万元的价格卖出时,被当场捕获。

(2)2006年,被害人崔美华(女)联系被告人高正艳,要求高正艳为其找个人家。2006年4月17日,被告人尹发伙同高正艳,以为崔美

① 最高人民法院刑事审判第一庭编:《最高人民法院拐卖妇女儿童犯罪典型案例评析及法律法规精选》,中国法制出版社2010年版,第27页以下。

华找到了富裕人家为由，将崔美华从辽宁省朝阳市喀左十二德宝乡拐出，准备将其带到黑龙江卖掉，在乘坐辽宁省锦州市开往黑龙江省哈尔滨市的2195次列车时，因旅客举报，被列车乘警现行抓获。

本案中，被告人尹发、高正艳、夏宝山以出卖为目的将被害人崔美华拐出，并积极联系买家，商讨价钱。本案特殊之处在于，被害人在明知尹发、高正艳、夏宝山等被告人是人贩子的情况下，积极联系被告人要求将其拐卖。哈尔滨铁路运输中级人民法院判决认为，尹发、高正艳、夏宝山等以牟利为目的，其行为均已构成拐卖妇女罪。换言之，按照哈尔滨铁路运输中级人民法院的观点，被害人同意并不构成拐卖妇女罪的违法阻却事由（正当化事由）。

学界对于被害人承诺是否可以作为拐卖妇女犯罪的违法阻却事由，观点不一。一派观点认为，本罪是侵犯妇女人身自由的犯罪，因此，被害人同意可以阻却拐卖妇女罪的构成要件符合性，因而不构成犯罪。例如，征得妇女同意将其带至目的使之成为他人之妻的，即使行为人收受了财物，也不应认定为拐卖行为；再如，行为人征得妇女同意，将其介绍至卖淫场所并收取介绍费的，只成立组织卖淫罪，而不成立拐卖妇女罪。[①] 另一派观点认为，拐卖行为是否违背“被害人意志”，并不影响拐卖妇女罪的认定，因为本罪客体为被害人人身权利中不受买卖的权利。被害人同意只能作为量刑情节考虑，不能免除拐卖者的刑事责任。[②]

被害人承诺是否可以作为拐卖妇女罪的违法阻却事由，关乎妇女是否对《刑法》第240条所保护的法益有处分权的问题。有学者认为，上述两派观点分歧的核心在于，对拐卖妇女罪所侵犯法益的认识不同。“如果认为拐卖妇女罪所侵犯的法益是被害人的人身自由与身体安全，则由于被害人对这一法益具有处分权，所以在被害人承诺放弃时，就可以排除拐卖行为的犯罪性；如果认为拐卖妇女罪所侵犯的法益是

---

① 参见张明楷：《刑法》，法律出版社2011年版，第799页。

② 参见高铭暄、马克昌：《刑法学》，北京大学出版社、高等教育出版社2011年版，第478页。

人身的不可买卖性(人格尊严),则受社会相当性原则的限制(社会在任何情况下都不可能支持把人当做商品出卖),被害人对这一法益并不具有处分权,所以,被害人的承诺就并不能排除拐卖行为的犯罪性。"①

但是,即便认为拐卖妇女罪保护的是人性尊严,也不能因此排除被害人承诺作为拐卖妇女罪的违法阻却事由。"在重视国民自由的现代刑法语境下,无论是社会伦理,还是法益衡量,抑或人类尊严,都不是对自己决定权进行司法限制的理由。被害人的法益处分权限应当以自由为考察的中心。刑法保护个人法益的目的是为了保障国民自由地对自身法益进行处分。因此,个人法益的处分权限基本上没有限制"。"司法界限中,刑法保护个人法益的目的是为了保护国民自己决定的自由不受侵犯,因而社会伦理规范和法益的重要性都不得作为限制自己决定权的理由。在法无明文规定的场合,被害人对法益的处分自由不受限制"。②

因此,我们认为,被害人原则上可以处分拐卖妇女罪所保护的法益。但需要注意的是,法益的可处分性仅是被害人承诺生效要件之一,被害人承诺事实上是否可以作为拐卖妇女罪的违法阻却事由,事实上关乎其他事项的认定。第一,承诺者必须有承诺能力,即必须对所承诺的事项的意义、范围、结果具有理解能力。特别是在被拐妇女为不能完全辨认自己行为的精神病人的情况下,被害人承诺并不成立。第二,承诺者不仅承诺行为,而且承诺行为的结果。第三,承诺必须出于被害人的真实意志,戏言性的承诺、基于强制或者威压做出的承诺,不能阻却

---

① 敦宁:《拐卖妇女罪中被害人承诺之司法功能》,载《国家检察官学院学报》2013 年第 3 期。

② 参见邓毅丞、申敏:《被害人承诺中的法益处分权限研究》,载《法律科学》2014 年第 4 期。该学者还将个人法益的处分权限归纳为法益、伦理以及自由三者间的拉锯关系。大致可以划分为三个进路:一是规范限制论,即于个人法益处分权应受到社会伦理规范限制;二是法益限制论,即个人法益处分权应以重大法益为限制理由;三是自由中心论,即个人法益处分权在原则上不受限制。按照法益限制论的立场,人性尊严与身体法益处分权没有必然联系。人性尊严实际上包含极其丰富的内容,从不同角度出发,个人法益的处分可能存在不同的界限,即使被害人处分重大的身体法益,也未必对其尊严造成侵害。

拐卖行为的违法性。第四，必须存在现实的承诺。即被害人承诺的意思必须以语言、举动等方式向行为人表示出来。[①] 第五，承诺至迟必须存在于结果发生之时，被害人在结果发生之前变更承诺的，原来的承诺无效。事后承诺不影响成立犯罪，只可能影响量刑。如被拐妇女事后承诺、事后要求"换户人家"，不影响拐卖妇女罪的成立。第六，经承诺所实施的行为不得超出承诺的范围。[②] 例如，被拐妇女要求将自己运送到中国内地，而行为人将妇女拐卖到越南、缅甸等地，则这种行为仍然成立拐卖妇女罪。

4. 既遂标准

犯罪既遂是犯罪的完成形态。拐卖妇女罪（下述标准均适用于拐卖儿童罪）何时构成既遂，是否存在未遂形态，学界存在不同观点。

第一种观点认为，拐卖妇女罪是结果犯。对于结果犯而言，法定犯罪结果的发生与否是区别犯罪既遂与未遂的标志。换言之，只有具体实施犯罪构成客观要件的行为，并且发生了法定犯罪结果时，才能认定结果犯既遂。因而，不论是单独犯罪还是共同犯罪，拐卖妇女罪的既遂标准都是统一的，即将妇女出卖给他人（出卖目的已经实现）。

第二种观点认为，拐卖妇女罪是行为犯。对于行为犯而言，犯罪的既遂并不要求造成物质性的和有形的犯罪结果，而是以行为完成为标志，但该行为并不是一着手即告完成，而是有一个实行过程，即必须达到一定程度，才能视为行为的完成。如果因犯罪人意志以外的因素未能达到法律要求的程度，就应当认定为未完成犯罪而构成犯罪未遂。[③] 因此，只要行为人以出卖为目的，实施拐骗、绑架、收买、贩卖、接送、中转妇女、儿童的行为之一的，不论出卖目的是否实现，均构成拐卖、儿童罪的既遂。

第三种观点认为，拐卖妇女罪的既遂与未遂应当分为两种情况：其一，对于单一的拐卖妇女、儿童犯罪。应当参照结果犯的既遂标准，即

① 也有观点认为，只要承诺意思存在于被害人内心即可。

② 参见张明楷：《刑法》，法律出版社 2011 年版，第 218 ~ 219 页。

③ 参见高铭暄、马克昌编：《刑法学》，北京大学出版社 2010 年版，第 159 页。

只有将妇女卖出,才成立既遂。如果由于此时出现被害人死亡、逃跑或者行为人受到追究等犯罪分子意志以外的原因,使其未能将被拐卖的妇女、儿童卖出,应当认定为犯罪未遂。其二,对于有明确组织分工的共同犯罪,应当参照行为犯的既遂标准,即出卖目的是否最终实现并非既遂标准,只要行为人完成了其分工范围内的拐骗、绑架、收买、接送、中转等行为之一,其行为均构成犯罪既遂。[①]

第四种观点认为,可将拐卖妇女罪的客观方面划分为三个阶段:一是手段行为,即拐骗、绑架、收买行为;二是中间行为,即接送、中转行为;三是结果行为,即贩卖行为。拐卖妇女、儿童犯罪既遂与未遂的标准应根据不同阶段行为特点来认定。犯罪分子无论实施了哪个阶段的行为都构成犯罪,但实施不同阶段行为,其既遂与未遂标准却不同。[②]

总体而言,上述四项观点的争议集中于是否要求妇女被出卖为本罪既遂标准。我们认为,原则上拐卖妇女罪的既遂标准应当按行为犯处理,即不应将出卖目的的实现作为拐卖妇女罪的既遂标准。一方面,按照《刑法》第 240 条在描述拐卖妇女罪时,仅要求实施了“拐骗、绑架、收买、贩卖、接送、中转”妇女、儿童六种行为之一,而没有将“将拐卖的妇女儿童卖出”这一结果发生作为既遂成立的要求。另一方面,《刑法》第 240 条中的“出卖目的”只是区分拐卖妇女儿童罪与收买被拐卖的妇女儿童罪的主观要素特征,并不是要求该罪既遂必须以出卖目的之实现为要件。除上述原则外,对于某些特殊情况应当结合具体情形分析。[③] 如张明楷教授指出,以出卖为目的,拐骗、绑架、收买妇女时,只要使被害人转移至行为人或第三者的实力支配范围之内,即为既遂。对于中转、接送行为而言,要么是行为人在拐骗、绑架妇女(儿童)后自己实施,要么是有其他共犯实施,依然使用上述标准。但是,对于

---

① 参见姚留:《拐卖妇女儿童罪的既遂与未遂》,载《湖北警官学院学报》2013 年第 3 期。

② 参见姚留:《拐卖妇女儿童罪的既遂与未遂》,载《湖北警官学院学报》2013 年第 3 期。

③ 参见姚留:《拐卖妇女儿童罪的既遂与未遂》,载《湖北警官学院学报》2013 年第 3 期。

收买了被拐卖妇女后才产生出卖犯意的，应以被害人被出卖为既遂标准。[①]

5. 拐卖妇女罪的加重情节

《刑法》第240条第1款拐卖妇女、儿童罪规定了三个量刑档次："拐卖妇女、儿童的，处五年以上十年以下有期徒刑，并处罚金；有下列情形之一的，处十年以上有期徒刑或者无期徒刑，并处罚金或者没收财产；情节特别严重的，处死刑，并处没收财产。"就拐卖妇女而言，《刑法》第240条第2款规定了种加重情节："（一）拐卖妇女、儿童集团的首要分子；（二）拐卖妇女、儿童三人以上的；（三）奸淫被拐卖的妇女的；（四）诱骗、强迫被拐卖的妇女卖淫或者将被拐卖的妇女卖给他人迫使其卖淫的；（五）以出卖为目的，使用暴力、胁迫或者麻醉方法绑架妇女、儿童的；（六）造成被拐卖的妇女、儿童或者其亲属重伤、死亡或者其他严重后果的；（七）将妇女、儿童卖往境外的。"

其中，"拐卖妇女、儿童三人以上"是指拐卖妇女或者儿童累计3人以上，即可以是拐卖妇女3人以上，也可以是拐卖妇女与儿童共同累计达3人以上。

"奸淫被拐卖的妇女"是指行为人在拐卖过程中，与被害妇女性交的行为。行为人是否使用暴力或者被害人是否有反抗行为或表示，均不影响"奸淫被拐卖的妇女"这一加重情节的认定。[②] 换言之，"奸淫被拐卖的妇女"既包括暴力、胁迫等手段与被害人发生性关系，也包括单纯利用被害人人身自由受到限制的条件实施奸淫行为。

从《刑法》第240条的文字表述看，"诱骗、强迫被拐卖的妇女卖淫"这一加重情节也应发生在拐卖妇女的过程中。换言之，如果诱骗、强迫妇女卖淫的行为发生于拐卖行为之前，或者妇女已被卖出、拐卖妇女的过程由此结束以后，又诱骗、强迫妇女卖淫的，应当对行为人予以引诱卖淫罪、强迫卖淫罪实行并罚。[③]

---

① 参见张明楷：《刑法》，法律出版社2011年版，第799页。

② 参见张明楷：《刑法》，法律出版社2011年版，第814页。

③ 参见王志祥：《拐卖妇女、儿童罪六种加重情形的司法认定》，载《法治研究》2015年第1期。

"将被拐卖的妇女卖给他人迫使其卖淫的",要求行为人明知收买者收买被拐卖的妇女后会迫使其卖淫。如果行为人确实不知收买者收买被拐卖的妇女后会迫使其卖淫,则除非其具备拐卖妇女罪中"将被拐卖的妇女卖给他人迫使其卖淫的"以外的其他导致法定刑升格的情节,否则对行为人就只能以拐卖妇女罪基本犯的情形进行定罪处罚。需要注意的是,这里的明知包括明知必然和明知可能两种情况。前者是指行为人在主观上确定无疑地知道他人收买被拐卖的妇女是为了让被拐卖的妇女从事卖淫活动,后者是指行为人虽然并非确定无疑地认识到他人收买被拐卖的妇女是为了迫使妇女卖淫,但行为人认识到他人收买被拐卖的妇女可能是为了迫使其从事卖淫活动。不论是明知必然还是明知可能,只要行为人认识到收买被拐卖妇女的人可能让其从事卖淫活动,即可构成"将被拐卖的妇女卖给他人迫使其卖淫的"。此外,成立"将被拐卖的妇女卖给他人迫使其卖淫的",并不要求被拐卖妇女在被收买后实际具有卖淫行为,只要行为人主观上有将被拐卖的妇女出卖给他人后由他人迫使其实施卖淫行为的故意,客观上具有将该被拐卖的妇女卖与他人的行为,即便该被拐卖的妇女因其他原因未能实际卖淫,也应对行为人按照"将被拐卖的妇女卖给他人迫使其卖淫的"进行定罪处罚。

在最高人民法院刑事审判一庭编写公布的"陈俊宏拐卖妇女案"是适用上述三项加重情节的典型案例。该案中,"被告人陈俊宏伙同陈玉飞(另案处理)预谋拐卖妇女到浙江省桐乡市从事卖淫活动。2007 年 5 月 16 日晚,陈俊宏纠集崔征飞、吕凤明(同案被告人,已判刑)等人以交友为名,将被害人李某某(女,时年 16 岁)骗至苏州市吴江市经济开发区三里桥村南海旅社 208 房间,采用轮奸、殴打、威胁等手段迫使李某某同意卖淫后,将李某某带至桐乡市贩卖给张广忠(另案处理)从事卖淫活动。2007 年 5 月 27 日晚,被告人陈俊宏伙同崔征飞等人,经预谋,以交友为名,将被害人郭某某(女,时年 20 岁)从酒吧骗出带上车。在车内,陈俊宏、崔征飞采用殴打、持刀威胁等手段迫使郭某某同意卖淫,并将郭某某带至浙江省桐乡市祥隆宾馆内,对郭某某实施轮奸后,将郭某某贩卖给张广忠从事卖淫活动。"苏州市中级人民法院判决认为，陈俊宏等人之行为构成拐卖妇女罪，并按照《刑法》第240条第1款第2项（拐卖妇女、儿童3人以上的）、第3项（奸淫被拐卖的妇女的）、第4项（诱骗、强迫被拐卖的妇女卖淫或者将被拐卖的妇女卖给他人迫使其卖淫的）等加重处罚。①

“将妇女卖往境外”，既包括犯罪分子将妇女卖往国境以外，也包括将妇女卖往边境以外；从境外将妇女、儿童卖往中国大陆境内的，不属于“将妇女卖往境外”。②

五、打击跨国拐卖妇女的中国参与

（一）“跨国拐卖妇女”之概念与中国现实

打击跨国拐卖妇女是人口贩运防治中较为特殊的问题。前文已提及，人口贩运之概念应当包括“行为要素”（招募、运送、转移、窝藏或接收，以及买卖人员）、“手段要素”（暴力威胁或使用暴力手段，或通过其他形式的胁迫，通过诱拐、欺诈、欺骗、滥用权力或滥用脆弱境况，或通过授受酬金或利益）、“目的要素”（包括剥削应至少包括利用他人卖淫进行剥削或其他形式的性剥削、强迫劳动或服务、奴役或类似奴役的做法、劳役或切除器官等）等三个要件。在此基础上，“跨国”拐卖妇女还应当包括“跨国”要素。所谓“跨国”，按照《打击跨国有组织犯罪公约》（U. N. Convention Against Transnational Organized Crime）第3条的解释，主要包括以下四种情况：一是犯罪在一个国家以上实施；二是虽然在一国实施，但该犯罪之准备、筹划、指挥或控制的实质性部分发生在另一国；三是犯罪在一国实施，但涉及在一个以上国家从事犯罪活动的有组织犯罪集团；四是犯罪在一国实施，但对于另一国有重大影响。

需注意的是，“跨国拐卖”不同于“偷运移民”（英文为Smuggling，德文为Schlepprei）。如果误将跨国拐卖受害者按照偷渡移民处理，会给受害者带来严重的二次伤害，因此，实践中必须将两者予以严格区

---

① 参见最高人民法院刑事审判第一庭编：《最高人民法院拐卖妇女儿童犯罪典型案例评析及法律法规精选》，中国法制出版社2010年版，第164页以下。

② 参见王志祥：《拐卖妇女、儿童罪六种加重情形的司法认定》，载《法治研究》2015年第1期。

分。这两种行为虽在外观上相当类似，但在性质与发生机理上并不相同。按德国学者 Angelika Kartusch 的归纳，"跨国拐卖"与"偷运移民"至少有下列三项区别：[①]第一，从跨级行为的性质看。偷渡移民必然伴随着非法入境，但跨国拐卖却可以是合法入境（如根据有效签证或双边协定），也可以是非法入境。这一点对于辨别"偷渡过境者"是否实际上是"跨国拐卖受害人"至关重要。第二，从受害者的意志看。对被偷运者来说，非法跨境行为本身就是其同意和期望的，很多情况下，被偷运者与运输者之间往往还会达成支付相应价金的协议。与此不同，人贩招募往往采用的是胁迫、武力威胁、欺骗等手段，此时受害人并无能力选择跨境或者不跨境，不存在讨价还价的余地，没有表达自由意志机会和空间。第三，从时间因素看。从跨国拐卖以人贩对受害人的剥削为必要条件，这往往发生在穿越国境以后；而偷运移民一旦穿越国境，行为即告终止。

"跨国拐卖"与"偷运移民"有时还会出现竞合的现象，甚至即使在"合法移民"过程中，也可能最后演变为"跨国拐卖"。玛利亚·格拉兹亚·吉阿姆玛丽纳罗在联合国人权理事会第二十九届会议上的报告中指出："贩运人口，特别是贩运妇女和儿童，是一个多层面问题，常常与所谓的'混合移民流动'相联系。混合移民流动涉及各类移徙人群，包括难民、寻求庇护者、经济移民和其他移民，他们往往没有正规身份，沿着相同路线，使用类似交通工具，但出于不同原因，处于迁徙途中。贩运受害者不一定在进入混合移民潮后立即遭到贩运，可能在旅途中或到达过境国或目的地国时才成为被贩运者。他们的迁徙之路开始时可能是偷渡，到了后期才变成贩运。当初同意移徙，无论是正规或不正规，不意味着可以定性为偷渡。相反，当移民在旅途中或到达目的地后陷于被虐待和剥削的境地，其权利受到严重限制或完全剥夺时，才可定性为人口贩运。"[②]

---

① Vgl. Kartusch, Angelika. Internationale und europäische Maßnahmen gegen den Frauen- und Menschenhandel. gender Politik online (2003). S. 10.

② 参见《贩运人口，特别是贩运妇女和儿童问题特别报告员玛利亚·格拉兹亚·吉阿姆玛丽纳罗的报告》，人权理事会第二十九届会议，2015 年 3 月 31 日。

尽管随着人权意识的高涨，国际社会对跨国人口拐卖问题的关注日渐提高，但目前世界范围内的形势仍旧非常严峻。据美国2007年与2008年发布的《人口贩运报告》，全球每年大约有80万人被跨国拐卖。[①]其中绝大部分是妇女（占66%），女孩（占13%），余下男子与男孩各占12%与9%。联合国毒品与犯罪问题办公室在2008年《偷运移民》（Smuggling of Migrants）报告中指出，几乎世界上每个国家都受到以性剥削或强迫劳动为目的的贩运活动的影响。[②] 据统计，全球人口贩运来源地国有127国，过境国98个，目的地国高达137国。[③]

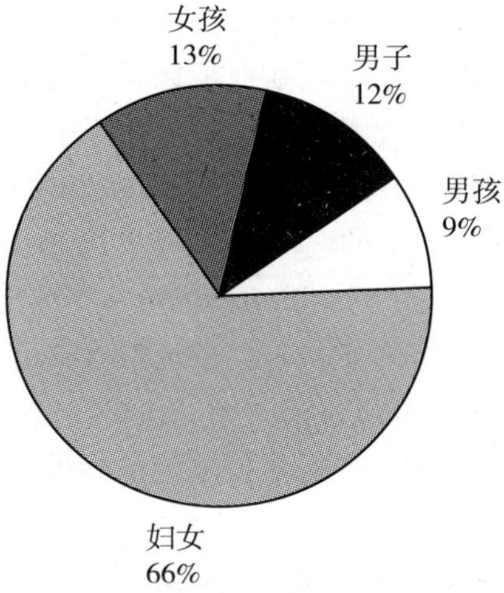

图1 世界各国被拐人口中妇女、男子、女孩、男孩所占比例[④]

就我国而言，尽管多数拐卖人口的现象都发生在国内，但是也有相当一部分妇女被跨国拐卖到非洲、亚洲、欧洲、拉丁美洲、中东和北美，而且这些拐卖通常都混在大批偷渡现象中。有的妇女被允诺通过偷渡

① See Trafficking in Persons Report（2007），http://www. state. gov/documents/organization/82902. pdf；Trafficking in Persons Report（2008）. http://www. state. gov/documents/organization/105501. pdf，2016年12月1日访问。

② See Smuggling of Migrantshttps://www. unodc. org/documents/human-trafficking/Migrant-Smuggling/Smuggling_of_Migrants_A_Global_Review. pdf，2016年12月1日访问。

③ See Trafficking in Persons：Global Patterns（2006），http://www. unodc. org/documents/human-trafficking/HT-globalpatterns-en. pdf，2016年12月1日访问。

④ 资料来源：联合国毒品和犯罪问题办公室。

获得更好的婚姻和教育机会;有的妇女们被那些许以合法职业的虚假承诺诱骗,自以为能够在富裕国家找到不需要技术的高薪工作,并因此改善生活(如保姆、帮佣、饭店服务员、模特),从而来到泰国、马来西亚和日本,不料却遭到商业性的性剥削。此外,我国同时也是跨国妇女拐卖的目的地国,有些妇女从蒙古国、俄罗斯等地被贩入中国,其中还有一些朝鲜妇女是自愿离开朝鲜跨越东北偷渡到我国境内,这些妇女多数没有合法身份,被迫从事性交易或者被迫结婚。[①] 与我国西南地区毗邻的湄公河流域,更是全球范围内贩卖妇女现象最严重的地区之一。近年来从柬埔寨、缅甸、越南等地拐卖妇女至中国农村成为"新娘"的新闻不绝于耳,几乎已让整个东南亚地区司空见惯。据公布的数据,2006 年 6 月到 9 月期间,我国与越南有关当局合作,联合捣毁了 13 个人口贩运网络,解救了 193 名受害者。[②] "2008 年 11 月,福建警方破获了一起贩卖 18 名越南妇女的案件,这些受害者被卖到云南、广西等中国省份,被迫与他人结婚。同年 12 月,依然是在福建省,警方逮捕了一个犯罪团伙的 10 名成员,他们被控向偏远山村贩卖 10 名女性卖淫者,每人收取 800 美元至 1200 美元的费用。在贵州,当地官方媒体报道了 29 名罪犯贩卖 80 多名女性进行强迫婚姻的案件,其中主要被告被判死刑"。[③]

跨国贩卖妇女犯罪如此猖獗,具有多层次原因。若仅从利益驱动的角度看,一是由于我国贫困地区男女人口比例不均、养儿防老等思想根深蒂固,促使找不到适龄女性的单身男性通过购买外籍新娘的方式传宗接代。这使我国贫困地区形成了巨大的拐卖妇女买方市场。特别是我国广西、云南等地区与越南接壤,跨境而居,自古即有通婚的传统,随着近年来中越交往频繁,更在客观上为犯罪分子拐卖妇女儿童提供

---

① See Trafficking in Persons Report (2008), 载 http://www.state.gov/documents/organization/105501.pdf.,2016 年 12 月 2 日访问;王金玲:《中国拐卖拐骗人口问题研究》,社会科学文献出版社 2014 年版,第 96 页。

② See Trafficking in Persons Report (2008), 载 http://www.state.gov/documents/organization/105501.pdf.,2016 年 12 月 2 日访问。

③ 《2009 年度人口贩运问题报告》, 载 http://chinese.usembassy-china.org.cn/2009tipr.html,2012 年 12 月 1 日访问。

了条件。[1] 二是色情服务行业的存在,在很大程度上内源性地刺激、助长了跨国贩卖妇女犯罪。在我国,卖淫嫖娼的违法成本较低,一般只作行政处罚,《治安管理处罚法》第 66 条规定:“卖淫、嫖娼的,处十日以上十五日以下拘留,可以并处五千元以下罚款;情节较轻的,处五日以下拘留或者五百元以下罚款。”只有明知自己有梅毒、淋病等严重性病,仍然从事卖淫嫖娼的人员,才构成《刑法》第 360 条的传播性病罪。

相较于管控国内的跨省人口流动,打击国际妇女拐卖有特别的难处。一是国际多边法律制度与本国制度的内化协调,需要经历磨合阶段。二是调查取证存在困难。一方面,尽管我国已经加大了打击跨国贩卖妇女犯罪的力度,但与此同时人贩子也不断翻新犯罪手段,使打拐线索的侦查难上加难。另一方面,外国妇女被拐卖至我国内陆农村地区,不仅意味着侦查范围地域广阔,加之被拐妇女语言不通,当地村民或者远在千里之外的外国亲戚也难以提供有效线索。特别是对于中越间的妇女拐卖,中越边境线长且水陆通道多、交通便利、人口流动性大,因而人贩子作案手段可以相当隐蔽,妇女由于地形不熟,难以报案;甚至有些越南妇女被拐后,由于害怕人贩子,或有了稳定的工作、家庭、儿女,不愿报案,为公安机关掌握打拐信息带来很大难度。[2] 三是刑事司法程序难以进行。如犯罪嫌疑人与被害人的身份难以核查。

(二)打击跨国拐卖妇女犯罪的国际合作

跨国拐卖妇女是严重侵害人权的国际犯罪行为。20 世纪早期,国际社会先后缔结过《禁止贩卖白奴国际协定》(1904 年缔结,要求缔约国收集关于“为不道德目的”而将妇女贩卖至国外的信息)、《禁止贩卖白奴国际公约》(1910 年缔结,要求缔约国有义务惩罚任何为不道德的目的而将 21 岁以下白人妇女贩卖至外国而实施雇佣、引诱、劫持或使用暴力、威胁等手段的人)、《禁止贩卖妇孺国际公约》(1921 年缔结,将保护方位扩大至非白人妇女)和《禁止贩卖成年妇女国际公约》

---

① 参见黎巧萍:《中越双边预防跨国拐卖妇女儿童工作实施情况及相关问题》,载《东南亚纵横》2003 年第 6 期。

② 参见黎巧萍:《中越双边预防跨国拐卖妇女儿童工作实施情况及相关问题》,载《东南亚纵横》2003 年第 6 期。

(1933年缔结,指出"当事人同意"不得成为贩卖人口正当化的理由)。1949年12月2日联合国大会第317(IV)号决议通过了《禁止贩卖人口及取缔意图赢利使人卖淫的公约》(Convention for the Suppression of the Traffic in Persons and of the Exploitation of the Prostitution of Others),[①]统一并取代了上述20世纪上半叶早期的四个公约。

我国对于打击跨国拐卖妇女犯罪国际合作的重要性,具有充分认识。新中国成立后,我国通过并加入了多项双边、多边国际条约,以期通过多层次、全方位的国际合作全面打击跨国妇女拐卖。

1980年,时任全国政协副主席、全国妇联主席康克清率中国代表团一行23人出席了联合国妇女十年中期会议,[②]并在该会议上签署《消除对妇女一切形式歧视公约》(The Convention on the Elimination of all Forms of Discrimination Against)。[③] 1980年9月26日至29日,第五届全国人民代表大会常务委员会第十六次会议批准通过了《消除对妇女一切形式歧视公约》。《消除对妇女一切形式歧视公约》的主要目的在于消除"对妇女的歧视"。所谓"对妇女的歧视",按照《消除对妇女一切形式歧视公约》第1条所下的定义,是指"基于性别而作的任何区别、排斥或限制,其影响或其目的均足以妨碍或否认妇女不论已婚未婚在男女平等的基础上认识、享有或行使在政治、经济、社会、文化、公民或任何其他方面的人权和基本自由"。贩卖妇女并加以性剥削,是女性性别特征导致歧视的极端情况,对此,《消除对妇女一切形式歧视公约》第6条作了概括性规定:"缔约各国应采取一切适当措施,包括制定法律,以禁止一切形式贩卖妇女和强迫妇女卖淫对她们进行剥削的行为。"

---

① 《禁止贩卖人口及取缔意图赢利使人卖淫的公约》,载 http://www.ohchr.org/Documents/ProfessionalInterest/trafficpersons.pdf.,2016年11月20日访问。

② 联合国大会于1975年通过A/RES/3520号决议,决定在联合国妇女十年的中期,即1980年召开一次世界会议。1979年联大通过A/RES/33/191号决定,确定哥本哈根为这次会议的举办地点。

③ 《消除对妇女一切形式歧视公约》,载 http://www.ohchr.org/Documents/ProfessionalInterest/cedaw.pdf,中文版参见 http://www.humanrights.cn/html/special/2015/1216/794.html.,2016年11月20日访问。

2000年12月12日至15日,时任中国外交部副部长王光亚代表中国政府签署了《联合国打击跨国有组织犯罪公约》(U. N. Convention Against Transnational Organized Crime)。[①]《联合国打击跨国有组织犯罪公约》于2003年9月29日正式生效,与此同时,生效的还有《打击贩运人口议定书》。本书在开篇第一章就提及了该议定书,并借此对人口贩运的定义进行了阐述。该议定书的全称为《联合国打击跨国有组织犯罪公约关于预防、禁止和惩治贩运人口特别是妇女和儿童行为的补充议定书》,从这一名称就能了解到这一议定书对于打击拐卖妇女儿童的重要意义。可以说,《打击贩运人口议定书》为开展打击跨国妇女拐卖的国际合作提供了法律基础。以下就对此作一详细展开,具体在本书第七章中会附上本议定书全文以供参考。

《打击贩运人口议定书》的宗旨有三个:一是预防和打击贩运人口,特别是贩运妇女和儿童;二是在充分尊重其人权的情况下保护和帮助此种贩运活动的被害人;三是为实现上述目标而促进缔约国之间的合作(《打击贩运人口议定书》第2条)。《打击贩运人口议定书》所确立的各项国际合作并不局限于传统的"起诉"阶段,而是着眼于预防、侦查和起诉、被害人的保护等各个环节予以全面匹配(《打击贩运人口议定书》第3条)。

就预防和侦查阶段而言,主要规定在《打击贩运人口议定书》第9条至第13条。《打击贩运人口议定书》第9条为缔约国规定了五项预防义务:其一,缔约国应制定综合政策、方案和其他措施,以有效预防和打击人口贩运、避免受害人的二次伤害;其二,缔约国应努力采取诸如研究、宣传和新闻媒体运动等措施并实行各种社会和经济举措,以预防和打击人口贩运;其三,缔约国应酌情展开非政府组织、其他有关组织和民间社会其他方面的合作;其四,缔约国应采取或加强措施,包括通

---

① 《联合国打击跨国有组织犯罪公约》,载 https://www. unodc. org/documents/middleeastandnorthafrica/organised-crime/UNITED_NATIONS_CONVENTION_AGAINST_TRANSNATIONAL_ORGANIZED_CRIME_AND_THE_PROTOCOLS_THERETO. pdf ,中文版参见 http://www. un. org/chinese/documents/decl-con/docs/ares55_25fu1. pdf. ,2016年11月30日访问。

过双边或多边合作;其五,缔约国应同时采取或加强教育、社会或文化等立法或其他措施,以抑制那种助长对人(特别是对妇女和儿童)的剥削从而导致贩运的需求(如性剥削)。

信息不对称是侦查国际人口拐卖的难点所在,因而《打击贩运人口议定书》第10条就打击跨国人口贩卖的信息交换和培训作了以下特别规定。一方面,缔约国之间应当在本国法律限度内酌情加强相互合作、交换信息。这一来是为了确定跨越国际边界者所使用或企图使用的证件种类、跨越国际边界者是人口贩运活动的实施者还是被害人,二来是为了探明有组织犯罪集团为贩运人口目的而使用的手段和方法,不仅包括对被害人的招募和运送、从事这类贩运活动的个人和集团之间的路线和联系,还包括为侦破这些活动而可能采取的措施。另一方面,缔约国应向有关官员提供或加强预防贩运人口的培训。特别是预防贩运、起诉贩运者和保护被害人权利,包括保护被害人免遭贩运者迫害的方法。当然,国际合作以不触碰国家主权为前提,《打击贩运人口议定书》第10条因此也明确指出,收到信息的缔约国应遵守发送信息的缔约国提出的关于信息使用限制的任何要求。

由于边界管控是遏制跨国人口贩卖的有力途径,《打击贩运人口议定书》第11条与第12条、第13条分别针对"边界措施"与"证件安全"作了特别具体规定。《打击贩运人口议定书》第11条规定,第一,在不影响关于人员自由流动的国际承诺情况下,缔约国应尽量加强可能必要的边界管制,以预防和侦查人口贩运活动;第二,各缔约国均应采取立法或其他适当措施,尽量防止商业承运人经营的运输工具被用于实施根据本议定书第5条确立的犯罪(人口贩运,包括实行犯与共犯);第三,在适当且不影响适用的国际公约的情况下,应当规定任何运输公司或任何运输工具的拥有人或经营人有义务查明所有旅客都持有进入接收国所需的旅行证件;第四,各缔约国均应根据本国法律采取必要的措施,对不履行查明义务的商业承运人进行制裁;第五,应采取适当措施,根据《打击贩运人口议定书》与缔约国本国法律,拒绝与贩卖人口犯罪有牵连的人员入境,或吊销其签证;第六,在不影响《联合国打击跨国有组织犯罪公约》第 27 条的情况下(执法合作),①缔约国应考虑通过建立和保持直接联系渠道等办法加强边境管制机构间的合作。

与边界管控密切相关,《打击贩运人口议定书》第 12 条与第 13 条分别就“证件安全”的内部监管与外部协力作了规定。第 12 条要求,各缔约国均应在力所能及的范围内采取必要的措施,以确保其所签发旅行或身份证件的完整性与正确性,且不易被滥用、伪造、复制、签发。第 13 条要求,缔约国应根据另一缔约国提出的请求,根据本国法律,在合理的时间内对以或似以本国名义签发的、涉嫌为人口贩运活动而使用的旅行或身份证件的合法性和有效性进行核查。

就起诉阶段而言,《打击贩运人口议定书》第 5 条要求各缔约国应采取必要的刑事立法,将跨国贩运人口行为规定为刑事犯罪(包括直接正犯、共犯、未遂犯、间接正犯等犯罪形态)。《打击贩运人口议定书》第 3 条对“跨国贩运人口行为”的认定作了特别规定:“当事人同意”不得成为贩卖人口正当化的理由。

就保护阶段而言,《打击贩运人口议定书》第 6 条至第 8 条分别就

---

① 《联合国打击跨国有组织犯罪公约》第 27 条:1. 缔约国应在符合本国法律和行政管理制度的情况下相互密切合作,以加强打击本公约所涵盖的犯罪的执法行动的有效性。各缔约国尤其应采取有效措施,以便(a)加强并在必要时建立各国主管当局、机构和部门之间的联系渠道,以促进安全,迅速地交换有关本公约所涵盖犯罪的各个方面的情报。有关缔约国认为适当时还可包括与其他犯罪活动的联系的有关情报;(b)同其他缔约国合作,就以下与本公约所涵盖的犯罪有关的事项进行调查涉嫌这类犯罪的人的身份、行踪和活动或其他有关人员的所在地点,来自这类犯罪的犯罪所得或财产的去向,用于或企图用于实施这类犯罪的财产、设备或其他工具的去向;(c)在适当情况下提供必要数目或数量的物品以供分析或调查之用;(d)促进各缔约国主管当局、机构和部门之间的有效协调,并加强人员和其他专家的交流,包括根据有关缔约国之间的双边协定和安排派出联络官员;(e)与其他缔约国交换关于有组织犯罪集团采用的具体手段和方法的资料,视情况包括关于路线和交通工具、利用假身份、经变造或伪造的证件或其他掩盖其活动的手段的资料;(f)交换情报并协调为尽早查明本公约所涵盖的犯罪而酌情采取的行政和其他措施。2. 为实施本公约,缔约国应考虑订立关于其执法机构间直接合作的双边或多边协定或安排,并在已有这类协定或安排的情况下考虑对其进行修正。如果有关缔约国之间尚未订立这类协定或安排,缔约国可考虑以本公约为基础,进行针对本公约所涵盖的任何犯罪的相互执法合作。缔约国应在适当情况下充分利用各种协定或安排,包括国际或区域组织,以加强缔约国执法机构之间的合作。3. 缔约国应努力在力所能及的范围内开展合作以便对借助现代技术实施的跨国有组织犯罪作出反应。

“对人口贩运活动被害人的帮助和保护”“人口贩运活动被害人在接收国的地位”“人口贩运活动被害人的遣返”做了详细规定。《打击贩运人口议定书》第6条规定的“对人口贩运活动被害人的帮助和保护”,可以从“法律”与“生活”两个角度予以区分。就法律上的帮助和保护而言,一是各缔约国应尽量保护人口贩运活动被害人(特别是在审理贩运活动案件的法律程序中)的隐私和身份。二是在法律程序中为被害人提供各种必要的协助,例如,向被害人阐明有关法院程序和行政程序的信息,帮助被害人在刑事诉讼程序中以不损害被告方权利的方式得到表达和考虑。三是各缔约国应确保本国的法律制度包括各项必要措施,使人口贩运活动被害人可以就所受损害获得赔偿。就生活上的帮助和保护而言,首当其冲的是,各缔约国均应在本国境内确保受害人的人身安全。此外,应当为受害人提供各种生活上的便利,即为人口贩运活动被害人的身心康复和重返社会提供条件,例如,提供恰当的住房,根据受害人的语种提供各项咨询和信息,提供医疗、心理、就业、教育、培训机会等帮助。

我国在加入打击跨国人口贩运相关的数个国际法律文件后,制定了一系列方案促进切实履约。首先体现在刑法上,我国《刑法》第240条拐卖妇女、儿童犯罪中的“拐卖”一词是指“以出卖为目的,有拐骗、绑架、收买、贩卖、接送、中转妇女、儿童的行为之一”,尽管“拐卖”一词在用语上不同于《贩运人口议定书》所用的“贩运”一词,但内涵基本相同,体现了《贩运人口议定书》的基本精神。

其次为有效预防、严厉打击拐卖妇女儿童犯罪活动,切实维护妇女儿童合法权益,遵照我国政府签署的联合国《儿童权利公约》《消除对妇女一切形式歧视公约》《打击跨国有组织犯罪公约》《禁止和立即行动消除最恶劣形式的童工劳动公约》等有关文件,在我国宪法、法律框架下,于2008年我国公布实施了《中国反对拐卖妇女儿童行动计划(2008—2013)》。2013年3月2日,我国又相继公布实施了《中国反对拐卖人口行动计划(2013—2020)》。

组织形态与具体的打击活动中,我国制定了一系列行动方案。如公安部已在全国10省份开展培训课程,约2000名警察接受了反人口贩运措施和跨境打击人口贩运行为的培训。负责反人口贩运措施的警察在海外接受了打击人口贩运和受害者保护的培训课程。[①] 再如我国与越南合作,改进了跨境打击人口贩卖的活动。“从 2005 年 4 月中越两国首次举办刑侦工作会议开始,两国公安机关在两国边境地区多次联合开展打击拐卖妇女儿童犯罪专项行动。2010 年 9 月 15 日,中国政府和越南政府在北京签署了《关于预防和打击拐卖人口犯罪的协定》。按照此协定,中越两国公安部建立了打拐工作定期会晤机制,充分依托边境联络官办公室平台,不断加强情报信息交流、案件侦查工作,并多次在边境地区开展联合打拐行动。”[②]我国还与美国的法律执行机构合作处理一些人口偷渡案件,中美两国在执法合作联合联络组的框架下组建了一个人口偷渡问题工作小组。[③]

---

① 《2009 年度人口贩运问题报告》(部分),载 http://chinese. usembassy-china. org. cn/2009tipr. html. ,2016 年 12 月 1 日访问。

② 参见 http://gb. cri. cn/42071/2013/05/10/5951s4110897. htm. ,2016 年 12 月 1 日访问。

③ Trafficking in Persons Report(2008),http://www. state. gov/documents/organization/105501. pdf. ,2016 年 12 月 1 日访问。

第五章　强迫劳动阻断机制

根据《打击贩运人口议定书》第 3 条(a)项,“人口贩运”系指为剥削目的而通过暴力威胁或使用暴力手段,或通过其他形式的胁迫,通过诱拐、欺诈、欺骗、滥用权力或滥用脆弱境况,或通过授受酬金或利益取得对另一人有控制权的某人的同意等手段招募、运送、转移、窝藏或接收人员。这里的“剥削应至少包括利用他人卖淫进行剥削或其他形式的性剥削、强迫劳动或服务、奴役或类似奴役的做法、劳役或切除器官”等。可见,贩运人口的目的之一是进行劳务剥削,人口贩运者从中获取高额利润。

一、中国人口贩运与强迫劳动的现状概览

(一)系列“黑砖窑事件”

最能反映中国人口贩运活动及其后续强迫劳动的例子,是一系列的“黑砖窑事件”,而其中最具代表性且引发轰动社会反响的当属山西省临汾市洪洞县曹生村的黑砖窑事件。在临汾市洪洞县的黑砖窑事件爆发之前,山西省一些地方政府和公安部门已经根据群众举报进行了专项排查工作。在这些排查活动中,公安机关发现并查处了一批采取欺骗等手段贩运农民工以及通过殴打、限制人身自由等方式强迫农民工从事劳动的人员。对于上述情况,新闻媒体也都曾作过披露。

山西省系列“黑砖窑事件”①

2005年4月11日《山西日报》报道：“一座占地80余亩的砖厂，一个挣着黑心钱的包工头，一帮狠毒的打手，先是骗取外地农民工的信任，继而强迫农民工劳动案。26名筋疲力尽、伤痕累累的外地农民工被成功解救。”

2006年1月27日山西新闻网报道了晋南某县一个14岁的农家孩子几次被骗到黑砖厂的事实。报道称，这个孩子起先被一个介绍工作的人骗到了榆次的一个黑砖厂，一次趁工头不注意逃出来。没多久，他又被骗到运城和临汾的几个黑砖厂。

中新山西网2006年9月28日报道，2006年初，晋中市公安局榆次区分局破获“黑砖窑”打死智障民工的恶性事件。此案发生后，山西省劳动和社会保障厅的负责人指出，智障人员、社会流浪人员和残疾人员成为非法用工重点侵害对象，用工单位必须杜绝使用智障民工。

2006年6月13日《齐鲁晚报》转载《山西晚报》报道：2006年，离高考不足20天时，山西运城一名高三学生靳晓辉被骗进了一家黑砖厂。砖厂工人私下告诉他：“来这里的人，没人能跑出去，也没人能领到工资！”6月9日，他第二次逃跑，终于逃出黑砖厂，但高考已经结束。

2006年9月28日中新山西网报《山西寿阳黑砖厂雇用智障人做苦力现被解救》。河北人赵挪成在山西寿阳王金庄砖厂干了三个月的活，49岁的他目睹了这家砖厂的心狠手黑：非法雇佣十多名智障男子，无故谩骂殴打工人，控制工人人身自由，不给工人发工资。9月26日，《河北青年报》记者到太原和《山西青年报》记者会合，两省青年报记者联合出击，经过两天努力，成功解救出20名受虐民工。

就在揭露黑砖窑事件风暴爆发的5月底。山西省公安厅接到了举报材料，称运城和晋城有强迫劳动的情况，公安厅常务副厅长李连琪于5月28号批示信访和刑侦部门进行查处。运城警方随后从6月5日

---

① 参见百度百科:《黑砖窑事件》，载 http://baike.baidu.com/link? url = hJnI0wwUIrC74X-GTUzTut8WaMhQE_RWDqEpaZ7a1AlpgJFv946NL_hPwyxDH1ENyy PaQyyjgWGWD6izsQlfcp0JA68aFEe_QFG7lPDNc3__x7jkiUYd1uLEJYYwT-VE，2016年12月18日访问。

到11日,组织了一星期的打击活动。

2007年,山西省临汾市洪洞县的黑砖窑事件[①]将山西省的“系列黑砖窑事件”推向了社会的风口浪尖,成为山西系列黑砖窑事件的喷发点。

据2007年6月7日山西新闻网和《山西晚报》报道,2007年5月27日,洪洞县公安局在发动的“飞虹亮剑”二号行动中,广胜寺派出所发现广胜寺镇曹生村砖窑是一个无营业证、无资源许可证、无税务登证“三无”砖窑。该砖窑建在曹生村支部书记王东记院内,砖窑的老板是王东记的儿子王兵兵,砖窑建于2004年。2006年,王兵兵与河南籍工头衡庭汉达成了承包协议。警方在调查中了解到,从2006年3月以来,衡庭汉等人先后从西安,郑州火车站诱骗或强迫32名农民(其中9名智障人员)到砖窑做工。他们早上5点上工,干到凌晨1点才让睡觉;而睡觉的地方是一个没有床、只有铺着草席的砖地、冬天也不生火的黑屋子,打手把他们像赶牲口般关进黑屋子后反锁,30多人只能背靠地“打地铺”,而门外则有5个打手和5条狼狗巡逻;一日三餐就是吃馒头、喝凉水,没有任何蔬菜,而且每顿饭必须在15分钟内吃完。其中的智障人员,“只知道自己叫什么”,“爹妈的名字、老家在哪里则统统不知道”。农民工们只要动作稍慢,就会遭到打手无情殴打,因此被解救时个个遍体鳞伤。而烧伤的原因是打手强迫民工下窑去背还未冷却的砖块所致;因为没有工作服,一年多前穿的衣服仍然穿在身上,大部分人没有鞋子,脚部多被滚烫的砖窑烧伤;由于一年半没有洗澡、理发、刷牙,个个长发披肩、胡子拉碴、臭不可闻,“身上的泥垢能用刀子刮下来”。2006年农历腊月,患有先天性痴呆症的甘肃籍农民工刘宝因干活慢,被湖北打手赵延兵用铁锹猛击头部,当场昏迷,第二天死在

① 资料来源:http://baike. baidu. com/link? url = hJnI0wwUIrC74X-GTUzTut8WaMhQE_RWDqEpaZ7a1AlpgJFv946NL_hPwyxDH1ENyyPaQyyjgWGWD6izsQlfcp0JA68aFEe_QFG7lPDNc3__x7jkiUYd1uLEJYYwT-VE,2016年12月18日访问。

黑屋子中。几名打手用塑料布将刘宝的尸体裹住，随便埋在了附近的荒山中，在遭受非人折磨时，这些农民工们却从来不知反抗，也不敢逃跑。一年多来，这30多名外地农民工没有领到一分钱的工资。

山西的系列“黑砖窑事件”事实真相的揭露，跟河南电视台的追踪报道是分不开的。也许从河南电视台都市频道的记者付振中的口述中，我们能够更加真切的了解黑窑主们强迫被贩卖后的人员从事劳动的状况：①

一个月的时间里，我三赴山西暗访黑砖窑，随着暗访的深入，我所看到的黑暗和罪恶一次比一次触目惊心，从窑场主殴打童工到打伤打残窑工，直到最后的窑工被活埋。

1. 一赴山西

到运城已经是下午四点多了。运城的临猗县黑窑场相对集中，在这些窑场中老岳窑场最有名气，三面环山，只有一个出口且有打手把门，外人很难进入。经过和打手一阵软磨硬泡，我们总算进了窑场。窑场里一名赤脚光背的窑工映入我们的眼帘。他正在步复维艰地拉着装满砖坯的车子，他很卖力，肩上的皮带深深勒进肉中，但车子却不停地在原地打转，显然已经远远超出了他所能承受的重量。他偶尔会抬起头，我清清楚楚看到了一张未满18岁稚嫩的面孔，在这张面孔上写满了与其年龄极不相称的麻木、呆滞和茫然。

还有一名窑工干活稍慢了一点，旁边的工头操起几块砖头就朝他的头上砸去。后来我们才知道，新窑工都是在这样的“训斥”下慢慢变得麻木和顺从……

2. 二赴山西

张麦囤夫妇瞪大眼睛快速在窑场内搜寻着，忽然，夫妇俩把目光停留在一个正在搬砖的男孩身上，这个男孩正是他们失散多日，朝思暮想

---

① 付振中：《我亲手揭开山西黑砖窑的内幕》，载 http://news.qq.com/a/20071106/000960.htm，2016年12月18日访问。

的孩子。夫妇俩连忙跑上前去，搂着孩子放声大哭……几个月来非人般的生活显然已经严重摧残了张道虎的身心，看着号啕大哭的父母，他居然并没有任何表情，木头一样呆立在原地……

……解救过程中，随时都会碰到阻力和危险。如果说在临奇县的经历仅仅是一场虚惊的话，那么在永济市郭平店窑场的经历，让我们真真切切感受到了窑场主的凶狠和残暴。当时，我们为了解救河南封丘少年吴树陈而进入了这家窑场，进窑场后，我们很快就发现了吴树陈，我们提出要把吴树陈带走时，窑场主和包工头坚决不让，原因很简单，吴树陈是他们花400元钱买来的！见我们执意要带走吴树陈，窑场主凶相毕露，挥舞着拳头扬言要打人。当时参与围攻的不明身份者少说也有上百人，个个都是剑拔弩张。虽然作为记者我曾见识过不少大场面，但那种浓烈的火药味儿还是让我捏了把冷汗。在同去的家长们掩护下我偷偷拨打了"110"，民警及时赶到，我们才把吴树陈带到了派出所。第二天，吴树陈的家人赶来把他接回了家。

3. 三赴山西

5月30日，刚做完节目，还没来得及喘口气，便接到了老张的电话……老张在电话中告诉我，他17岁的儿子小磊在洪洞县的一家窑场找到了，那里也有不少窑场。两个小时后，我第三次踏上了去往山西的征途。洪洞县因为一棵大树而名闻天下，是亿万华人寻根的心灵故乡，而就在这里，一幕幕人间悲剧也正在上演。悲剧的主人公是郑州市民老张的儿子小磊和其他30个失去人身自由的窑工。窑场老板在砖窑还没有降温的情况下就强迫小磊出砖，结果小磊被烧成重伤，后经法医鉴定属于五级伤残。在小磊烧伤后一个多月里，窑场主没有给小磊做任何治疗，如果不是幸运遇到民警登记流动人口，小磊可能死在黑窑场都没人知道。

以上是对山西洪洞县黑砖窑事件的一个回顾。如果这仅仅是一个个案的话，那么也许我们从后续国务院派出的工作组的排查结果可以

看到当时整个山西省贩运人口与强迫劳动的一个概况,①数据是惊人的:

山西黑砖窑事件揭露出来以后,国务院派出由劳动和社会保障部、公安部、全国总工会联合组成的工作组于2007年6月15日到达山西,分别到运城、临汾、晋城三个问题较突出的城市开展调查督办。山西省也成立了“打击黑砖窑主,解救被拐骗农民工”的领导小组,在全省部署开展专项整治行动,对全省的小砖厂,小采矿厂,小冶炼厂进行“地毯式”的检查;同时派出由省公安厅、劳动保障厅、总工会参加的三个联合督导组,分赴运城、临汾和晋城,对打击非法用工、解救被拐骗农民工专项行动进行督查、指导。据联合工作组组长,国家劳动保障部党组副书记、副部长孙宝树于8月13日就山西“黑砖窑”事件查处情况所作通报,山西省共检查乡镇各类单位86395户,涉及用工人数192万人,其中砖瓦窑4861户。检查中,共查出无照经营的各类用工单位36286户,占排查单位总数的42%;涉及农民工34万人,占用工总人数的17.7%。查出无证照砖瓦窑3186户,占砖瓦窑总数的65.5%,涉及用工8.1万人,占排查砖瓦窑用工人数的63.3%。其中,有拐骗殴打工人、强迫工人劳动和非法雇用童工、智力残疾人员等严重违法犯罪行为的砖瓦窑17户;有13户无证照的砖瓦窑非法使用童工15名,其中最小年龄为13岁。

在清理整治砖瓦窑过程中,共解救了农民工359人,均得到妥善安置。大部分人员在当地政府的帮助下自行回家,其中,救助智残人员121人,除送返原籍的76人之外,有10人由劳动保障部门在当地福利企业集中安置,有35人由当地行政部门给予救助。对检查中发现的一些用人单位无照经营,非法用工,用工不签订劳动合同、不依法参加社会保险、克扣和拖欠农民工工资、超时加班等违法行为,各地工商、国土资源、劳动保障等部门分别依法进行了处理。

---

① 参见百度百科:《黑砖窑案》,载 http://baike. baidu. com/link? url = hJnI0wwUIrC74X-GTUzTut8WaMhQE_RWDqEpaZ7a1AlpgJFv946NL_hPwyxDH1ENyyPaQyyjg WGWD6izsQlfcp0JA68aFEe_QFG71PDNc3__x7jkiUYd1uLEJYYwT-VE,2016年12月18日访问。

司法机关对涉嫌犯罪的窑主、承包经营者和渎职犯罪的国家公职人员,开展侦查、起诉和审判工作。截至7月31日,山西省司法机关已对“黑砖窑”事件中涉及犯罪的27起69人予以起诉,其中25起60人已依法进行了公开宣判。洪洞县曹生村黑砖窑案中致人死亡的赵延兵被判处死刑,剥夺政治权利终身;包工头衡庭汉以故意伤害罪和非法拘禁罪,执行无期徒刑,剥夺政治权利终身;窑主王兵兵以非法拘禁罪,判处有期徒刑9年。其他打手分别以非法拘禁罪,判处有期徒刑1年6个月至3年不等。

(二)强迫劳动典型事例与判决

那近几年中国人口贩运与强迫劳动的趋势是否有所放缓?抑或中国仍然面临着严峻的人口贩运与强迫劳动的形势呢?也许,我们从审结的系列案件中可以看出一些端倪。我们以“强迫劳动”为全文关键词在北大法宝数据库中,检索出人民法院在2012年以来已经审结了7096件强迫劳动案件;我们同时以“强迫劳动”为标题关键词在北大法宝数据库中,检索出人民法院在2012年以来已经审结了112件强迫劳动案件。需要说明的是,由于我们收集的仅仅是审结并上传至网络的案件,所以,这类案件必然只能反映人口贩运与强迫劳动真实情况的冰山一角,加之北大法宝并未将该类强迫劳动的案件完全收录,因此,此处的案件收集并非是穷尽现实情况的。然而,从这极其受限的搜索范围中,我们已然检索出上述的大量案件,可见我国因人口贩运而导致的强迫劳动之现状是极为严重的。

此外,我们需要在强迫劳动案件中区分出因人口贩运导致的强迫劳动和非因人口贩运导致的强迫劳动。但是否因人口贩运进而导致强迫劳动是学理上对人口贩运目的的延伸结果,利用北大法宝并不能在检索出的强迫劳动案件中作出进一步的检索和筛选,因此,我们只能对各个案件的案情做仔细地阅读和分析。

通过对112件案件的一一阅读和整理,我们发现,因人口贩运导致的强迫劳动主要呈现出以下四种情形:一是贩运人以合法形式掩盖非法目的(贩运人通过招募工人等名义),进而强迫招募来的被害人进行劳动但不支付劳动报酬，以牟取利润的情形。二是直接通过暴力贩运人口并强迫被害人从事劳动。三是强迫无独立判断能力的智障人员从事无偿劳动。四是骗取未成年人的信任，并进而强迫其劳动。以下针对每项情形分别列举了几个案例，从其中法院对案情的具体认定能够更直观地了解上述四种情形，具体参见表1。

表1　以强迫劳动为目的的人口贩运四种类型案件

序号	强迫劳动的类型	法院认定的案件事实	体现案件事实描述的判决
1	以合法形式掩盖非法目的来强迫被害人劳动	a. 被告人范某与李某以招工为名，先后从中介处招来钟某、苏某、周某等三名未成年被害人至本市越秀区王某某、房某某加工场安装手表。期间，被告人范某、李某以上锁禁止外出、殴打和语言威胁等方式强迫三被害人在上述加工场安装手表，并吩咐被告人罗某和同案人丁某（另案处理）帮忙看管和殴打三被害人，致被害人钟某和周某头枕部、颈部、臂部受伤（经鉴定两人均为轻微伤）。 b. 被告人王×指使崔×、马×、杨×（均已判刑）利用招聘员工的方式，骗取熊×1、李×、杨×等人信任，在北京市怀柔区庙城镇大杜两河村79号出租房内，以言语威胁、肢体殴打、锁门等手段，限制熊×1等人人身自由，强迫熊×1等人为其劳动。 c. 被告人张×、张某某到威宁县黑石镇，以口头协议，将林科坤、林学兵、马军的驰林砖厂租赁经营，在经营期间，利用购买、欺骗等方式，将李××、杨××、车××、陈×1、陈×2、陈×3、张×2、邓××、罗××、燕×、何××、张×3等人带到该厂，采用不发工资，扣押身份证、手机，白天不准自由到厂外活动，睡觉的房屋晚上用锁锁住及殴打等方式，强迫工人劳动。	a. 广东省广州市越秀区人民法院刑事判决书（2014）穗越法刑初字第166号刑事判决书（范某、李某、罗某强迫劳动罪案）。 b. 北京市怀柔区人民法院（2014）怀刑初字第93号刑事判决书（王×强迫劳动案）。 c. 贵州省威宁彝族回族苗族自治县人民法院（2014）黔威刑初字第92号刑事附带民事判决书（张某某强迫劳动案）。

续表

序号	强迫劳动的类型	法院认定的案件事实	体现案件事实描述的判决
2	直接通过暴力贩运人口并强迫被害人从事劳动	a. 2009 年 1 月至 2011 年 3 月 19 日，被告人王某某 2、王某某 4、赵小旦（另案处理）先后在河南省焦作市修武县西村乡西村赵顺平窑厂、修武县西村乡洞湾村薛国太砖粉厂、焦作市解放区上白作乡狮涧村硫酸铝厂、武陟县龙源镇任徐店李保明窑厂、河南欧凯肥业有限公司承包各种零活期间，对被害人李某某、蔡某某、马某、陈某、姚某某 1、陈某某、袁某某、毛某某 1、姚某某、董某某等外地工人以限制人身，不发工资等方式强迫被害人进行劳动，晚上睡觉的时候将被害人锁在屋里，只有大便才让出去，空闲时也将他们拘禁在屋里。2011 年 3 月 20 日至 2011 年 9 月，被告人王某某 2 承包新乡市平原新区桥北乡盐店庄耿建义窑厂砖机期间，伙同被告人王某某 4、王某某 3 和赵小旦以不发工资、限制人身自由等方式强迫李某某、蔡某某、陈某、姚某某 1、陈某某、毛某某 1、姚某某、董某某等外地工人进行劳动，并对工人随意打骂。 b. 2012 年初至 2013 年 4 月期间，被告人王某某 1、田某某 2、田某某在位于登封市中岳办事处 2 路公交终点站附近自家经营的废品收购站内，采取殴打、辱骂等方式，限制刘某甲、刘某乙、刘某丙的人身自由，强迫三名被害人在废品收购站内从事废品收购等体力劳动。期间，三名被告人将刘某甲左臂、刘某乙右小腿打伤。经鉴定，刘某甲、刘某乙的损伤程度均为轻伤。	a. 河南省新乡市中级人民法院（2013）新刑一终字第 14 号刑事判决书（王某某 2 等强迫劳动案）。 b. 河南省郑州市中级人民法院（2014）郑刑二终字第 61 号刑事裁定书（王某某 1 等强迫劳动、强奸、故意伤害案）。

续表

序号	强迫劳动的类型	法院认定的案件事实	体现案件事实描述的判决
3	强迫无独立判断能力的智障人员从事无偿劳动	a. 被告人李甲伙同谭乙、赵丙、徐丁(已判刑)等人,在西平县益源墙材有限公司招募、雇佣智障民工,对民工实行恐吓、殴打、限制人身自由等方式强迫民工劳动。 b. 2011 年 2 月,被告人常某某在西平县吕店乡宋庄村魏某某(另案处理)开办的寺山新型墙材有限公司承包制砖工程,使用智障民工,并伙同被告人唐某某对智障民工进行恐吓、殴打、限制人身自由等方式强迫工人劳动。 c. 2005 年,被告人王某在驻马店市驿城区橡林乡塘坊村委岽子营村组南侧开办琦翔建材厂。2008 年,王某与被告人闫某才签订用工协议,由闫某才负责生产成品砖。闫某才在生产期间招用多名智障人员,伙同被告人尚某勤等人采取限制人身自由的方法强迫智障人员在该厂生产成品砖。 d. 2011 年 8 月开始,被告人刘某某、倪某某陆续将蒋××、黎××等十六名智障人员关押在龙水金矿平桂管理区望高镇留守处 11 区 152 栋 1 号房,日常由刘某某、倪某某雇佣的被告人倪某某 1 负责做饭和关锁智障人员。刘某某、倪某某每天与平桂管理区的大理石粉体厂联系到有搬运业务后,用刘某某的面包车将上述智障人员拉到大理石粉体厂搬运粉体,做完工后又把智障人员拉回望高镇留守处 11 区 152 栋 1 号房关押。所得劳务费除去智障人员食宿和倪某某 1 工资外由刘某某、倪某某所有。	a. 河南省西平县人民法院(2014)西刑初字第 52 号刑事判决书(李甲强迫劳动案)。 b. 河南省驻马店市中级人民法院(2012)驻刑一终字第 104 号刑事裁定书。 c. 河南省驻马店市驿城区人民法院(2012)驿刑初字第 26 号刑事判决书(闫某才等强迫劳动案)。 d. 贺州市八步区人民法院(2012)贺八刑初字第 75 号刑事判决书(刘某某等强迫劳动案)。 e. 平顶山市宝丰县人民法院(2014)宝刑初字第 22 号刑事判决书(刘某某强迫劳动案)。

续表

序号	强迫劳动的类型	法院认定的案件事实	体现案件事实描述的判决
		e.2013 年 8 月 1 日，被告人刘某某和其朋友“占伟”(另案处理)开车从河南南阳回宝丰县赵庄村刘某某家，途经鲁山县江河机械厂附近时，遇到智力残疾(等级为二级)的被害人侯某某，二人将侯某某带至刘某某家中，后刘某某安排“占伟”带着被害人侯某某及其之前收留的其他三个残疾人，到刘某某家隔壁陈某某所开的建材门市部从事装卸水泥工作，陈某某每月支付给刘某某 3000 元报酬和每日 10 元钱的馒头，刘某某给侯某某等人每日提供简单的饭菜和住宿，但从未给被害人侯某某支付劳动报酬，期间侯某某经常遭到被告人刘某某及“占伟”的殴打，并对侯某某进行看管不让其离开。自 2013 年 8 月 1 日起，被害人侯某某家人张贴寻人启事多方寻找侯某某，并到公安机关报警。2013 年 8 月 31 日被害人侯某某邻村的崔某从汝州回鲁山，途经宝丰县赵庄村时发现侯某某在被告人刘某某家，欲将侯某某带走时遭到刘某某及其家人阻拦，后崔某报警将侯某某救出。经鉴定，被害人侯某某的伤情为轻微伤。	

续表

序号	强迫劳动的类型	法院认定的案件事实	体现案件事实描述的判决
4	强迫未成年人从事无偿劳动	2011年农历二月,被告人陈某伙同被告人王某甲将未满十六周岁的被害人王某乙带至浦江县浦南街道浦南村角山院,以暴力、限制人身自由的方式,强迫王某乙超长时间工作,为其磨水晶谋取利益,直至2012年9月11日案发。2012年3月28日,被告人陈某未经王某丙的监护人方某的同意便将未满十四周岁的被害人王某丙带至浦江县浦南街道浦南村角山院,随后,在方某打电话询问时才告知王某丙被带往浦江。嗣后,被告人陈某伙同被告人王某甲以暴力限制其人身自由,强迫王某丙超长时间工作,为其磨水晶谋取利益,直至2012年9月11日案发。	浙江省浦江县人民法院(2013)金浦刑初字第616号刑事判决书。(陈某等强迫劳动案)

(三)争议:强迫乞讨

在现实生活中,除了上述事例和判决中涉及的强迫劳动情形外,近年来因发生频率增多而备受关注的强迫乞讨事件也应当引发我们的深思。据《潇湘晨报》报道,2016年8月27日上午,一名湖南籍彭姓男子在街头乞讨时意外被老乡发现,该乞讨男子是失踪了12年后才在广州街头被发现的,但发现该男子时,该男子的双腿已被截去,并疑似被人强迫乞讨。[①] 2014年经凤凰卫视在《社会能见度》栏目中报道的“东莞丐帮调查”显示,“丐帮帮主”刘某从2013年1月起,伙同郑某从陕西老家将阿云等7名患有听力和言语残疾的儿童骗至广东强迫乞讨。刘

① 新华社新媒体专线:《男子失踪12年在广州被发现　疑双腿被截强迫乞讨》,载http://news.163.com/16/0830/09/BVN3SP64000146BE.html,2016年12月14日访问。

某对这些残疾儿童规定了每天乞讨的任务，没有完成任务将要受到惩罚。①

实际上，在2006年《中华人民共和国刑法修正案（六）》正式实施后，组织残疾人、儿童乞讨的行为已经受到刑法的严厉制裁；2007年8月21日深圳市福田区人民法院对全国首例强迫乞讨案作出宣判。②只是在理论上，"乞讨"能否构成一种劳动行为还存在争议。对于强迫乞讨的行为，我国刑法一般分三种情形进行处理：其一，如果是强迫正常的成年人进行乞讨的，可能构成非法拘禁罪。其二，如果存在强迫被害人进行乞讨的行为，且造成被害人人身伤害或造成被害人死亡的，可能构成故意伤害罪或故意杀人罪与非法拘禁罪的竞合。其三，如果是强迫残疾人、儿童进行乞讨的，可能构成组织残疾人、儿童乞讨罪与非法拘禁罪的竞合。造成被害人人身伤害或造成被害人死亡的，还可能构成故意伤害罪或故意杀人罪。

二、强迫劳动侵害的原因分析

我国的人口贩运活动形势极为严峻，同时因人口贩运行为而导致的强迫劳动也给社会带来了极大的危害，特别是给已经处于社会弱势群体地位的妇女、未成年人和残疾人等造成了二次伤害。那么，我们需要追问的是：这种状况是如何产生的？是被害人自身的软弱和无知？是人口贩运者和强迫劳动行为实施者的泯灭人性和丧尽天良？还是社会和国家制度保障的缺失？还是这些因素都不同程度地存在？

---

① 中国网：《丐帮乞讨有任务打残威逼触目惊心　揭秘东莞丐帮惊人黑幕》，载 http://news.0898.net/n/2015/1218/c231186-27350550-2.html，2016年12月15日访问。

② 王清臣和宫继兰系一对夫妇，2000年从安徽老家来到深圳，但他们在深圳的生活极为窘迫。穷则思变，他们便租赁残疾儿童小梅、小宁等在深圳街头乞讨，小梅、小宁每日乞讨的钱款皆归该夫妇所有。后为警方抓获，被深圳市福田区人民法院以组织残疾人、儿童乞讨罪判处1年2个月至2年不等的有期徒刑，并处罚金人民币5000元至10000元。李伟雄：《法制与新闻：全国首例强迫乞讨案背后》，载 http://news.qq.com/a/20071011/003767.htm，2016年12月15日访问。

首先,就上述事例和判决中呈现出的被害人的特点来看,他们一般都是生活窘困、文化程度较低的社会群体,很多甚至是听力、言语和身体有缺陷的残疾人或者精神和智力发展不健全的智障人员。这些处于中国底层的社会群体,由于自身条件的局限,往往每天都在生存线上挣扎,加之自身判断能力的不足,就很容易被各种有时并不是很大的诱惑所欺骗,也因此最容易受到伤害。

其次,就人口贩运者和强迫劳动行为实施者而言,一方面,是他们抓住了被害人经济上窘迫、渴求生存的弱点;另一方面,也是因为从事人口贩运和强迫劳动存在巨大的牟利空间,加之人口贩运活动以及后续的强迫劳动,可以通过各种手段,使得该活动显得隐蔽而难以发现,从而降低了他们违法犯罪的成本,这才使这些人口贩运者和强迫劳动行为实施者铤而走险。至于他们在从事人口贩运活动和强迫被害人劳动过程中作出的诸种令世人声讨的恶劣行为,则是他们为了达成违法、犯罪目的而经常采取的手段。

最后,就社会和国家的制度保障而言,我国的经济发展水平仍然有待提高而一时无法消除社会中的一切贫困现象。同时我国相关的社会保障制度还不健全,这就使那些处于社会最底层的人在一定程度上还要靠自身的努力去维持生存。加之人口贩运活动和随后的强迫劳动行为的隐蔽性而使国家侦查机关难以有效发现该类违法、犯罪行为。此外,还存在一些政府机关及其工作人员的监管不力等问题。以上种种也进一步导致我国人口贩运活动和强迫劳动的严峻形势难以在短时期内得以改观。

从以上论述可知,导致人口贩运活动和强迫劳动行为猖獗的原因包括经济、文化、社会和国家等诸多方面的因素,在生活上的贫困、文化水平的低下、社会保障制度的不健全和国家相关部门的监管不力等因素的综合作用下,导致了中国面临着严峻的人口贩运与强迫劳动之防治形势。因此,如果能提高国民的生活水准,让人口贩运和强迫劳动的被害人不致再为自身的生存而苦苦挣扎,让人口贩运和强迫劳动的实施者不用再通过高风险的违法犯罪行为来谋求经济利益,也许人口的买卖市场将大幅萎缩甚至消失;如果能够推进全社会公民的受教育水平，培养公民劳动和就业的技能，丰富公民的精神生活，也许公民对各种人口贩运和强迫劳动的欺骗行径很快就能有所识别和辨认，也可减少人口贩运者和强迫劳动行为实施者的可乘之机；如果能够健全国家的社会保障制度，也许公民就能使自身的生存有所保障，不致因维护自身和家庭的生存而焦虑，也就能静心再去谋求生活之道，不致在极小的诱惑中迷失自我，也就不容易陷入人口贩运者所设置的或隐或现的圈套之中；如果国家相关部门能够提高对人口贩运活动和强迫劳动行径的监管力度，也许人口贩运活动和强迫劳动行为的实施者之违法、犯罪成本将急剧提高，行为者也就不敢再如此猖獗，人口贩运活动和强迫劳动的受害人也就会及早得以解救并获得国家的后续帮扶和救助。

三、强迫劳动侵害所涉基本权利保护

（一）人的尊严：概括性的基本权利理念

“人的尊严”是指一个人得以自主、体面地生存和发展，内涵了人具备高贵的内在品质，是能够自主、自由和自治的行为体之意义。这种“人的尊严”源于一个人是作为理性的存在，而非任何外在制度或人为的赋予，它是人与生俱来的，是一种自然尊严。自《联合国大宪章》颁布以来，“人的尊严”就为各国际条约、协定和各国国内具有法律效力的规范性文件所屡屡提及，也为各国所重点保障。在德国宪法中，“人的尊严”被视为最高的价值，被用以统摄整部宪法典，并被认为是宪法典中不可修改的条款。

既然世界各国对“人的尊严”如此推崇，那何为“人的尊严”就成了一个必须进一步解答的问题。德国学者 Albert Bleckmann 将“人性尊严”等同于“自治”，认为：“人性尊严之要件，系每个人得在其行为与决定上有自由，而且任何人都享有同等自由。因此，基本法的人性观，系指平等、自由之个人，在人格自由发展下，自由决定其生活方式、未来及行为。”[①]也就是说，所谓“人性尊严”或“人的尊严”是指个人对自我事

① 转引自李震山：《人性尊严与人权保障》，元照出版公司 2000 年版，第 13 ~ 14 页。

项的决定权。质言之，在涉及关乎自身切身利益时，个人得自我判断、选择和作出决定。我国大陆学者胡玉鸿教授将“人的尊严”之法律内涵概括为四点：(1)人的尊严是人的一种自然尊严，它不因个人的出生、性别、地位、成就或信仰而有差别。(2)人的尊严要求个人对于涉己事务能够自我决断，在日常生活中能够表达、展示和发展自我。(3)根据“人的尊严”的法律意涵，人的主体性体现在权利主体、义务主体和责任主体等三个方面。(4)对于“人的尊严”而言，国家和社会更多的是以义务主体的角色而出现。① 我国台湾地区著名公法学者陈清秀教授认为，“人的尊严”具体而言表现为以下五项内容：(1)对个人人格的独立价值之尊重；(2)对自身专属性事务之自主决定；(3)对个人隐私领域之尊重；(4)有人性尊严的生活得以维持；(5)个人的自我治理与自我决断。② 我国台湾地区的另一名学者蔡维音教授则将“人的尊严”具体细分化为五项：(1)人格的自主发展；(2)安全；(3)得以保障基础生存；(4)平等；(5)促进福祉的最大化。同时，蔡维音教授还对上述五项基本价值的内涵进行了界定，并对各种保护模式进行了列举。③

(二)类型化的基本权利保护

“人的尊严”在各国宪法中都只是一种抽象的、价值与理念层面的表述，各国一般都通过一系列较为具体的基本权利来进一步落实该项价值。在人口贩运与后续的强迫劳动中，主要牵涉到的宪法上的基本权利有：人身自由权、生命权、劳动权和休息权。

1. 人身自由权

“人身自由，又称身体自由，是指公民按照自己的意志和利益，在法律规定的范围内作为或不作为以及人身不受他人约束、妨碍、强迫和控制的权利。”④我国《宪法》第 37 条第 1 款和第 37 条规定：“中华人民

---

① 胡玉鸿：《“人的尊严”的法理疏释》，载《法学评论》2007 年第 6 期。

② 参见陈清秀：《宪法上人性尊严》，载《李鸿禧教授六秩华诞祝寿论文集》，月旦出版社股份有限公司 1997 年版，第 99 页。

③ 参见蔡维音：《社会国之法理基础》，正典出版文化有限公司 2001 年版，第 33 页。

④ 朱福惠主编：《宪法学原理》，厦门大学出版社 2011 年版，第 361 页。

共和国公民的人身自由不受侵犯。”“禁止非法拘禁和以其他方法非法剥夺或者限制公民的人身自由，禁止非法搜查公民的身体。”从性质上讲，人身自由权是一项消极性的权利，即防御他人侵害（在传统上主要是防范来自国家的侵害）的权利。从地位上看，人身自由权是人权的核心领域，是不可侵犯的存在，人之存在的最基本的需求在于自由，同时个人自由是人格实现的前提。正是因为人身自由权如此重要，它才备受珍视。从内容上看，人身自由权主要包括两项内容：保持身体活动的权利和保证身体完整[①]的自由。

“人口贩运”，是指为剥削目的而通过暴力威胁或使用暴力手段，或通过其他形式的胁迫，通过诱拐、欺诈、欺骗、滥用权力或滥用脆弱境况，或通过授受酬金或利益取得对另一人有控制权的某人的同意等手段招募、运送、转移、窝藏或接收人员。在人口贩运活动特别是以强迫劳动为目的的贩运行为中，为了控制被害人，人口贩运和强迫劳动行为的实施者必然需要通过各种强制手段（包括但不限于殴打、辱骂、扣押身份证件等）限制被害人的人身自由。[②] 更为严重的，可能就是像前文述及的强迫被害人去乞讨的事例或案例中所描述的：为了让被害人的“相”更好，而采取人为手段致使被害人残疾，以使被害人乞讨的“相”更足以博取世人同情，从而使得乞讨得来并上交给违法犯罪行为人的财物更丰厚。上述的这些情形，都严重侵犯了被害人的人身自由和身体完整，是对被害人人身自由权的野蛮践踏。

2. 生命权

生命权是公民最基本的人权，是公民行使一切其他权利的前提。

---

① 这在古代主要是为了反对酷刑，现在不常有这种提法，因为这已经成为共识。在当前的人口贩运与随后的强迫劳动活动中，却有强调的必要，因为正如前文所述，在强迫劳动中，行为人为了控制和利用被害人，往往采取一些极端的手段，如殴打、辱骂，严重时则是对被害人进行截肢、扭断手脚等残忍的行为。

② 正如前文所引述的人民法院判决所认定的案件事实一样：“晚上睡觉的时候将被害人锁在屋里，只有大便才让出去，空闲时也将他们拘禁在屋里”或者“采用不发工资，扣押身份证、手机，白天不准自由到厂外活动，睡觉的房屋晚上用锁锁住及殴打等方式，强迫工人劳动”等。

法学界对生命权进行了各种形式不一的定义，[①]但对生命权却也达成了基本的共识：生命权是指人们维护自身生存且免遭危险的权利。相关学者对生命权内容的界定，基本认为生命权包括生命存在权、生命安全权和一定的生命自主权。生命存在权是指人们有按照自然的规律存活于世且不被非法剥夺生命的权利；生命安全权是指人们有权存在于安全的环境中，其生命不受威胁的权利；生命自主权是指人们有权终止自身生命的权利，当然这项权利在不同的国家会受到不同程度的限制，如是否允许安乐死就是各国一直在讨论但却未能达至共识的一个话题。[②]

在人口贩运活动和随之而来的强迫劳动中，一般侵犯的是被贩运人员的人身自由权，但却也存在侵害被贩运人员生命权的情形。例如，在前述的2005年震惊全国的山西黑砖窑事件中，就有被贩运人员的打手将被贩运人员打死的情况发生。在强迫被贩运人员乞讨的事件中，也不乏“丐帮头目”被贩运人员重伤之后将被贩运人员遗弃而死亡的事例。这些情形都是对公民生命权利的无视，是对公民基本权利的最严重地侵犯。

3. 劳动权和休息权

劳动权是指有劳动能力的公民，有权要求国家和社会提供劳动的机会，自身从事劳动并获得相应报酬的权利。我国《宪法》第42条规定：“中华人民共和国公民有劳动的权利和义务。”劳动权是公民赖以生存的权利，是获得其他权利的物质保障。劳动权具体包括劳动就业权和获得报酬权两项权利。休息权则是指劳动者进行休养的权利。我

---

① 宪法学者、民法学者、刑法学者和法理学者早期就对生命权下了各种各样的定义，分别可参见李步云主编：《宪法比较研究》，法律出版社1998年版，第462～463页；刘连泰：《国际人权宪章与我国宪法的相关比较》，载《中共浙江省委党校学报》1999年第5期；杨海坤主编：《宪法学基本论》，中国人事出版社2002年版，第125页；郑贤君主编：《宪法学》，北京大学出版社2002年版，第223页；胡锦光、韩大元：《中国宪法》，法律出版社2004年版，第262页；王利明、杨立新、姚辉编著：《人格权法》，法律出版社1997年版，第50页；江平主编：《民法学》，中国政法大学出版社2000年版，第281页；翟滨：《生命权内容和地位之检讨》，载《法学》2003年第3期；陈兴良：《论人权及其刑法保障》，载《法学前沿》（第1卷），法律出版社1997年版；赵雪钢：《功利主义人权观批判》，载徐显明主编：《人权研究》（第2卷），山东人民出版社2002年版，第121页。

② 上官丕亮：《生命权的宪法保障》，苏州大学2005年博士学位论文，第12～13页。

国《宪法》第43条规定:“中华人民共和国劳动者有休息的权利。”休息权是公民从事生产和生活的必要保障,是公民对自身活动的合理与自主地安排,任何个人和组织不得非法侵害该项权利。[①]

从前文事例和法院判决认定的事实可知,在强迫被贩运人员劳动的违法、犯罪活动中,人口贩运者和强迫劳动行为实施者往往强制被贩运人员长时间、高强度地从事他们强行施加的各种劳动任务且不给予劳动报酬,在被贩运人员稍有懈怠时,往往对之进行殴打和辱骂。在劳动过程中,也仅仅是给予被贩运人员馒头等充饥以保证被贩运人员能够维持他们的劳动进度。在长时间的劳动之后,人口贩运者和强迫劳动行为实施者也仅仅是提供给被贩运人员极为简陋的住宿,为了防止被贩运人员逃跑,还常常附加以捆绑、给门窗上锁等强制措施。强迫劳动行为实施者的上述行径严重侵害了被害人选择是否劳动、从事何种劳动、以何种方式劳动等劳动相关的权利,强迫被贩运人员长时间不停歇地从事劳动还侵犯了被贩运人员自主安排自身活动和进行适当休息、休养的权利,是对被贩运人员基本权利的严重侵犯。

四、强迫劳动侵害的具体治理机制

前文述及中国面临着严峻的人口贩运与随之而来的强迫劳动的防治形势,被贩运人员在此过程中遭受人格之践踏与基本权利之侵害,进一步需要考虑的问题则是如何落实维护被贩运人员作为公民之人格尊严以及相应的基本权利。实质上,这是履行国家对公民的保护义务,涉及的是国家对被贩运人员的制度化保障机制的设计问题。同时,由于本书开篇即以法治化的4P策略[预防(Prevention)、保护(Protection)、合作(Partnership)、起诉(Prosecution)]为导向,拟设计出以“受害人保护为中心”之防制途径。因此,本部分也将从上述诸方面展开论述。

在防治人口贩运活动和随之而来的强迫劳动时,国家承担着保护被贩运人员人身自由权、生命权、劳动权和休息权等基本权利的义务。学界关于国家对于公民基本权利的实现应当履行何种义务有诸种观

---

① 朱福惠主编:《宪法学原理》,厦门大学出版社2011年版,第372~373页。

点,主要包括三项:尊重的义务、保护的义务和实现的义务。国家对公民基本权利的尊重义务,是指国家对公民基本权利的行使采行消极不干预的态度;国家对公民基本权利的保护义务,是指国家确保公民基本权利不受第三方侵害的义务;国家对公民基本权利的实现义务,是指国家积极创造各种条件实现公民权利的情形。[①] 在人口贩运与强迫劳动的防治过程中,国家对公民履行的主要是保护义务。

此外,基于合作的治理目标,对于强迫劳动活动的治理,还应充分吸纳非政府组织和个人的参与。对于人口贩运和强迫劳动活动的阻断就是建立在行政机关、法律法规授权的组织与非政府公共组织共同治理的基础上的,充分发挥传统公权力主体的作用。传统的公权力主体仍然是治理人口贩运与强迫劳动的主线,而发挥非政府公共组织协同共治的补充功能也是不可或缺的事项,这将有助于人口贩运与强迫劳动等违法、犯罪活动的识别,有助于对被贩运人员的及早救助。以下将详细阐述强迫劳动阻断机制的具体措施。

---

① 参见[丹麦]伊达·伊丽莎白·库什:《不可分割权利的司法裁判性》,载网络指导委员会编:《中国人权年刊》(第1卷),社会科学文献出版社2004年版,第41页。实际上,这种观点主要来自国际人权公约的规定:1966年12月16日联合国大会通过的《公民及政治权利国际盟约》(我们通常所说的《公民权利和政治权利国际公约》)第2条明确规定:"一、本公约每一缔约国承担尊重和保证在其领土内和受其管辖的一切个人享有本公约所承认的权利,不分种族、肤色、性别、语言、宗教、政治或其他见解、国籍或社会出身、财产、出生或其他身份等任何区别。二、凡未经现行立法或其他措施予以规定者,本公约每一缔约国承担按照其宪法程序和本公约的规定采取必要的步骤,以采纳为实施本公约所承认的权利所需的立法或其他措施。三、本公约每一缔约国承担:(甲)保证任何一个被侵犯了本公约所承认的权利或自由的人,能得到有效的补救,尽管此种侵犯是以官方资格行事的人所为;(乙)保证任何要求此种补救的人能由合格的司法、行政或立法当局或由国家法律制度规定的任何其他合格当局断定其在这方面的权利;并发展司法补救的可能性;(丙)保证合格当局在准予此等补救时,确能付诸实施。"具体参见 http://www.un.org/chinese/hr/issue/ccpr.htm,2016年12月16日访问。1999年联合国经济、社会、文化委员会第二十届会议第二十三次会议通过的《关于取得足够食物的权利的一般意见》(又称第12号一般性意见)明确指出,人权对缔约国规定了三个类型或层次的义务:尊重、保护和援助/履行的义务。其中,实现的义务又包括提供便利的义务和直接提供帮助的义务。具体参见 http://hrlibrary.umn.edu/chinese/CHgencomm/CHgencomment12.htm,2016年12月16日访问。

(一)人口贩运与强迫劳动的预防机制

阻断人口贩运及随后的强迫劳动不能仅依靠事后的惩罚,还应当对该项违法、犯罪活动进行预防,如此方能达至阻断之功效。然而,由于人口贩运活动及其强迫劳动等违法、犯罪活动手段多样、地域纵横且过程隐蔽,这极大地增加了国家和社会治理该项活动的难度,也即预防和识别机制由于缺乏对象的明确性而较难建立。当然,可行的做法还是具备,我们认为,大体可从以下诸方面努力:

其一,加强人口贩运与强迫劳动的宣传和教育,提高公民防范意识。相关政府部门应当通过电视、报纸、广播、网络、学校等媒介,对公民展开人口贩运与强迫劳动方面的事例和判例宣传,传授给公民识别和防治陷入贩运行为人圈套的方法,提高公民防范人口贩运与强迫劳动的意识。

其二,建立失踪人口警报机制。国家公安机关应当确立相应的人口失踪警报机制,在必要时启动应对。当发生人口失踪事件,当事人亲属或他人向公安机关报案时,公安机关应当将相关情况录入办公系统,上传至全国联网系统。若失踪人口较大规模地出现或在短时间内连续发生,则相关公安机关应当启动预警机制;若在联网系统上发现关联性的人口失踪事件,则可以考虑合并侦查。

其三,建立人口贩运与强迫劳动的识别机制。如何在日常生产和生活中识别出人口贩运与强迫劳动的违法、犯罪活动,这很多时候需要依赖政府、社会和公民个人的协同预防和治理。这种协同预防和治理以致识别出人口贩运与强迫劳动的违法、犯罪活动,在日常生产和生活中可以体现在诸多方面,例如,公安机关户籍登记人员在户籍录入时可能发现的可疑情况,医院医护人员在从事医护工作时可能发现的可疑情况,①公民在日常活动中发现了可疑的情形;等等。这些识别机制,在相关地区(如我国台湾地区)的立法上也有所体现,可以借鉴作为防

① 如在强迫劳动过程中,违法犯罪行为人可能致被害人身体受伤而将被害人带到医院进行简单救治。

治人口贩运与强迫劳动的一个参考。[①]

(二)人口贩运与强迫劳动活动的发现机制

对人口贩运活动与随后的强迫劳动的治理始于发现贩运者和强迫劳动行为实施者,所以,设置事前发现型的治理程序就成了首先要考虑的问题。治理主体欲发现人口贩运者与强迫劳动行为实施者,一般需基于对人口贩运活动以及随后的强迫劳动的侦查。各种国际组织已经对这种侦查进行了探索,这种探索的努力体现在以下文件当中:国际刑警组织制定的《侦查方面最佳做法手册》、[②]国际警察首长协会颁发的《鉴别和侦查贩运人口的执法指南》、[③]美国国际开发署罗马尼亚办事处颁行的《执法最佳做法手册》[④]和被认为是最权威的联合国毒品与犯罪问题办公室制定的《打击人口贩运活动工具包》。[⑤] 这些文件的制定机构各不相同,但却都是为了预防和打击在世界范围内已经十分猖獗的人口贩运活动而出台。同时,这些文件在侦查人口贩运活动的模式方面还采取了相同的划分方法,即都将人口贩运活动的侦查模式归结为三种:主动型侦查模式、回应型侦查模式和扰乱型侦查模式。主动型侦查模式一般是基于侦查机关的情报工作或基于证人的举报而引发的

---

① 例如,台湾地区的"人口贩运防制法"第6条是关于"人口贩运预防及鉴别"的概括性规定:"'中央'主管机关应结合相关目的事业主管机关、地方政府及民间团体,积极办理人口贩运之宣导、侦查、救援、保护、安置及送返原籍国(地)等相关业务,并与国际政府或非政府组织办理各项合作事宜,致力杜绝人口贩运案件。"第9条规定了预防和鉴别人口贩运活动的可能途径:"警察人员、移民管理人员、劳政人员、社政人员、医事人员、民政人员、户政人员、教育人员、观光业及移民业务机构从业人员或其他执行人口贩运防制业务人员,在执行职务时,发现有疑似人口贩运案件,应立即通报当地司法警察机关。司法警察机关接获通报后,应即接办处理及采取相关保护措施。前项以外之人知悉有疑似人口贩运案件时,得通报当地司法警察机关。前二项通报人之姓名、住居所及其他足资识别其身份之资讯,除'法律'另有规定外,应予保密。"第10条则对相关主管机关提供人口贩运活动举报通道的义务做了规定:"司法警察机关及劳工主管机关应设置检举通报窗口或报案专线。"

② 关于该手册的更多信息可参见 www. interpol. int/Public/ICPO/Fact Sheets/THB02. pdf。

③ 关于该手册的更多信息参见 www. theiacp. org/research/VAWPoliceResponse. html。

④ 关于该手册可在以下网址查阅:www. undp. ro/governance/Best% 20Practice% 20Manuals。

⑤ 关于该工具包的相关信息可查阅:http://www. unodc. org/documents/humantrafficking/TIP-Toolkit-Chinese. pdf。

侦查，它以执法人员为主导；回应型侦查模式是因人口贩运的被贩运人举报而引发的侦查之情形，它是以被害人为主导的侦查模式；扰乱型侦查模式则是在侦查机关不便或不能采取主动型侦查模式和回应型侦查模式时，为了扰乱人口贩运者的活动而采取的一些策略性做法。[①] 我们认为，针对因人口贩运活动而导致的强迫劳动，治理主体应当优先采用主动型侦查模式，尽量利用所收集到的情报来发现和预防强迫劳动行为实施者，主动出击并解救深陷黑砖窑、黑煤窑等的受害者。在强迫劳动活动已经发生时，治理主体应当进一步综合运用扰乱型侦查和回应型侦查，以避免被害人遭受更大的危险和损害，最后将被害人成功解救出来。

（三）人口贩运与强迫劳动的协同共治机制

如前所述，在治理人口贩运活动时，我们需要国家公权力主体与非政府公共组织等多元主体的协同共治，针对随后的强迫劳动也理当如此。

其一，在防治人口贩运与强迫劳动的资金来源上，应当倡导一种国家拨款与社会捐赠等多渠道资金筹措方式，建立预防和打击强迫劳动的专项基金，为预防和打击因人口贩运而导致的强迫劳动的专项整治活动提供经费保障。经费是防治人口贩运的物质前提，而国家财政总额有限且防治人口贩运是全社会的事业，应当积极争取社会团体、公益机构、企事业单位和个人的捐助，充分调动社会力量来共治人口贩运与强迫劳动。

其二，在防治人口贩运与强迫劳动的人员组成上，应当以社区组织等基层单位为基础，充分调动公民（特别是在强迫劳动多发行业工作的人员）参与的积极性，建立一种多部门、多机构、复合人员组成的群治群防体系。只有在最基层公民与强迫劳动多发行业工作人员参与的基础上，才能真正让人口贩运与强迫劳动的防治体系更加广泛和深入，才能让人口贩运与强迫劳动的违法、犯罪活动无处藏身。

其三，在相关政府部门开展人口贩运与强迫劳动的专项行动时，充

---

① 姚家儒：《论拐卖人口犯罪的侦查模式》，载《四川警察学院学报》2010 年第 1 期。

分发挥全体公民的力量更显得必要和有意义。除了政府相关部门(如公安机关)自身的侦查行为外,也应当充分调动社会组织和公民个人来检举、揭发黑砖窑、黑砖场等强迫人口贩运被害人从事无偿劳动的情形。通过国家和社会力量的联合互动,广辟线索,及早发现并介入对人口贩运与强迫劳动的打击,从而解救人口贩运与强迫劳动的受害人。

(四)人口贩运与强迫劳动的被害人保护和救助机制

在解救人口贩运与强迫劳动的被害人之后,随之而来的就是如何对被害人进行有效保护和救助的问题。

一方面,在解救人口贩运与强迫劳动的被害人之后,要对之进行有效保护。这种保护主要体现在以下几方面:一是对于疑似人口贩运与强迫劳动的被害人,在对之进行了初步鉴别后,应当为其提供安置保护措施,使被害人的生活得以暂时稳定下来。对于被害人非本国人员的,应当给予其暂时的居留本国境内的许可。这些措施也是对被害人进行后续救助(如进行医疗救助或心理救助等)的前提。二是为人口贩运与强迫劳动的被害人提供人身安全保护措施。人口贩运与强迫劳动的被害人在逃离贩运行为人的控制后,还有被重新抓回的风险,此时相关国家机关还应当为其人身安全提供相应的保护措施,以免被害人再次陷入危险之中而遭受第二次的伤害。三是对人口贩运与强迫劳动的受害人提供信息保护。这种信息保护措施,主要是指对被害人的姓名、年龄、籍贯、婚姻、财产、亲属、原工作单位、居所等关乎被害人个人隐私的信息进行保密所采取的系列举措。保护人口贩运与强迫劳动的受害人的个人信息,部分原因是为了保护被害人的人身安全,以免其为贩运人员所再次发现;另有部分原因则是为了避免被害人信息公开后,他人对被害人的社会评价使被害人面临太大的社会舆论压力而对被害人造成二次心理伤害。

另一方面,还应当对人口贩运与强迫劳动的被害人提供救助措施。这种救助措施,主要是为恢复被害人在身体上和心理上的伤害而采行的。具体而言,这类救助措施主要包括以下几方面:一是必要的医疗救助。对被害人进行医疗救助,主要是在被害人身体遭受损害的情况下实施的。例如,在黑砖窑窑主强迫被害人劳动时,可能会采取诸如殴打、不给足够的食物等措施，这些都会造成被害人身体的受损，因此，皆有医疗之必要。二是翻译服务。为被害人提供翻译服务，主要是针对非本国的被害人而采行的。这是一个国家基于其国际条约义务或出于人道主义关照而实施的行为。三是心理咨询和救助服务。被害人如果长期被强迫劳动，将可能造成其心理上的麻木或创伤，在将被害人解救出来后，对其进行适度的心理干预和医疗，也是在所难免之事。四是法律协助义务。在人口贩运和强迫劳动的被害人事后提起追诉，欲追究人口贩运与强迫劳动违法、犯罪行为人的责任，而被害人自身又生活窘困、知识贫乏而无力为之时，国家应当适时伸出援手。五是必要的经济补助。人口贩运与强迫劳动的被害人，往往都是因为自身生活窘迫才会轻易陷入违法犯罪行为人的魔窟，在其被解救之后，生活可能依然举步维艰，国家此时应当给予被害人适当的经济补助，以使被害人有基础和信心重新开始生活和回归社会。

总之，人口贩运活动的最终目标指向之一即为强迫劳动，中国面临着严峻的人口贩运与强迫劳动的形势，现实中黑砖窑和强迫乞讨事件的频发，其手段的残酷性常常令世人震惊，是对公民人身自由权、生命权和劳动权等基本权利的严重侵犯，也对社会造成了极其恶劣的影响。造成中国目前严峻的人口贩运与强迫劳动防治形势的原因是多方面的，是经济、文化、社会等多种因素综合作用的结果。如何通过有效的制度设计，对人口贩运与强迫劳动进行有力打击，如何提高受害人的防范意识，如何加强对受害人的事后救助等，都是我国当前需要直面的课题。

第六章　器官买卖杜绝机制

一、现状和问题

（一）器官买卖的定义及现状

我国自20世纪60年代开展器官移植以来，技术与规模都得到快速发展，如今已成为临床手术数量仅次于美国的第二大器官移植国。按照世界卫生组织的认定，“人体器官”是指人体上的多种组织构成的能行使特定功能的结构单位。既包括一些比较熟悉的直观器官，如眼、耳、鼻、舌等感觉器官和心、肝、肺、胃、肾、脾、大肠、小肠等内脏器官，也包括骨骼、肌肉、皮肤、细胞等人们比较容易忽视的器官部分，但不适用于以生殖为目的的配子、卵巢或者睾丸组织，或者胚胎移植或以输血为目的采集的血液或血液成分。[①]

虽然人体器官移植技术历经了半个世纪的发展历程，已成为挽救晚期脏器功能衰竭患者生命的唯一有效手段。但是，人体器官移植中供体的不足和丰厚利益的刺激成为了滋生器官买卖的温床，一般而言，人体器官买卖是指带有经济性质的器官转让行为，包括购买和出卖两种。出卖人体器官的目的是为获取利益，多数情况下是金钱利益。购买人体器官的目的既可能为了出卖，也可能为了移植、赠予。在大多数

---

① 参见世界卫生组织文件：EB123 /5。

国家,不论付款购买还是接受捐赠都是非法的。[①] 但法律的禁止并没有成功遏制这一犯罪行为。这种犯罪行为犯罪行为越来越隐蔽,规模越来越大。其中,作为"人口贩卖"的重要目的输出之一的器官买卖,在人体器官移植交易中占有相当大的比重,这毫无疑问是一种严重侵犯人权的行为。"没有买卖就没有杀害",器官买卖在器官供需严重不平衡的情况下屡禁不止且愈演愈烈。

我国当前悬殊的器官供需比

公民逝世后器官捐献是解决移植器官来源的最佳途径,也是社会文明进步的标志。根据世界卫生组织的材料,目前全世界的器官供需比平均是1:25,即有25个人需要的时候,一个人捐献。美国的器官供需比为1:4,英国是1:3。来自卫生部的统计数据显示,我国目前约有100万至150万人需要器官移植,但每年仅能实施手术1.3万例,即只有1%左右可获得移植,供需比是1:150。例如需接受肾移植治疗的尿毒症患者,要得到一个合适的尸体肾,一般需要等1年~2年,所以,每年有大约5%的尿毒症患者,在等待肾移植的过程中死去。供体器官来源途径有限、数量稀少是造成其严重短缺的原因。国内器官的来源主要分为尸体器官捐赠和活体器官捐赠,前者又主要包括志愿者去世逝后捐献,而逝后捐献器官的数量非常有限。据中国红十字会统计,截至2016年12月10日,已成功捐献的器官仅有9685例。[②]

因此,面对如此悬殊的供需比,在庞大的器官需求和稀少的捐赠之间催生了器官买卖黑市。作为一条"产业链",器官买卖交易主要由供体、受体和中介三方组成。其中供体的来源除了少数捐献者,某些不法分子往往在高额利益的诱使下,通过欺诈、强迫等手段来强制摘取或偷取

---

① 参见邓荣杰:《人体器官买卖的刑法探析》,中国政法大学2011年硕士学位论文;郭兴:《我国人体器官买卖行为的刑法规制》,辽宁大学2013年硕士学位论文;黄丽、危罂:《人体器官买卖的国际刑法规制》,载《法学杂志》2011年第11期;刘哲汐:《论人体器疗买卖的国际刑法规制》,载《山东行政学院学报》2014年第1期等。

② 参见中国人体器官捐献管理中心,载http://www.rcsccod.cn,2016年12月13日访问。

他人的身体器官进行贩卖。聚焦于这条“产业链”,本书在此讨论的人体器官买卖特指个人或组织提供或接受酬金或利益,通过使用或威胁使用暴力、绑架、欺骗或其他方法,招募、运输、转移、窝藏或者接收人体活体、尸体及其器官,并通过移植手术达到器官转移到他人身体的目的的行为。①

河北行唐乞丐被杀器官买卖案

在该案中,法院认定被告人王朝阳为获得非法利益预谋卖他人人体器官。2006 年 11 月 9 日晚,被告人王朝阳伙同王晓辉、刘会民、王永良(均在逃)将被害人仝革飞(乞丐)捆绑至行唐县上方村南的废弃旧变电站院内的房子中。王朝阳用事先准备好的工具将仝革飞拘禁,之后王朝阳与医生陈杰等人联系买卖人体器官的具体事宜。2006 年 11 月 15 日凌晨 5 时许,被告人王朝阳在废弃旧变电所内先将仝革飞勒死,之后欺骗医生陈杰等人称是被法院刚执行完死刑的人员,让其将肾脏、肝脏器官摘取,王朝阳得赃款 1.48 万元。刑事科学技术鉴定结论:仝革飞系被勒颈致机械性窒息死亡。②

面对这一现状,我国的法律规制主要依赖于刑法这一单一的治理方式,其核心条文《刑法修正案(八)》第 37 条规定:“组织他人出卖人体器官的处五年以下有期徒刑,并处罚金;情节严重的,处五年以下有期徒刑,并处罚金或者没收财产。未经本人同意摘取其器官,或者摘取不满十八周岁的人的器官,或者强迫、欺骗他人捐献器官的,依照本法第二百三十四条、第二百三十二条的规定定罪处罚。”

(二)器官买卖的治理问题

上文提及,“器官买卖的产业链”由器官买卖交易的供体、加害者(俗称“人贩子”)和中介三方组成。在人口贩卖规制中,当前法律(主要是刑法)主要聚焦于“加害者”这个面向,但还有另外三个重要环节

---

① 参见黄立、危罂:《人体器官买卖的国际刑法规制》,载《法学杂志》2011 年第 11 期。

② 参见王小波:《精神病乞丐被人杀害 残忍凶手变卖其器官》,载 http://china.findlaw.cn/yiliao/yiliaozhishi/wuzhen/20110315/13326.html,2016 年 12 月 13 日访问。

被疏忽，即“被害人保护”“中介组织”和“移植机构的监管”（主要是医院），这是当前治理体系中突出的三大问题。

1. 法律对被害人的保护关怀不足

当前的治理模式主要依赖刑法上单核式的对加害者予以惩戒，并可与故意杀人罪、故意伤害罪、拐卖妇女儿童罪等数罪并罚。但是，从“器官买卖的产业链”的过程来看，这一治理模式局限于事后的防治，没有从源头上对被害人予以事前、事中的保护，无法进行全方位的治理显然不能有效解决基于“器官买卖”的人口贩运问题。

2. 中介组织的治理模式单一

可以明确的是，不管是与犯罪嫌疑人还是与医院的联系，都离不开中介的牵线搭桥。一般而言，中介主要由三类人构成：之前从事境外“旅游移植”生意的人员、之前倒卖移植专用药物的人员和本身就曾接受过器官移植或出卖过器官的人员。因为利益的挂钩，中介对供体进行资源共享。“谁有了患者，就把相关的资料在网络社区发布，中介组织看到了就会和发消息的人联系，中间的利益怎么分配再谈。”在针对受体的“一条龙服务”中，为了能使器官交易顺利进行，中介通过刻假印章、办假身份证、伪造假证明、伪造假公证书来通过医院的关于“亲属”或“亲情”的审查。①

虽然国务院《人体器官移植条例》第3条明确规定：“任何组织或者个人不得以任何形式买卖人体器官，不得从事与买卖器官有关的活动”，但没有专门针对中介组织予以更详细的规定。如上所述，《刑法修正案（八）》第37条明确规定了组织贩卖人体器官罪，“组织他人出卖人体器官”“未经本人同意摘取其器官，或者摘取不满十八周岁的人的器官，或者强迫、欺骗、他人捐献器官”“违背本人生前意愿摘取其尸体器官，或者本人生前未表示同意，违反国家规定，违背其近亲属意愿摘取其尸体器官”，其刑罚的力度从有期徒刑、无期徒刑直至死刑，可并处罚金或者没收财产。但是，单一的原则性的治理模式并不能有效地能减少中介活动，难以有效打破“供体—中介—受体”这一买卖链条，器官买卖数量并没有可观的减少。

---

① 参见高广周、孙涛：《人体器官买卖成因和对策的法学思考》，载《医学法学》2013年7月。

3."实施移植的机构"的治理策略失效

"实施移植的机构"一般由医院主导(部分属于非法小型私人医院),医院在器官买卖中是最后也是最重要的一环,显然国家治理层面也意识到了这一点,卫生部(现为国家卫生和计划生育委员会)在《关于规范活体器官移植的若干规定》中对这一环节予以了一定的关注。

如针对具有移植资格的机构要求应当依照《医疗机构管理条例》的规定,向所在地省、自治区、直辖市人民政府卫生主管部门申请办理人体器官移植诊疗科目登记,并应当具备下列条件:(1)有与从事人体器官移植相适应的执业医师和其他医务人员;(2)有满足人体器官移植所需要的设备、设施;(3)有由医学、法学、伦理学等方面专家组成的人体器官移植技术临床应用与伦理委员会,该委员会中从事人体器官移植的医学专家不超过委员人数的1/4;(4)有完善的人体器官移植质量监控等管理制度。并且在根据《卫生部关于进一步加强人体器官移植监管工作的通知》对非法移植机构予以严格的处罚,如要求"任何非移植医疗机构和医务人员不得开展任何形式的人体器官移植手术,也不得以任何理由摘取健康人体的器官。地方各级卫生行政部门要依法履行职权,对于违法医疗机构,要依法没收非法所得并处交易额 8 倍以上 10 倍以下罚款,给予医疗机构限期改正直至吊销《医疗机构执业许可证》等处罚,同时降低或取消医疗机构等级;对于违法医务人员,依法吊销其执业证书;对负有责任的主管人员和其他直接责任人,依法给予撤职、开除的处分,构成犯罪的,依法追究刑事责任;对卫生行政部门工作人员在人体器官移植监督管理工作中滥用职权、玩忽职守、徇私舞弊,构成犯罪的,依法追究刑事责任,尚不构成犯罪的,依法给予处分"。

针对器官来源的审查,《卫生部关于规范活体器官移植的若干规定》第 3 条规定:"从事活体器官移植的医疗机构应当要求申请活体器官移植的捐献人与接受人提交以下相关材料:(一)由活体器官捐献人及其具有完全民事行为能力的父母、成年子女(已结婚的捐献人还应当包括其配偶)共同签署的捐献人自愿、无偿捐献器官的书面意愿和活体器官接受人同意接受捐献人捐献器官的书面意愿。(二)由户籍所在地公安机关出具的活体器官捐献人与接受人的身份证明以及双方第二代居民身份证、户口本原件。(三)由户籍所在地公安机关出具的能反映活体器官捐献人与接受人亲属关系的户籍证明。(四)活体器官捐献人与接受人属于配偶关系,应当提交结婚证原件或者已有生育子女的证明。(五)省级卫生行政部门要求的其他证明材料。"对这些材料的审核应当根据该《人体器官移植条例》第17条规定执行:"在摘取活体器官前或者尸体器官捐献人死亡前,负责人体器官移植的执业医师应当向所在医疗机构的人体器官移植技术临床应用与伦理委员会提出摘取人体器官审查申请。""人体器官移植技术临床应用与伦理委员会不同意摘取人体器官的,医疗机构不得做出摘取人体器官的决定,医务人员不得摘取人体器官。"

关于违反条例规定参与器官买卖的情况,《人体器官移植条例》第26条规定:违反本条例规定,买卖人体器官或者从事与买卖人体器官有关活动的,由设区的市级以上地方人民政府卫生主管部门依照职责分工没收违法所得,并处交易额8倍以上10倍以下的罚款;医疗机构参与上述活动的,还应当对负有责任的主管人员和其他直接责任人员依法给予处分,并由原登记部门撤销该医疗机构人体器官移植诊疗科目登记,该医疗机构3年内不得再申请人体器官移植诊疗科目登记;医务人员参与上述活动的,由原发证部门吊销其执业证书。

国家工作人员参与买卖人体器官或者从事与买卖人体器官有关活动的,由有关国家机关依据职权依法给予撤职、开除的处分。

从利益导向分析,一般而言医院或者医生对于器官移植有较大的积极性,一方面器官移植的手术费用较高,另一方面器官移植手术成功代表学术成就和技术水平。根据上述法律规范,在器官移植中即便供体与受体配型合适,若要顺利实施器官移植,还必须通过有移植资质的医院的两道关卡:(1)提供证明亲属或者亲情的材料;(2)通过医院的伦理委员会审查。可见由多个领域专家组成的医院伦理委员会承担着最后把关的责任。

另外,对医院或者医生违反条例的规定参与器官买卖的惩戒也仅仅是行政处罚,无法有效发挥法律的威慑作用,由此,在利益的驱动下加之中介机构以假乱真的证明,部分医疗单位的伦理委员的审核不到位或者可能睁一只眼闭一只眼放任行之,否则,数量庞大的器官买卖能如此顺利实施? 这个问题也毫无疑问地暴露出当前器官买卖中治理策略的失效。

(三)治理的目标

毫无争议,通过人口贩运来摘取被害人器官的手段是对人权的严重挑衅,这种令人触目惊心的买卖链条是任何一个理性人都无法容忍的。在这个领域,我们的治理目标是建立一个完备的"器官买卖杜绝机制",通过多层级的协同治理模式有效地减少器官买卖导向下人口贩运的发生。在这个目标导向下,根据本书的核心——"4P 策略",即预防(Prevention),保护(Protection),合作(Partnership)和起诉(Prosecution),构建全方面、全程化的治理机制,实现在基于"器官买卖"的人口贩运中,由当前倚重于刑法的"加害者惩治"为核心的治理模式向以"受害人保护为中心"的转变。

本章框架图如图 1 所示。

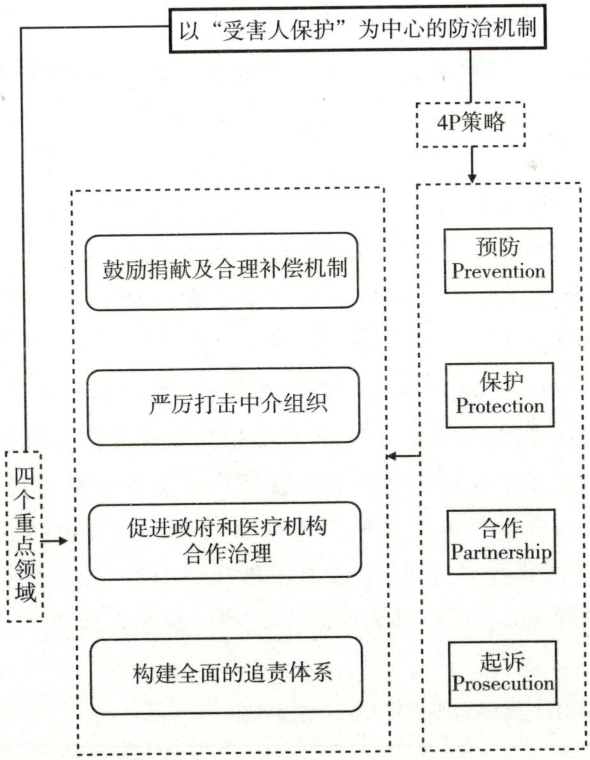

二、比较和借鉴

基于器官买卖的人口贩运属于器官买卖的一种特殊形式，当前世界各国一般没有对此专门的立法，大多属于《器官买卖法》或《器官移植法》的讨论范畴，因此，我们的比较研究将着眼于此。

由于人体器官买卖具有很大的社会危害性，当前国际社会中除极少数国家持赞同态度外，[①]其他国家法律组织都在法律中明确规定人体器官买卖属于违法行为，主要区别在于有的国家专门设立法律条款对其进行规制，而有些国家则将其归类到其他的法律条款当中，未对其单独定罪。[②] 通过对国际社会的治理模式进行比较研究，有助益于我国治理模式的升级优化。

（一）国际社会的立法例

1. 国际组织层面

世界卫生组织于1991年第44届大会上通过《关于人体器官移植指导性原则》，对世界各地的立法、专业规范和实践带来了很大的影响。

第五项指导原则明确指出："人体及其各部分不应成为商业交易的对象，因此，为器官而支付或收取报酬应予禁止（包括任何补偿和酬劳）。"随后的注释规定，"该原则并不禁止在捐献中合理费用的支付，包括为移植而产生的器官获取、保存与供给费用"。为了彻底杜绝器官买卖，第六项指导原则规定："登广告求取、提供器官并表示要支付、收取钱财的行为，应予禁止。"第七项指导原则规定："如果医生和其他卫生专业人员有理由相信所涉及的器官已成为商业交易的对象，那么应停止参与此项器官移植程序。"第八项指导原则规定："应禁止任何参与器官移植程序的个人或机构收取除适当的服务费用之外的报酬。"2010年第60届世界卫生组织大会对该指导原则的名称和内容作

---

① 比如伊朗目前对人体器官买卖仍持赞同态度。

② 参见黄立、危罂：《人体器官买卖的国际刑法规制》，载《法学杂志》2011年第11期。

了修改,其中第五项指导原则更改为:"细胞、组织和器官应仅可自由捐献,不得伴有任何金钱支付或其他货币价值的报酬。购买或提出购买供移植的细胞、组织或器官,或者由活人或死者近亲出售,都应予以禁止。禁止出售或购买细胞、组织和器官不排除补偿捐献人产生的合理和可证实的费用,包括收入损失,或支付获取、处理、保存和提供用于移植的人体细胞、组织或器官的费用。"仍然严格禁止器官买卖行为。①

这一指导性原则,对实施器官移植的医院及医生提出了拒绝参与到器官买卖之中的责任。其一,从义务方面严格要求医生在发现器官移植中具有买卖的嫌疑时,应该立即停止该项移植手术的进行;其二,从权利方面将医院的移植手术营利权严格限制在只能收取服务费,从源头遏制医院在利益驱动下参与买卖的积极性。

2. 法国

对人体器官买卖行为深恶痛绝的国家,往往持特别坚决的禁止态度,法国就是其中的典型,它也是对人体器官买卖罪规定得最为详尽的国家之一。不但在卫生行政法典内规定这种行为属于违法行为,更在刑法条款中单独定罪。《法国新刑法典》"在公共卫生方面的犯罪"一编中规定的买卖人体器官罪、强迫摘取人体器官罪、医疗机构非法开展人体器官移植罪和走私人体器官罪,均属于人体器官移植方面的犯罪。

第 511 -2 条:付款从人身上取得器官之行为,无论形式如何,处 7 年监禁并处 100000 欧元罚金。充当中介,为付款取得人之器官提供方便条件,或者有偿转让他人人体器官的,处相同之刑罚。按第一款所指条件获得的器官系来自国外的情况下,适用相同之刑罚。

第 511 -4 条:付款从人身上摘取组织,细胞或人体所生之物的,无论形式如何,处 5 年监禁并处 75000 欧元罚金。充当中介,为付款摘取

① See Guiding Principles on Human Organ Transplantation (Geneva: World Health Organization, 1991), University of Minnesota Human Rights Library, http://wwwl. umn. edu/hmnamts/instree/organtransplant. html, 2016/12/13 visited.

人体组织、细胞或人体所生之物提供便利的，无论形式如何，或者有偿转让他人人体组织、细胞或人体所生之物的，处相同刑罚。

第511－5条：当事人未表示同意，从成年活人身上摘取组织或细胞或者采集人体所生之物的，处5年监禁并处75000欧元罚金。不遵守《公共卫生法典》第672－5条规定之条件从未成年活人身上或者从受到法定措施保护的未成年人身上摘取组织、细胞或采集人体所生之物的，处相同之刑罚。

第511－7条：在未得到《公共卫生法典》第671－12条、第671－16条、第672－7条、第672－10条及第672－13条所指批准的机构内，开展摘取、移植器官，摘取、移植组织，保存或转接组织、移植细胞的，处2年监禁并处30000欧元罚金。

第511－8条：不遵守《公共卫生法典》第665－5条规定所要求的卫生安全规则，为捐赠而配送或转让器官、组织、细胞或人体所生之物的，处2年监禁并处30000欧元罚金。

第511－8－2条：（1998年7月1日第98—535号法律）违反1992年12月31日有关其流通应受特定限制并应经宪兵、海关与公共服务部门相互协调之产品的第92—1477号法律第18条的实施细则的规定，进口或出口并非用于细胞或遗传的组织与细胞的，处2年监禁并处30000欧元罚金。

由此可以发现，《法国新刑法典》是在《公共卫生法典》先对人体器官买卖行为确定为犯罪行为的基础上，再在刑法条款上具体规定人体器官买卖的定罪量刑，既兼顾了法律之间的衔接，也加强了打击力度，具有较强的操作性，[①]并且对中介组织、受体和医疗机构均采取了较为严格的刑罚，并对跨国器官买卖予以相同标准的惩戒。虽然对受体的刑罚能够在根源上切断买卖的源头，但基于人文关怀，仍有值得商榷之处。

3. 韩国

韩国于1999年2月8日制定了《器官移植法》，在此之后又对若干

---

① 参见黄立、危塁：《人体器官买卖的国际刑法规制》，载《法学杂志》2011年第11期。

条文进行了修改和补充。虽然该部法律只有49条，但几乎涵盖了器官移植的所有事项，从立法技术到具体内容都不乏可借鉴之处。

韩国《器官移植法》第6条第1款规定："任何人不得给付、收受或者约定给付、收受金钱、财产性利益以及其他反对给付而实施下列各项规定的行为。1.将他人的器官提供给第三者或者为了提供给第三者而收受的行为，或者对此做出约定的行为。2.将自己的器官提供给第三者，或者为了给自己移植他人的器官而收受的行为，或者对此做出约定的行为。3.教唆、斡旋、帮助第1项以及第2项行为的行为。"第6条第2款规定："任何人不得教唆、斡旋、帮助违反第1款第1项以及第2项的行为。"第6条第3款规定："当知道存在违反第1款或者第2款规定的行为时，任何人不得摘取或移植与这些行为相关的器官。"

可见，这一法律试图通过原则性的规定将所有器官买卖的类型涵盖于此。值得注意的是，其中法律明文列出了"斡旋"这一行为方式，这实质上将"中介组织"牵线搭桥式的居间行为予以了重点关注。

韩国《器官移植法》第40条对买卖器官的行为作出了处罚规定。第1款规定："违反第6条第1款第1项或者第3项的规定，给付、收受器官的人，约定给付、收受器官的人，对给付、收受器官进行教唆、斡旋、帮助的人，或者违反该条第3款的规定，摘取或移植器官的人，处2年以上有期惩役。"第2款规定："违反第6条第1款第2项的规定，给付、收受器官的人，约定给付、收受器官的人，以及违反该条第2款规定，对该条第1款第1项及第2项规定的行为进行教唆、斡旋、帮助的人，处10年以下惩役，或者5千万元以下罚金，或者可以并课罚金。"

从上述条文可以看出，这一立法意在严密法网，首先，对教唆、帮助、斡旋等相关行为作出规定。其次，对器官的出卖人和买受人规定相应的减免刑罚的事由。因为一般而言，器官买卖双方往往处于迫切的状态，期待其不实施买卖器官行为的可能性比较低，因此，立法时应当充分体现对人性弱点的救济。最后,对买卖人体器官的中介组织和犯罪集团设置严厉的刑罚。[①]

4. 德国

与法国的立法例相反,有些国家虽然明文禁止人体器官买卖,但不主张设立单独的刑法条款进行规制,只是规定如果当事人进行人体器官买卖,造成伤害或死亡的,适用伤害罪或杀人罪的刑法条款,若未造成伤害或死亡,将不予追究他们的刑事责任。而有些国家虽然在卫生法中禁止人体器官买卖,但在刑法条款中没有任何体现,无法适用刑法追究行为人的刑事责任,部门法之间存在严重脱节的现象。德国的《器官移植法》便是此种立法的典型。[②]

《德国器官移植法》第 19 条对器官移植的刑罚作了如下规定:(1)违反第 3 条第 1 款或者第 2 款或者第 4 条第 1 款第 2 句的规定摘取器官的,处 3 年以下的自由刑或者罚金;(2)违反第 8 条第 1 款第 1 句第 1 项 a、b,第 4 项或者第 2 句的规定摘取器官的,处 5 年以下的自由刑或者罚金;(3)违反第 2 条第 4 款第 1 句或者第 3 句的规定提供或者继续给予答复,或者违反第 13 条第 2 款的规定加工处理或者利用说明,或者违反第 14 条第 2 款第 1 句至第 3 句的规定公开、加工处理或者利用人身资料的,如果刑法典第 203 条没有处罚其行为,那么,处 1 年以下的自由刑或者罚金;(4)在第 1 款和第 2 款的情形中,未遂可罚;(5)如果在第 1 款的情形中行为人过失地实施行为,那么,处 1 年以下的自由刑或者罚金。[③]

可见,德国并未在刑法上对人体器官单独定罪处罚,若要追究加害者器官买卖行为的刑事责任,也只能从伤害、投毒、故意杀人等几个典

---

① 参见莫洪宪、李颖峰:《韩国器官移植法对我国的启示》,载《复旦学报》(社会科学版)2010 年第 6 期。

② 参见黄立、危罂:《人体器官买卖的国际刑法规制》,载《法学杂志》2011 年第 11 期。

③ 参见熊永明:《非法摘取人体器官刑事立法的比较与借鉴》,载《法治研究》2013 年第 10 期。

型的人身伤害罪中寻找刑罚依据。显然,这样的处理方法不够细致明确,存在诸多弊端。

5. 日本

日本的《器官移植法》对器官移植所提交的证明材料做了明细充分的规定。

日本《器官移植法》第 11 条第 1 ~5 项(器官买卖的禁止):1. 任何人不得接受、要求以及约定作为提供移植手术使用的器官对价的财产利益。2. 任何人不得接受、要求以及约定作为接受移植器官对价的财产利益。3. 任何人不得接受、要求以及约定作为提供或者接受移植器官进行中介,以及作为中介对价的财产上利益。4. 任何人不得为提供或者接受移植器官进行中介,以及提供、要求或者约定作为接受中介对价的财产上利益。5. 任何人都不得在知晓某一器官违反上述各项规定的任一条款行为有关事实的情况下,摘除该器官或者将该器官用于移植手术。

在第 20 条对相关刑事责任作出了如下"罚则"规定:对违反第 11 条第 1 项到第 5 项规定的,可以分处或者并处 5 年以下徒刑或 500 万日元以下的罚金。第 21 条规定:(1) 第 6 条第 5 项规定的书面文书中记载虚伪内容的,处以 3 年以下徒刑或者 50 万日元以下的罚金;(2) 违反第 6 条第 6 项规定,没有交付该条第 5 项规定的书面文件就摘除器官的,处以 1 年以下徒刑或者 30 万日元以下罚金。第 23 条又规定:(1) 属于下列各号规定情况的,处以 50 万日元以下的罚金。一是违反第 9 条规定的;二是违反第 10 条第 1 项规定制作记录,或者制作虚伪记录的,或者违反该条第 2 项规定保存记录的;三是违反第 13 条规定的;四是违反第 14 条规定准备账簿,不在账簿上记载或者虚伪记载的,或者违反该条第 2 项规定,没有保存账簿的;五是没有按照第 55 条第 1 项规定进行报告,或者进行了虚伪的报告,拒绝、妨碍或者躲避该项规定的现场检查,不对该项规定的质询作出回答,或者作出虚伪答复者。第 24 条规定:法人的代表人或者管理人,法人或者自然人的代理人、使用人以及其他从业人员,在与法人或者自然人相关业务方面作出违反第20条、第22条以及前条(该条第1项第3号除外)的行为时,除了处罚行为人以外,对法人或者该自然人也科处各条规定的罚金刑。①

由此可见,《日本器官移植法》不仅对中介组织帮助伪造"移植证明"的行为予以坚决明确的打击,更是禁止任何一切的中介行为,对参与"伪造证件"的相关人员科以有期徒刑及罚金。

6. 澳大利亚

澳大利亚器官移植犯罪的规定也尤为严苛,其主要规定在《澳大利亚联邦刑法典》中。

《澳大利亚联邦刑法典》第268.96条规定:如果符合下列情形,则行为人的行为构成"战争罪"中的"为移植而输出血液、切除组织和器官罪",对这类犯罪可判处25年监禁:(a)犯罪人为了移植而从一人或数人的身体上转移血液、组织或器官。而且(b)在转移血液的情形中——该转移:(1)不是为了输血;或(2)在没有此人或数人同意的情况下。而且(c)在转移皮肤的情形下——该转移:(3)不是为了移植;或(4)在没有此人或数人同意的情况下移植。而且(d)该转移的目的不是为了治病。而且(e)该转移不是在和一般可予接受的医疗标准相一致的条件下执行,也不是为了此人或该数人或接受者的利益而有计划的实施。而且(f)此人或该数人作为某一国际武装冲突的结果被敌方所掌控、拘禁、扣押或者其他方式的剥夺。而且(g)行为发生在某一国际武装冲突中,或者与某一国际武装冲突有关。②

值得注意的是,该刑法典将人体器官买卖罪与战争罪联系在一起,其范围显然过于狭窄。虽然基于人体器官买卖的人口贩运也发生在战

① 参见熊永明:《非法摘取人体器官刑事立法的比较与借鉴》,载《法治研究》2013年第10期。

② 参见熊永明:《非法摘取人体器官刑事立法的比较与借鉴》,载《法治研究》2013年第10期。

争时期，但更为常见的是发生在非武装冲突下。

7. 其他国家或地区

《马耳他刑事法典》第 248 条设立了“贩卖成年人以移植其器官”的犯罪规定：以暴力、威胁及诱拐，欺骗或欺诈，滥用职权、影响及权力，提供或收受报酬或好处，以取得控制他人者的同意的行为，贩卖成年人，以移植其器官，构成犯罪，处 4 年至 12 年监禁；贩卖未成年人的，对其处罚应提高一个刑罚幅度。

《马其顿共和国刑法》第 210 条规定了“未经允许移植人类身体器官罪”：(1)违背医疗或科学行业宗旨，以移植为目的，从他人身上取下器官的，或给他人移植器官的，处 3 个月以上 5 年以下监禁；(2)在未依照法定程序确定他人死亡前，以移植为目的，取下其身体器官的，依照本条第 1 款之规定处罚；(3)未经捐赠人同意从其身上取下器官的，或未经收受人同意而在其身体植入器官的，或在捐赠人或收受人基于自身原因而无法作出同意表示的情况下，未经其法定代理人同意而实施上述取下器官或植入器官行为的，处罚金，或 3 年以下监禁。①

在英国，其 2004 年新修订的《人体组织法》第 32 条明确规定，行为人的下列行为构成犯罪：(1)因提供或者要约提供任何受限制人体材料而给付或接受报酬的；(2)寻找图谋报酬而提供受限制的人体材料的；(3)为报酬而要约提供受限制的人体材料的；(4)发起或协商签订任何有关提供或要约提供人体材料而给予报酬的协议的；(5)参与安排或控制那些包含或包括了发起或协商发起这类协议的法人或非法人社团之活动的。②

我国香港地区《人体器官移植条例》第 4 条，禁止将人体器官作商

① 参见熊永明：《非法摘取人体器官刑事立法的比较与借鉴》，载《法治研究》2013 年第 10 期。

② 参见刘长秋：《人体移植器官产品化法律调整论批判》，载《政治与法律》2016 年第 7 期。

业交易：

(1)任何人就任何经已或将会于香港或外地自任何去世或在生的人身上切除，并拟于香港或外地移植于另一人体内的器官，在香港作出以下作为，即属犯罪——

(a)为该器官的提供或提供该器官的要约而作出或接受付款；

(b)谋求寻觅愿意为获取付款而提供该器官的人或为获取付款而要约提供该器官；或

(c)提出或商议作出任何安排，而该等安排涉及为该器官的提供或提供该器官的要约而作出付款。

(2)任何人参与管理或参与控制属法团或不属法团的团体，而该团体从事的事务包含或包括提出或商议作出第(1)(c)款所提述的任何安排，该人即属犯罪。

(3)在不损害第(1)(b)款的规定下，任何人安排发布或安排分发，或知情地发布或知情地分发以下广告，即属犯罪——

(a)邀请任何人士为获取付款而提供任何经已或将会于香港或外地自任何去世或在生的人身上切除，并拟于香港或外地移植于另一人体内的器官的广告，或为获取付款而要约提供该等器官的广告；或

(b)显示刊登广告的人愿意提出或商议作出第(1)(c)款所提述安排的广告。

(4)在本条中，"广告"(advertisement)包括任何形式的广告，不论对象为一般公众人士、部分公众人士或个别经挑选人士。

(5)如任何人在香港将任何器官移植于人体内，而该人知道或一经合理查询则理应知道有人曾为或将会为该器官的提供而作出付款，则不论付款于何处作出，亦不论所作付款根据作出付款时所在国家(如付款并非在香港作出)的法律是否遭禁止，该人即属犯罪。

(6)如任何人将任何器官进口，以——

(a)在香港将该器官移植于人体内；或

(b)将该器官出口输往某国家，而该器官拟于该国家移植于人体内，而该人知道或一经合理查询则理应知道有人曾为或将会为该器官的提供而作出付款，则不论所作付款根据作出付款时所在国家的法律

是否遭禁止，该人即属犯罪。

(7)如任何人在香港自任何去世或在生的人身上切除器官，且该器官拟作在香港或外地移植于另一人体内用途，而该人知道或一经合理查询则理应知道有人曾为或将会为该器官而作出付款，该人即属犯罪。

(8)任何人犯本条所订罪行，如属首次定罪，可处第5级罚款及监禁3个月，其后各次定罪，均可处第6级罚款及监禁1年。

第7条，就进口器官所规定提供的资料：

(1)凡将任何人体器官进口，以在香港将该器官移植于人体内，则须随该器官附上一份由有关的器官来源国一名委员会认为可予接受的人签署，并载列以下事项的证明书——

(a)一项陈述，述明在获取该器官方面，该器官来源国的一切适用法律均已获遵从；

(b)一项陈述，述明该器官得自某人体内，而该人并无感染任何可透过移植该器官而传染器官受赠人的疾病；

(c)一项陈述，述明切除该器官所在的医院，是一所该器官来源国的政府授权可在内进行器官切除以作移植用途的医院；

(d)一项陈述，述明在该器官来源国，并无任何人曾为该器官的提供而作出或接受付款；

(e)委员会藉规例规定提供的其他资料，而委员会可规定须就不同的器官而提供不同的资料。

(2)如任何人将会在香港将上述器官移植于人体内，则该人将该器官移植前，须向委员会提供上述的证明书。

(3)如上述的证明书并无随上述器官附上，则在该证明书取得并向委员会提交前，任何人均不得在香港将该器官移植于人体内。

(4)任何人违反第(2)或(3)款，即属犯罪，一经定罪，可处第5级罚款及监禁3个月。

(二)小结

从上述国际社会的立法例中我们不难发现，当前各国(地区)立法不尽相同,有的国家(如法国、韩国等)对器官买卖的各种行为及由此衍生的法律责任作都出了翔实的规定,并且多个国家都强调了中介组织的责任规定,甚至有的国家(如日本、韩国)明确规定禁止任何器官买卖的中介行为。当然,面向对医疗机构的规制也值得重视,不管是世界卫生组织还是其他国家(如法国、韩国),都赋予了医疗机构和医生把守器官买卖中"最后一道关卡"的义务,医生一经发现器官的来源有嫌疑,应当及时停止移植手术,并且将移植手术的收费严格限制在有限的服务费中,以此"双管齐下"对医疗机构进行较为全面的规制。当然,还有的区别在于,有的条文直接规定在刑法条款中,有的则安置于器官移植法律、法规之中,当然,如法国的立法例——通过在器官移植法中进行较为充分的规定,并与具体刑法条款作衔接的模式,可能更具有可适用性。

三、方案和措施

通过对我国基于器官买卖的人口贩运现状进行分析后,我们不难发现,当前我国的治理模式还不具有"动态化",主要体现在过分依赖于治理过程的末端——"加害人惩戒模式"(起诉),忽视治理过程的上游;刑法与《人体器官移植条例》《关于规范活体器官移植的若干规定》的衔接还不够完善;以及忽视医院在治理模式所具有的合作治理的效能。针对这些问题,结合比较法研究作为借鉴,我们认为,应以"4P"为基本框架,提出以下方案和解决措施。

(一)预防(Prevention)——鼓励捐献及合理补偿

人体移植器官短缺是一个全球性的问题,比如在尸体器官移植方面,世界平均捐献率仅为1.8人/每百万人,[①]为何绝大多数国家均禁止器官买卖,但仍然发生这种犯罪?客观存在且具有正当性的供需关系是更深层次的原因。[②] 如前文所述,这种紧张的供求关系在我国亦

---

① A lastair V. C am pbell ,The Body in Bioethics,Routledge,2009,pp. 50 – 51.

② See Mark J. Cherry,Kidney for Sale by Owner Human Organs,Transplantation,and the Market,Georgetown University,Press,2005,pp. 163 – 168.

是如此，特别是伴随着我国器官移植技术快速发展及其在医疗临床上的日益广泛应用，移植器官供体来源不足的问题已经在我国医疗临床上充分显露。为缓解器官供体来源的严重不足，预防基于器官买卖的人口贩运，我们认为，应当采取鼓励捐献并辅以合理补偿的治理策略。

从伦理上来说，器官移植是以牺牲一个个体（供体）利益的方式来拯救另外一个个体（受体）生命的医学救助手段，其之所以能够获得人们的接受并进而得到法律的许可，主要是源自通过器官无偿捐献所显现出来的利他性以及人与人之间的互助互爱。在伦理上，器官捐献属于美德的范畴，也就是富勒所说的“愿望的道德”，而法律作为最低限度的伦理道德，其所维系的只能是“义务的道德”。这一点决定了作为一种美德的器官捐献不宜以义务设置的形式被确立在法律中，而只能以权利设置或精神激励的方式为法律所倡导和保障。[①] 因此，在活体器官移植领域，多数国家规定捐献者与受捐献者需要特定的身份关系，比如一般均要求捐献者的捐献行为基于“血浓于水”的亲情。在尸体器官捐献与移植领域，捐献者多基于崇高的道德理念，这种道德理念来自于通过宣传所达到的社会认同，以及对传统观念的摒弃。活体器官捐献者和尸体捐献者都通过捐献行为获得了亲情和道德奖励。当今我们日益走出熟人社会步入陌生人社会，尽管我们始终坚信“人非独立的孤岛”，但个人主义冲淡了人与人之间的情感纽带，家庭共同体的功能也日趋淡化，亲情与道德越来越难以对捐献者形成有效激励，我们只能不厌其烦进行着宣传，以此增加道德砝码。但当前世界各国普遍存在的器官短缺“瓶颈”却足以说明“亲情与道德激励”的低效率性。[②]

毫无疑问，人的行为总有某种动机，动机激励着行为人的特定行为。由此我们不难发现，当下的治理模式中欠缺立法激励措施。正如倪正茂教授所指出的：“在法的大家族中，生命法尤其是非传统的生命法，对法的激励功能是情有独钟的。器官移植法就是对器官移植的激

---

① 参见刘长秋：《人体移植器官产品化法律调整论批判》，载《政治与法律》2016 年第 7 期。

② 参见邹卫强：《器官捐献与移植私法研究》，山东大学 2015 年博士学位论文。

励。献血法是对无偿献血的激励。1907年美国颁布的《优生法》,1948年日本颁布的《优生保护法》等,都是对'优生'的激励。充分重视生命法的激励性特点,对促进生命科技的发展从而对保护人的孕育、生产、生存、健康起巨大的作用。"①遗憾的是,我国的现行《人体器官移植条例》尽管规定了"公民享有捐献或者不捐献其人体器官的权利",但并没有规定鼓励人们身后捐献遗体或器官这样一项基本原则,而在具体制度上也没有设置多少激励措施。这导致人们身后器官捐献无法在制度上得到更有效的激励和保障,人们身后捐献器官的热情不高。② 易言之,传统的器官捐献是基于纯粹的利他主义,但纯粹利他主义却无法适应当今市场为资源配置的社会。因此,在坚持器官买卖非法的基础上,我们应当通过除了亲情和道德之外的其他因素对器官捐献行为进行激励,以期弥补这一日益严重的供需矛盾。

在美国的《器官捐赠与促进康复法案》中,政府为了鼓励器官捐献,允许对活体器官捐献者实行一些新的物质激励措施,这其中包括纳税上的减免,及进行器官捐献时到受体所在地进行器官摘取时差旅费和住宿费的种种优惠措施。③ 我国也可以采取类似的补偿激励措施,比如有学者认为,国家可给予捐献者相应的税收减免予以鼓励,必然就可以减少受捐献者的经济负担,或国家可以给予相应的社会荣誉,以此来减轻受捐献者对捐献者的精神补偿。另外,在私法领域可在器官移植手术前后,补偿捐献者所受到的损失,包括物质损失和精神损失。其中,物质损失包括直接损失和间接损失,医疗费、护理费、营养费、交通费、食宿费等属于直接损失,而误工费用属于间接损失。对于尸体器官捐献补偿的形式,如果家境贫寒可获得丧葬费的补偿。④ 类似地,还有学者认为,法律可以规定由相关政府部门或组织出资为身后器官捐献者建立纪念碑、纪念林;可以规定由政府部门对经济上比较困难的捐献

① 倪正茂:《生命法学探析》,法律出版社2005年版,第140页。

② 参见刘长秋:《人体移植器官产品化法律调整论批判》,载《政治与法律》2016年第7期。

③ See The Organ Donation and Recovery Improvement Act. Pub. LN0. 108 - 216(2004).

④ 参见邹卫强:《器官捐献与移植私法研究》,山东大学2015年博士学位论文。

者家属给予特定救济；可以规定由国家设立器官捐献者纪念日，通过举办大型的缅怀活动，褒扬捐赠者的善行及其家属的大度；可以考虑规定酌情减少甚或免除那些生前主动要求身后器官捐献的患者因其器官捐献所需而发生的医疗费用，或将这部分费用纳入医保；可以规定各级地方人民政府对身后器官捐献给予财政专项资金支持，建立各省市人体器官捐献基金，专门用于开展人体器官捐献的宣传动员、困难救助、缅怀纪念、表彰奖励、机构运行及信息平台建设、维护等工作。[①] 总之，为了缓解器官供求不平衡，达到预防基于器官买卖的人口贩运，当下我国的器官移植立法必须转向“激励捐献型”的治理策略，当然器官捐献的补偿是系统工程，至于器官捐献如何补偿才能称为合理，则仍有待具体研究。

（二）保护（Protection）——严厉打击中介组织

为建构以受害者为中心的保护机制，这条沾满鲜血的买卖链必须坚决消除，其中作为关键且常被疏忽的方面——中介组织必须进行严格治理。从上文的比较法研究我们不难发现，我国法律对人体器官买卖中中介组织的禁止力度显然还远远不够，即使是在刑法方面，尽管《刑法修正案（八）》将人体器官买卖纳入了法律规制的范围，但却仅设置了三个罪名，远无法周延中介组织的种种行为。实际上，涉及这类基于人体器官买卖的人口贩运犯罪是很多的，如制作、发送和刊登人体器官买卖讯息的行为、伪造移植证明的行为等。事实上，对于人体器官买卖这类犯罪，很多国家或地区的法律都给予了严厉的禁止。例如：

《法国新刑法典》

第 511－2 条：付款从人身上取得器官之行为，无论形式如何，处 7 年监禁并处 100000 欧元罚金。充当中介，为付款取得人之器官提供方便条件，或者有偿转让他人人体器官的，处相同之刑罚。按第一款所指

① 参见刘长秋：《人体移植器官产品化法律调整论批判》，载《政治与法律》2016 年第 7 期。

条件获得的器官系来自国外的情况下,适用相同之刑罚。

第 511-4 条:付款从人身上摘取组织,细胞或人体所生之物的,无论形式如何,处 5 年监禁并处 75000 欧元罚金。充当中介,为付款摘取人体组织、细胞或人体所生之物提供便利的,无论形式如何,或者有偿转让他人人体组织、细胞或人体所生之物的,处相同刑罚。

这一立法对中介行为与实际“加害人”处于相同刑罚标准,可谓是对中介组织予以最为严厉的立法例。

韩国《器官移植法》

第 6 条第 1 款规定:“任何人不得给付、收受或者约定给付、收受金钱、财产性利益以及其他反对给付而实施下列各项规定的行为。1. 将他人的器官提供给第三者或者为了提供给第三者而收受的行为,或者对此做出约定的行为。2. 将自己的器官提供给第三者,或者为了给自己移植他人的器官而收受的行为,或者对此做出约定的行为。3. 教唆、斡旋、帮助第 1 项以及第 2 项行为的行为。”第 6 条第 2 款规定:“任何人不得教唆、斡旋、帮助违反第 1 款第 1 项以及第 2 项的行为。”

韩国的立法用了“斡旋”一词将中介组织的行为特征予以了原则化,在具体的适用需要进行具体的解释。而反观英国的立法:

英国《人体组织法》第 32 条明确规定,行为人的下列行为构成犯罪:(1)因提供或者要约提供任何受限制人体材料而给付或接受报酬的;(2)寻找图谋报酬而提供受限制的人体材料的;(3)为报酬而要约提供受限制的人体材料的;(4)发起或协商签订任何有关提供或要约提供人体材料而给予报酬的协议的;(5)参与安排或控制那些包含或包括了发起或协商发起这类协议的法人或非法人社团之活动的。

可以看出,英国的治理模式中对中介组织的行为予以了一定明确化,但其主要聚焦在提供非法人体材料上,忽视了其他中介形式,比如

制作、刊发买卖的中介行为。对此,我国香港地区规定:

“谋求寻觅愿意为获取付款而提供该器官的人或为获取付款而要约提供该器官”“提出或商议作出任何安排,而该等安排涉及为该器官的提供或提供该器官的要约而作出付款”“拟于香港或外地移植于另一人体内的器官的广告,或为获取付款而要约提供该等器官的广告”以及进出口移植器官等这类关联的中介行为也都构成犯罪。

通过对比各国或地区对中介组织的治理模式,我们认为宜采取“类型化”的立法模式。根据一般基于器官买卖的人口贩卖发展顺序为轴,我们提出以下几种典型的中介行为:

(1)制作、刊发和发布器官买卖行为;

(2)与加害者或受体就买卖协商的行为;

(3)帮助达成交易或为交易提供便利的行为;

(4)伪造移植资质证明的行为。

(5)非具有移植手术资格的医疗机构进行移植手术的行为。

针对这些典型的中介行为,应采取类似其他国家(地区)的治理模式,通过入刑的方式进行严厉的打击,才能最大限度发挥法律的惩治作用。

(三)合作(Partnership)——政府与医疗机构合作治理

“治理是人们深切希望但从未真正实现过的,在不同的非专业化领域之间,尤其是在经济、政治和社会领域之间协调的现象。”①因此,一般而言,治理不专属于任何一个学科,它以实现目的、解决问题为导向。随着社会经济的发展,一方面,全球化的浪潮来临使得传统行政管辖边界日益模糊,便捷的交通和信息传播,使得各种跨越边界的行为越来越常见。这种情况下公共行政面对的是一种全新的生态环境,传统“内部”问题日益外溢和无界化,建立在封闭管理辖区和地域基础上的管理理念和体制也日益显得软弱无力。另一方面,随着社会矛盾越趋

① [法]让—皮埃尔·戈丹:《何谓治理》,钟震宇译,社会科学文献出版社2010年版,第95页。

复杂多变，一些奇特的问题不断出现，这类问题经常需要在具体的情境下具体分析解决方案，并且这类问题还常常伴随着复杂的相互依赖关系，而使得解决该类问题的一个层面的努力往往会产生或加剧另外的问题。没有一个政府部门有足够的能力去解决这些问题，传统的管理手段日益捉襟见肘。[①]

为了回应这一问题，一种“具有可渗透的结构，可以跨越组织功能和边界而联系起来的组织形式”[②]———合作治理就应运而生。易言之，合作治理模式试图以公私合作形式来解决问题并且远离控制裁量权的考量来重新为管制事业定位。因此，它需要强调公权力与私人主体之间就决策、实施与执行进行协商的观念，[③]并基于这种合作与协商的平等关系来实现对公共利益的追求，正如登哈特所言，公共利益是超越个人自身利益的聚集，合作治理可通过广泛的对话和公民参与来追求共同的价值观和共同的利益，是一种更加关注民主价值和公共利益、更加适合当前规制国实践需要的理论选择。[④]

毫无疑问，当我们再次审视本章的问题，不难发现当前政府在治理基于器官买卖的人口贩运已捉襟见肘，传统的治理手段已难以有效打击此类问题。为此，我们认为，应该探寻构建合作治理的模式。基于当前的法律规定，我们认为，这个治理模式中公私合作的实现应由政府与医疗机关构成。如上文所述卫生部（现为国家卫生和计划生育委员会）在《人体器官移植条例》第 13 条要求有移植手术资质的医疗机构应当具备下列条件：

（一）有与从事人体器官移植相适应的执业医师和其他医务人员；

---

① 参见蔡岚：《合作治理：现状和前景》，载《武汉大学学报》（哲学社会科学版）2013 年第 5 期。

② Agranoff Robert, et al. Collaborative Public Management: New Strategies for Local Governments. Washington D. C.: Georgetown University Press. 2003, p. 23.

③ 参见胡敏洁：《合作行政与现代行政法发展的新方向》，载《行政法学研究》2012 年第 2 期。

④ 参见［美］珍妮特 · V. 登哈特、罗伯特 · B. 登哈特著：《新公共服务：服务，而不是掌舵》，丁煌译，中国人民大学出版社 2004 年版，第 123 页。

(二)有满足人体器官移植所需要的设备、设施;(三)有由医学、法学、伦理学等方面专家组成的人体器官移植技术临床应用与伦理委员会,该委员会中从事人体器官移植的医学专家不超过委员人数的1/4;(四)有完善的人体器官移植质量监控等管理制度。

《关于规范活体器官移植的若干规定》第3条规定:"从事活体器官移植的医疗机构应当要求申请活体器官移植的捐献人与接受人提交以下相关材料:(一)由活体器官捐献人及其具有完全民事行为能力的父母、成年子女(已结婚的捐献人还应当包括其配偶)共同签署的捐献人自愿、无偿捐献器官的书面意愿和活体器官接受人同意接受捐献人捐献器官的书面意愿;(二)由户籍所在地公安机关出具的活体器官捐献人与接受人的身份证明以及双方第二代居民身份证、户口本原件;(三)由户籍所在地公安机关出具的能反映活体器官捐献人与接受人亲属关系的户籍证明;(四)活体器官捐献人与接受人属于配偶关系,应当提交结婚证原件或者已有生育子女的证明;(五)省级卫生行政部门要求的其他证明材料。"对这些材料的审核应当根据该《人体器官移植条例》第17条规定执行:"在摘取活体器官前或者尸体器官捐献人死亡前,负责人体器官移植的执业医师应当向所在医疗机构的人体器官移植技术临床应用与伦理委员会提出摘取人体器官审查申请。""人体器官移植技术临床应用与伦理委员会不同意摘取人体器官的,医疗机构不得做出摘取人体器官的决定,医务人员不得摘取人体器官。"

根据以上规定,一般而言移植手术需要两个步骤:摘取供体器官的手术和移植到受体的手术,前者需要经过医院伦理委员会的审核,主要审查摘取资质证明的效力。但对以器官买卖为目的的人口贩运犯罪问题,对供体(受害人)的摘取已发生在前,因此,我们认为,在合作治理的理念下,赋予医院伦理委员会审核整个手术流程的职责。发现器官来源有嫌疑,应当及时停止手术进程,并将信息及时告知相关政府部门(如医疗行政机构及公安机关),由政府机关根据获取的信息进一步进行调查。当然,对于医院伦理委员会权力的行使需要进一步制定标准化的运行规程,并且由医疗行政机构进行监管。在这一合作治理模式下，严格的审核模式将直接有效打击中介组织的行为，进而有效降低器官买卖，并最终防治基于器官买卖的人口贩运问题。

（四）起诉（Prosecution）——构建全面的追责体系

起诉追责是这条“买卖链”的最后一道防线，旨在通过法律的惩戒功能来治理人口贩运问题。如前所述，当前对基于器官买卖的人口贩卖的打击主要依据《刑法》的相关条文进行追责起诉，但《刑法修正案（八）》第 37 条“组织他人出卖人体器官”的简单罪状表述方式无法囊括复杂多样的贩卖行为，并且从我国刑法的规定来看，其并没有对摘取器官的行为直接作出规定，而是采取“指示性”做法，摘取活体或者尸体器官的，依照情况分别以故意杀人罪、故意伤害罪和盗窃、侮辱尸体罪来处理。

因此，我们认为，为了构建全面的追责体系，应当在罪名种类上进行补充。比如多个国家设立了“强迫摘取人体器官罪”，采取这种单一罪名的国家（地区）刑法，一般采取引证、空白和混合罪状方式来对罪状进行界定和描述，如蒙古国刑法中的“非法采集人体器官或人体组织罪”要求“使用暴力或胁迫手段”，俄罗斯联邦刑法中的“强制摘取人体器官或组织罪”要求“使用暴力或以暴力相威胁”，马耳他刑法中的“贩卖成年人以移植其器官罪”要求“以暴力、威胁及诱拐、欺骗或欺诈”为手段，以及澳大利亚刑法中的“为移植而输出血液、切除组织和器官罪”、马其顿共和国刑法的“未经允许移植人类身体器官罪”以及《日本器官移植法》第 20 条所规定的“违规摘除器官罪”等。我们认为，为了严厉打击人口贩运中的器官买卖问题，刑法宜增设强制、胁迫摘取人体器官的犯罪。强制、胁迫摘取人体器官的行为是对人性尊严，对人的自我决定自由的侵犯，刑法的重要机能之一是为了完成法益保护的任务，因而法律需要尊重法益主体对法益的自我处分。但是，目前大多国家（地区）立法对此规定的罪名较为单一，基本上只是设立一个类似“非法摘取人体器官罪”的单独罪名，而没有进一步具体化。①

---

① 参见熊永明：《非法摘取人体器官刑事立法的比较与借鉴》，载《法治研究》2013 年第 10 期。

而对刑罚强度而言，刑罚轻重的设置应当与犯罪法益侵害的严重性相一致，犯罪所侵犯的法益越重要，刑罚就越重，犯罪所侵犯的法益越轻，刑罚也相应越轻。因此，法益侵害的严重性决定着刑罚的轻重。人体器官移植犯罪行为不仅扰乱医疗秩序，破坏器官移植医疗管理制度，还侵害了公民身体健康和生命权，应当配置与侵犯此法益相应的法定刑。

另外，对组织者、策划者与实施者，目前可以借鉴《最高人民法院关于审理单位犯罪案件对其直接负责的主管人员和其他直接责任人员是否区分主、从犯问题的批复》(法释〔2000〕31 号)等司法解释中关于直接负责的主管人员与其他直接负责人员量刑的规定，根据各自在医院组织实施的违法行为中的地位、作用和犯罪情节予以处罚。但是，如此做法不但过于原则化，难以操作，而且容易放纵那些站在犯罪幕后操纵、把持人体器官买卖的人，而从犯罪预防的角度而言，恰恰是这部分犯罪人最应该被严惩。为了提高刑罚的威慑力与实现刑罚个别化，建议将对组织者、策划者、实施者的量刑分为两个阶段：第一，根据其是否对于整个行为或者行为的某一阶段起到支配作用，将组织者、策划者、实施者分为支配者与被支配者，前者是通过后者的行为实现犯罪构成要件事实，而后者完全或者部分受到前者的精神或者行为制约。原则上，对于支配者的处罚应重于对被支配者的处罚。第二，在支配者与被支配者内部，进一步根据各自在危害行为中的地位、作用和犯罪情节分别进行量刑。

此外，在被支配者中，对于受支配者命令、指派甚至压制而参与实施了部分人体器官违法行为的人员，也可以不追究其刑事责任，或者根据《刑法》第 13 条的但书规定，认为其行为情节显著轻微，不构成犯罪。这也是司法实践的立场。例如，2001 年 1 月 21 日最高人民法院印发的《全国法院审理金融犯罪案件工作座谈会纪要》明确规定，在单位犯罪中，对于受单位领导指派或奉命而参与实施了一定犯罪行为的人员，一般不宜作为直接责任人员追究其刑事责任。总而言之，刑罚的锋芒所向，应该是那些对危害行为的发生、发展与结束起到全部或者部分主导作用的人。①

总之，我国当前在人口贩运中的器官买卖问题仍主要通过《刑法修正案（八）》第37条、《人体器官移植条例》及《关于规范活体器官移植的若干规定》等相关法律规范进行规制，体现出“加害者惩治”为核心的治理策略。但是，为了进一步有效防范人口贩运中的器官买卖问题，在国家治理现代化的转型背景下，我们认为当前的治理模式应当通过多层级的协同治理模式有效地减少器官买卖导向下人口贩运的发生。在这个目标导向下，根据本书的核心——“4P策略”，即预防（Prevention）、保护（Protection）、合作（Partnership）和起诉（Prosecution），分别采取建构鼓励捐献及合理补偿机制、严厉打击中介组织、促进政府与医疗机构合作治理、构建全面的追责体系，以此构建全方面、全程化的治理机制，实现在基于器官买卖的人口贩运问题中，由当前倚重于刑法的“加害者惩治”为核心的治理模式向以“受害人保护为中心”的转变。

---

① 参见周振杰：《人体器官犯罪中医院的违法行为类型、刑事责任认定与立法改革建议》，载《法治研究》2015年第5期。

第七章　人口贩运治理现有制度比较借鉴

我国大陆地区目前还未就人口贩运问题出台专门性的法律、法规。由于人口贩运是一项非常严重且常见的跨国性犯罪，国际社会就这一问题进行过多次会谈并出台了很多重要的文件，包括上文反复提到的《联合国打击跨国有组织犯罪公约关于预防、禁止和惩治贩运人口特别是妇女和儿童行为的补充议定书》。此外，在预防和打击人口贩运法规范的制定方面，我国的台湾地区和澳门特区可以说走在大陆前面，台湾地区在 2009 年 1 月 23 日就颁布了专门的"人口贩运防制法"，并在半年后颁布了"人口贩运防制法实施细则"，对人口贩运防制工作作出了细密地安排。澳门特别行政区也已经颁布了第 6/2008 号法律（《打击贩卖人口犯罪》），并设立了专门的阻吓贩运人口措施关注委员会来预防和打击人口贩运活动。以下就人口贩运治理的现有制度规范作一整理和比较借鉴。

一、《打击贩运人口议定书》

《打击人口贩运议定书》全称《联合国打击跨国有组织犯罪公约关于预防、禁止和惩治贩运人口特别是妇女和儿童行为的补充议定书》。这份议定书是联合国大会第五十五届会议，《拟订一项打击跨国有组织犯罪公约特设委员会第一届至第十一届会议工作报告》的第二份附件，包含序言和 20 项条款。《打击人口贩运议定书》是国际上关于人口贩运治理最为重要的文件之一，前述各章节已针对其中部分作出详细阐述，以下附上该议定书的全文，作为一项比较借鉴的资料。

联合国打击跨国有组织犯罪公约关于预防、禁止和惩治贩运人口特别是妇女和儿童行为的补充议定书

序言

本议定书缔约国,

宣布采取有效行动预防和打击国际贩运人口特别是妇女和儿童,必须在原住地国、过境国和目的地国采取综合性国际做法,包括预防这种贩运、惩治贩运者和保护这种贩运活动被害人的措施,包括通过保护被害人国际公认的人权对他们进行保护,

考虑到虽有各项载有打击剥削人特别是剥削妇女和儿童行为的规则和实际措施的国际文书,但尚无一项处理人口贩运问题所有方面的国际文书,

关注如果没有这样一项文书,易遭受贩运的人将不可能得到充分的保护,

回顾大会1998年12月9日第53/111号决议,其中大会决定设立一个开放的政府间特设委员会,负责拟订一项打击跨国有组织犯罪的综合性国际公约,并就拟订一项处理贩运妇女儿童问题的国际文书等进行讨论,

深信以一项预防、禁止和惩治贩运人口特别是妇女和儿童行为的国际文书补充联合国打击跨国有组织犯罪公约,将有助于预防和打击这种犯罪,

兹商定如下:

一、总则

第1条　与联合国打击跨国有组织犯罪公约的关系

1. 本议定书是对联合国打击跨国有组织犯罪公约的补充。本议定书应连同公约一并予以解释。

2. 除非本议定书中另有规定,公约的规定应经适当变通后适用于本议定书。

3. 根据本议定书第5条确立的犯罪应视为根据公约确立的犯罪。

第2条　宗旨

本议定书的宗旨是:

(a)预防和打击贩运人口,特别是贩运妇女和儿童;

(b)在充分尊重其人权的情况下保护和帮助此种贩运活动的被害人;

(c)为实现上述目标而促进缔约国之间的合作。

第3条　术语的使用

在本议定书中:

(a)“人口贩运”系指为剥削目的而通过暴力威胁或使用暴力手段,或通过其他形式的胁迫,通过诱拐、欺诈、欺骗、滥用权力或滥用脆弱境况,或通过授受酬金或利益取得对另一人有控制权的某人的同意等手段招募、运送、转移、窝藏或接收人员。剥削应至少包括利用他人卖淫进行剥削或其他形式的性剥削、强迫劳动或服务、奴役或类似奴役的做法、劳役或切除器官;

(b)如果已使用本条(a)项所述任何手段,则人口贩运活动被害人对(a)项所述的预谋进行的剥削所表示的同意并不相干;

(c)为剥削目的而招募、运送、转移、窝藏或接收儿童,即使并不涉及本条(a)项所述任何手段,也应视为“人口贩运”;

(d)“儿童”系指任何18岁以下者。

第4条　适用范围

本议定书除非另有规定,应适用于预防、侦查和起诉根据本议定书第5条所确立的、具有跨国性且涉及有组织犯罪集团的犯罪,并应适用于对此种犯罪的被害人的保护。

第5条　刑事定罪

1. 各缔约国均应采取必要的立法和其他措施,将本议定书第3条所列故意行为规定为刑事犯罪。

2. 各缔约国还均应采取必要的立法和其他措施,

(a)在符合本国法律制度基本概念的情况下,把实施根据本条第1款所确立的犯罪未遂定为刑事犯罪;

(b)把作为共犯参与根据本条第1款所确立的犯罪定为刑事犯

罪；以及

（c）把组织或指挥他人实施根据本条第1款所确立的犯罪定为刑事犯罪。

二、对人口贩运活动被害人的保护

第6条 对人口贩运活动被害人的帮助和保护

1. 各缔约国均应在适当情况下并根据本国法律尽量保护人口贩运活动被害人的隐私和身份，尤其包括对审理这类贩运活动案件的法律程序予以保密。

2. 各缔约国均应确保本国法律或行政制度中包括各种必要措施，以便在适当情况下向人口贩运活动被害人提供：

（a）有关法院程序和行政程序的信息；

（b）帮助被害人，从而使其意见和关切在对犯罪的人提起的刑事诉讼的适当阶段以不损害被告方权利的方式得到表达和考虑。

3. 各缔约国均应考虑采取措施，为人口贩运活动被害人的身心康复和重返社会提供条件，包括在适当情况下同非政府组织、其他有关组织和民间社会其他方面开展合作，特别是：

（a）提供适当的住房；

（b）以人口贩运活动被害人懂得的语文提供咨询和信息，特别是有关其法律权利的咨询和信息；

（c）提供医疗、心理和物质帮助；

（d）提供就业、教育和培训机会。

4. 各缔约国在执行本条规定时，均应考虑到人口贩运活动被害人的年龄、性别和特殊需要，特别是儿童的特殊需要，其中包括适当的住房、教育和照料。

5. 各缔约国均应努力保护在本国境内的人口贩运活动被害人的人身安全。

6. 各缔约国均应确保本国的法律制度包括各项必要措施，使人口贩运活动被害人可以就所受损害获得赔偿。

第7条 人口贩运活动被害人在接收国的地位

1. 除根据本议定书第6条采取措施外，各缔约国还均应考虑采取立法或其他适当措施，允许人口贩运活动被害人在适当情况下在本国境内临时或永久居留。

2. 各缔约国在执行本条第1款所载规定时，均应适当考虑到人道主义和照顾性因素。

第8条　人口贩运活动被害人的遣返

1. 人口贩运活动被害人为本国国民或其在进入接收缔约国领土时尚拥有本国永久居留权的缔约国，应在适当顾及其安全的情况下，便利和接受其返还而不应有不适当或不合理的迟延。

2. 当一缔约国将身为另一缔约国国民或在进入接收缔约国领土时尚拥有该另一缔约国永久居留权的人口贩运活动被害人送还该缔约国时，这种送还应适当顾及被害人的安全和与其身为贩运活动被害人有关的任何法律程序的状况，并应最好出于自愿。

3. 根据接收缔约国提出的请求，被请求缔约国应核查人口贩运活动被害人是否为本国国民或其在进入接收缔约国领土时是否拥有本国境内的永久居留权而不应有不适当或不合理的迟延。

4. 为便于无适当证件的人口贩运活动被害人的返还，缔约国应根据接收缔约国提出的请求，同意向身为本国国民或在进入接收缔约国领土时拥有本国永久居留权的该人签发必要的旅行证件或其他许可文件，以使其得以前往并重新入境。

5. 本条概不影响接收缔约国本国任何法律赋予人口贩运活动被害人的任何权利。

6. 本条概不影响任何可适用的全部或部分管辖人口贩运活动被害人返还问题的双边或多边协定或安排。

三、预防、合作和其他措施

第9条　预防贩运人口

1. 缔约国应制定综合政策、方案和其他措施，以便：

(a)预防和打击人口贩运，并

(b)保护人口贩运活动被害人特别是妇女和儿童免于再度受害。

2. 缔约国应努力采取诸如研究、宣传和新闻媒体运动等措施并实行种种社会和经济举措，以预防和打击人口贩运。

3. 根据本条制定的政策、方案和其他措施，应酌情包括与非政府组织、其他有关组织和民间社会其他方面的合作。

4. 缔约国应采取或加强措施，包括通过双边或多边合作，以减缓使人特别是使妇女和儿童易遭贩运之害的各种因素，例如贫困、不发达和缺乏平等机会等。

5. 缔约国应采取或加强立法或其他措施，例如教育、社会或文化措施，包括通过双边或多边合作，以抑制那种助长对人特别是对妇女和儿童的剥削从而导致贩运的需求。

第 10 条 信息交换和培训

1. 缔约国执法、移民或其他有关当局应酌情根据本国法律相互合作，交换信息，以便能够确定：

(a)持有他人旅行证件或无旅行证件跨越或企图跨越国际边界者是人口贩运活动的实施者还是被害人；

(b)为人口贩运目的跨越国际边界者所使用或企图使用的证件种类；

(c)有组织犯罪集团为贩运人口目的而使用的手段和方法，包括对被害人的招募和运送、从事这类贩运活动的个人和集团之间的路线和联系，以及为侦破这些活动而可能采取的措施。

2. 缔约国应向执法人员、移民官员和其他有关官员提供或加强预防贩运人口的培训。培训的重点应是用于预防这种贩运、起诉贩运者和保护被害人权利，包括保护被害人免遭贩运者迫害的方法。培训还应顾及对人权和儿童及性别敏感问题予以考虑的必要，并应鼓励与非政府组织、其他有关组织和民间社会其他方面的合作。

3. 收到信息的缔约国应遵守发送信息的缔约国提出的关于信息使用限制的任何要求。

第 11 条 边界措施

1. 在不影响关于人员自由流动的国际承诺情况下，缔约国应尽量加强可能必要的边界管制，以预防和侦查人口贩运活动。

2. 各缔约国均应采取立法或其他适当措施，尽量防止商业承运人经营的运输工具被用于实施根据本议定书第 5 条确立的犯罪。

3.在适当且不影响适用的国际公约的情况下,这类措施应包括规定商业承运人,包括任何运输公司或任何运输工具的拥有人或经营人有义务查明所有旅客都持有进入接收国所需的旅行证件。

4.各缔约国均应根据本国法律采取必要的措施,对违反本条第3款所规定义务的情形予以制裁。

5.各缔约国均应考虑采取措施,以便根据本国法律法拒绝与根据本议定书所确立的犯罪行为有牵连的人员入境或吊销其签证。

6.在不影响公约第27条的情况下,缔约国应考虑通过建立和保持直接联系渠道等办法加强边境管制机构间的合作。

第12条 证件安全与管制

各缔约国均应在力所能及的范围内采取必要的措施,以便:

(a)确保由其签发的旅行或身份证件具有不易滥用和不便伪造或非法变造、复制或签发的特点;

(b)确保由其或其代表机构签发的旅行或身份证件的完整和安全,并防止证件的非法印制、签发和使用。

第13条 证件的合法性和有效性

缔约国应根据另一缔约国提出的请求,根据本国法律,在合理的时间内对以或似以本国名义签发的、涉嫌为人口贩运活动而使用的旅行或身份证件的合法性和有效性进行核查。

四、最后条款

第14条 保留条款

1.本议定书任何规定概不影响各国和个人根据国际法,包括国际人道主义法和国际人权法,以及特别是在适用的情况下,根据关于难民地位的1951年公约和1967年议定书 以及其中所载不驱回原则而享有的权利和承担的义务和责任。

2.本议定书规定的各项措施在解释和适用上不应以该人系人口贩运活动被害人为由而对其加以歧视。对这些措施的解释和适用应符合国际公认的不歧视原则。

第15条 争端的解决

1.缔约国应努力通过谈判解决与本议定书的解释或适用有关的

争端。

2. 两个或两个以上缔约国对于本议定书的解释或适用发生的任何争端，在合理时间内不能通过谈判解决的，应按其中一方的请求交付仲裁。如果自请求交付仲裁之日起六个月后这些缔约国不能就仲裁安排达成协议，则其中任何一方均可根据《国际法院规约》请求将争端提交国际法院。

3. 各缔约国在签署、批准、接受、核准或加入本议定书时，可声明不受本条第 2 款的约束。对于作出此种保留的任何缔约国而言，其他缔约国应不受本条第 2 款的约束。

4. 根据本条第 3 款作出保留的任何缔约国，均可随时通知联合国秘书长撤销该项保留。

第 16 条　签署、批准、接受、核准和加入

1. 本议定书自 2000 年 12 月 12 日至 15 日在意大利巴勒莫开放供各国签署，随后直至 2002 年 12 月 12 日在纽约联合国总部开放供各国签署。

2. 本议定书还应开放供区域经济一体化组织签署，条件是该组织至少有一个成员国已按照本条第 1 款规定签署本议定书。

3. 本议定书须经批准、接受或核准。批准书、接受书或核准书应交存联合国秘书长。如果某一区域经济一体化组织至少有一个成员国已交存批准书、接受书或核准书，该组织也可照样办理。该组织应在该批准书、接受书或核准书中宣布其在本议定书管辖事项方面的权限范围。该组织还应将其权限范围的任何有关变动情况通知保存人。

4. 任何国家或任何至少已有一个成员国加入本议定书的区域经济一体化组织均可加入本议定书。加入书应交存联合国秘书长。区域经济一体化组织加入本议定书时应宣布其在本议定书管辖事项方面的权限范围。该组织还应将其权限范围的任何有关变动情况通知保存人。

第 17 条　生效

1. 本议定书应自第四十份批准书、接受书、核准书或加入书交存联合国秘书长之日后第九十天起生效，但不得在公约生效前生效。为本款的目的，区域经济一体化组织交存的任何文书均不得在该组织成员

国所交存文书以外另行计算。

2. 对于在第四十份批准书、接受书、核准书或加入书交存后批准、接受、核准或加入本议定书的国家或区域经济一体化组织，本议定书应自该国或该组织交存该有关文书之日后第三十天起生效，或自本议定书根据本条第1款生效之日起生效，以时间较后者为准。

第18条　修正

1. 本议定书缔约国可在本议定书生效已满五年后提出修正案并将其送交联合国秘书长，秘书长应立即将所提修正案转发缔约国和公约缔约方会议，以进行审议并作出决定。参加缔约方会议的本议定书缔约国应尽力就每项修正案达成协商一致。如果已为达成协商一致作出一切努力而仍未达成一致意见，作为最后手段，该修正案须有出席缔约方会议并参加表决的本议定书缔约国的三分之二多数票方可通过。

2. 区域经济一体化组织对属于其权限的事项依本条行使表决权时，其票数相当于其作为本议定书缔约国的成员国数目。如果这些组织的成员国行使表决权，则这些组织便不得行使表决权，反之亦然。

3. 根据本条第1款通过的修正案，须经缔约国批准、接受或核准。

4. 根据本条第1款通过的修正案，应自缔约国向联合国秘书长交存一份批准、接受或核准该修正案的文书之日起九十天之后对该缔约国生效。

5. 修正案一经生效，即对已表示同意受其约束的缔约国具有约束力。其他缔约国则仍受本议定书原条款和其以前批准、接受或核准的任何修正案的约束。

第19条　退约

1. 缔约国可书面通知联合国秘书长退出本议定书。此项退约应自秘书长收到上述通知之日起一年后生效。

2. 区域经济一体化组织在其所有成员国均已退出本议定书时即不再为本议定书缔约方。

第20条　保存人和语文

1. 联合国秘书长应为本议定书指定保存人。

2. 本议定书原件应交存联合国秘书长，议定书的阿拉伯文、中文、英文、法文、俄文和西班牙文文本同为作准文本。

兹由经各自政府正式授权的下列署名全权代表签署本议定书，以昭信守。

二、台湾地区人口贩运治理

我国台湾地区，在2009年1月23日就颁布了专门的“人口贩运防制法”，并在半年后颁布了“人口贩运防制法实施细则”，此为台湾地区关于人口贩运治理最为主要的规范性制度。在台湾地区，纵向上将人口贩运活动的管制主体划分为“中央”部门（“内政部”）和“地方”部门（“直辖市”“县政府”）两级，并对两者的职责作出了具体的安排；横向上，台湾地区将人口贩运活动管制机关划分为法务部门、卫生部门、劳务部门、海岸巡防部门、大陆事务部门、“外交”部门和各相关目的事业部门等七大类，且同时对他们的具体权责作出了细致地规定。具体可参见表1和表2。

表1　台湾地区人口贩运管制机关及其权限（纵向）

主管机关	具体权责
“中央”部门（“内政部”）	人口贩运防制“政策”、“法规”与方案之研究、规划、订定、宣导及执行
	对“直辖市”、县（市）当局执行人口贩运防制事项之协调及督导
	人口贩运案件之查缉与犯罪案件之移送、人口贩运被害人之监别、人口贩运被害人人身安全之保护等之规划、推动、督导及执行
	非持有事由为来台湾地区工作之停留或居留签证（以下简称工作签证）之人口贩运被害人权益保障、安置保护、资源整合与转介、推动、督导及执行。
	人口贩运防制预防宣导与相关专业人员训练之规划、推动、督导及执行
	“地方政府”及各目的事业部门推动人口贩运防制业务之辅导及协助
	人口贩运案件资料之统整及公布
	国际人口贩运防制业务之联系、交流及合作
	其他人口贩运防制有关事项之规划、督导及执行

续表

主管机关	具体权责
“地方”部门（“直辖市”“县政府”）	“中央”人口贩运防制“政策”“法规”与方案之执行及相关资源之整合
	人口贩运案件之查缉与犯罪案件之移送、人口贩运被害人之监别及人身安全保护之执行
	人口贩运被害人指定传染病筛检、就医诊疗、验伤与采证、心理谘商及心理治疗之协助提供
	居住台湾地区设有户籍之人口贩运被害人之权益保障、安置保护及安置机构之监督、辅导
	人口贩运被害人就业服务、就业促进与保障、劳动权益、职场安全及其他相关权益之规划、执行
	人口贩运案件资料之统计
	其他与人口贩运防制有关事项之执行

表 2　台湾地区人口贩运管制机关及其权限（横向）

主管机关	具体权责
法务部门	人口贩运被害人监别法制事项、人口贩运罪之侦查与起诉之规划、推动及督导
卫生部门	人口贩运被害人指定传染病筛检、就医诊疗、验伤与采证、心理谘商与心理治疗之规划、推动及督导
劳工部门	人口贩运被害人就业服务、就业促进与保障、劳动权益与职场安全卫生等“政策”“法规”与方案之拟定、修正、持有工作签证人口贩运被害人之安置保护、工作许可核发之规划、推动、督导及执行
海岸巡防部门	人口贩运案件之查缉与犯罪案件之移送、人口贩运被害人之监别、人口贩运被害人人身安全保护之规划、推动、督导及执行
大陆事务部门	人口贩运案件涉及大陆、香港或澳门地区及其相关事项之协调、联系及督导
“外交”部门	人口贩运案件与人口贩运防制涉外事件之协调、联系、情报交流共享、双边国家与非政府组织合作之规划、推动及督导
各相关目的事业部门	其他人口贩运防制措施

三、澳门特别行政区人口贩运治理

澳门特别行政区在第6/2008号法律，即《打击贩卖人口犯罪》中，规定了澳门特区政府在预防、惩治人口贩运活动以及救助人口贩运活动受害人等方面的六大类职责；在266－2007号行政长官批示中，决定设立人口贩运的专门管制机构——阻吓贩卖人口措施关注委员会，并规定了该委员会在法律法规的制定和修改、预防和打击人口贩运活动以及救济人口贩运活动受害人等方面的六大类职责。具体的职责事项可参见以下两表所列举出的事项，之后亦附上第6/2008号法律相关条文，以作为比较借鉴的资料。

表3 澳门特区政府在保护和援助人口贩运受害人方面的职责

主管机关	具体权责
澳门特区政府	设立一个保密且免费的保护受害人计划，旨在确保受害人有一个获暂时收容的适当地方，保障其人身安全，以及获得必需及适当的心理、医疗、社会、经济及法律援助
	设有用作接待受害人的地方，该地方尤其应具有向受害人提供有关其权利的资料及将其转介到主管实体的功能，以及设立协助受害人及接受其查询的机制
	促进通过社会传播媒介作出宣传推广活动，使公众关注贩卖人口犯罪所带来的问题，并印制及免费派发有关受害人权利的小册子，该等小册子须尽可能以多种语言编写，当中应载有关于贩卖人口的性质、受害人的权利及保障、可求助的部门及实体，以及可维护受害人权利或确保受害人获得保护的机制等数据
	推行关于预防及遏止贩卖人口犯罪、受害人状况、接待技巧、保护受害人机制的培训活动
	推行各项研究工作，旨在从不同层面了解有关贩卖人口犯罪的现象
	与公共或私人实体订立合作协议，以协助及收容贩卖人口犯罪的受害人

表 4　澳门特区阻吓贩卖人口措施关注委员会的权责

主管机关	具体权责
阻吓贩卖人口措施关注委员会	持续检视澳门特别行政区的法律,使之与现行适用的国际法律概念接轨
	预防因其他相关活动例如色情行业而导致的贩卖人口行为
	当有需要时向受害者提供医疗方便及社会心理辅导,以及提供安全的庇护及收容
	推动提高整个社会及其民间组织对预防及打击贩卖人口政策方面的了解和参与
	制定对受害者的社会重返措施,包括将非本地居民的受害者安全妥善地送返原居地及确保其尊严
	推动各有关部门之互动,以确保不同范畴工作的进行

第 6/2008 号法律:打击贩卖人口犯罪

立法会根据《澳门特别行政区基本法》第七十一条(一)项,制定本法律。

第一条　标的

本法律订定预防及遏止贩卖人口犯罪的措施、确立受害人的权利,以及订定保护和援助受害人的必要措施。

第二条　增加《刑法典》的条文

在经十一月十四日第 58/95/M 号法令核准且经第 6/2001 号法律及第 3/2006 号法律修改的《刑法典》内,增加第一百五十三－A 条,内容如下:

"第一百五十三－A 条

(贩卖人口)

一、为对他人进行性剥削,劳动或服务剥削,尤其是强迫或强制劳动或服务、使人成为奴隶或类似奴隶,又或切除人体器官或组织的目的,藉以下手段提供、送交、引诱、招募、接收、运送、转移、窝藏或收容该人者,处三年至十二年徒刑:

a)以暴力、绑架或严重威胁手段;

b)使用奸计或欺诈计策;

c)滥用因等级从属关系、经济依赖关系、劳动关系或家庭关系而产生的权力；

d)利用受害人精神上的无能力或任何脆弱境况；或

e)获控制受害人的人的同意。

二、为对未成年人进行性剥削，劳动或服务剥削，尤其是强迫或强制劳动或服务、使人成为奴隶或类似奴隶，又或切除人体器官或组织的目的，藉任何手段提供、送交、引诱、招募、接收、运送、转移、窝藏或收容该未成年人者，处五年至十五年徒刑。

三、属上款所指情况，如受害人未满十四岁，又或有关行为是行为人作为生活方式或意图营利而作出，则上款所定刑罚的最低及最高限度均加重三分之一。*

*已更改—请查阅：更正

四、藉收取或给付款项或其他回报，而将未成年人转让、让与他人，或取得未成年人，又或取得或给予有关收养未成年人的同意者，处一年至五年徒刑。

五、知悉他人实施第一款及第二款所指犯罪，而仍从受害人的工作中剥削，又或使用受害人的器官者，如按其他法律的规定不科处更重刑罚，则处一年至五年徒刑。

六、留置、隐藏、损坏或毁灭第一款及第二款所指犯罪的受害人的身份证明文件或旅游证件者，如按其他法律的规定不科处更重刑罚，则处一年至五年徒刑。”

第三条　修改《刑法典》

经十一月十四日第58/95/M号法令核准，并经第6/2001号法律及第3/2006号法律修改的《刑法典》第五条修改如下：

“第五条

(……)

一、……

a)……

b)构成第一百五十二条第二款、第一百五十三条、第一百五十三－A条、第一百五十四条、第一百五十五条、第二百二十九条、第二百三十条及第二百三十六条所指犯罪之事实，只要行为人被发现身在澳门，且不可被移交至另一地区或国家；

c)……

(一)……

(二)……

(三)……

d)……

二、……”

第四条 修改《刑事诉讼法典》

经九月二日第48/96/M号法令核准，并经十月二十五日第63/99/M号法令、第9/1999号法律及第3/2006号法律修改的《刑事诉讼法典》第七十七条及第七十八条修改如下：

“第七十七条

(……)

一、……

二、……

三、……

四、如属审理贩卖人口罪或涉及被害人为未满十六岁的性犯罪之刑事诉讼程序，则诉讼行为一般不公开进行。

五、……

六、……

七、……

第七十八条

(……)

一、……

二、……

a)……

b)……

c)在听证前后，以任何方法公开贩卖人口罪之受害人身份；以及在听证前，以任何方法公开性犯罪、侵犯名誉罪或侵犯受保护之私人生活罪之受害人身份，如被害人未满十六岁，则即使在听证后，仍不许可公开其身份。

三、……”

第五条 法人的刑事责任

一、如出现下列任一情况，则法人，即使属不合规范设立者，以及无法律人格的社团，须对贩卖人口犯罪负责：

（一）其机关或代表人以该等实体的名义及为其利益而实施贩卖人口犯罪；

（二）听命于（一）项所指机关或代表人的人以该等实体的名义及为其利益而实施贩卖人口犯罪，且因该机关或代表人故意违反本身所负的监管或控制义务方使该犯罪有可能发生。

二、上款所指实体的责任并不排除有关行为人的个人责任。

三、就第一款所指的犯罪，对该款所指的实体科处以下主刑：

（一）罚金；

（二）法院命令的解散。

四、罚金以日数订定，最低限度为一百日，最高限度为一千日。

五、罚金的日额为＄100.00（澳门币壹百元）至＄20000.00（澳门币贰万元）。

六、如对一无法律人格的社团科处罚金，则该罚金以该社团的共同财产支付；如无共同财产或共同财产不足，则以各社员的财产按连带责任方式支付。

七、仅当第一款所指实体的创立人具单一或主要的意图，利用该实体实施第一款所指的犯罪，或仅当该犯罪的重复实施显示其成员或负责行政管理工作的人单纯或主要利用该实体实施该犯罪时，方科处法院命令的解散此刑罚。

八、对第一款所指实体可科处以下附加刑：

（一）禁止从事某些业务，为期一年至十年；

（二）剥夺获公共部门或实体给予津贴或补贴的权利；

（三）封闭场所，为期一个月至一年；

（四）永久封闭场所；

（五）受法院强制命令约束；

（六）公开有罪裁判，其须透过在澳门特别行政区最多人阅读的中文报章及葡文报章作出，以及在从事业务的地点以公众能清楚看到的方式，张贴以中葡文书写的告示作出，张贴期不少于十五日；上述一切费用由被判罪者负担。

九、附加刑可予并科。

十、劳动关系如因有关实体被法院命令解散或科处第八款所规定的任何附加刑而终止，则为一切效力，该终止视为属雇主责任的无合理理由解雇。

第六条　受害人的权利

贩卖人口犯罪的受害人享有下列权利：

（一）立即知会其所属国家或地区的大使馆、领事馆或官方代表处；

（二）在诉讼程序中，成为辅助人及民事当事人；

（三）按适用法例获得所受损失及损害的赔偿；

（四）受适当保护；

（五）在与其为受害人的贩卖人口犯罪有关的措施进行期间在澳门特别行政区逗留；

（六）受法律保护，包括获给予法律咨询及司法援助；

（七）如不懂或不谙澳门特别行政区任何一种正式语言，在整个诉讼程序进行期间，获合适的翻译员或传译员的协助；

（八）如受害人获证实缺乏经济及社会条件，获给予由社会工作局提供的社会援助，尤其是使其可返回其所属国家或地区所需的社会援助；

（九）完全免费获得按经适当配合的三月十五日第24/86/M号法令及其他适用法例的规定所提供的心理、医疗及药物的援助；

（十）有关贩卖人口犯罪的诉讼程序及行政程序获保密。

第七条　保护和援助受害人的措施

一、政府负责采取一切必要措施，保护及援助贩卖人口犯罪的受害人，尤其是：

（一）设立一个保密且免费的保护受害人计划，旨在确保受害人有一个获暂时收容的适当地方，保障其人身安全，以及获得必需及适当的心理、医疗、社会、经济及法律援助；

（二）设有用作接待受害人的地方，该地方尤其应具有向受害人提供有关其权利的资料及将其转介到主管实体的功能，以及设立协助受害人及接受其查询的机制；

（三）促进透过社会传播媒介作出宣传推广活动，使公众关注贩卖人口犯罪所带来的问题，并印制及免费派发有关受害人权利的小册子，该等小册子须尽可能以多种语言编写，当中应载有关于贩卖人口的性质、受害人的权利及保障、可求助的部门及实体，以及可维护受害人权利或确保受害人获得保护的机制等数据；

（四）推行关于预防及遏止贩卖人口犯罪、受害人状况、接待技巧、保护受害人机制的培训活动；

（五）推行各项研究工作，旨在从不同层面了解有关贩卖人口犯罪的现象；

（六）与公共或私人实体订立合作协议，以协助及收容贩卖人口犯罪的受害人。

二、在贩卖人口犯罪的受害人、其家人或证人的生命或身体完整性受危害时，司法当局、刑事警察机关及主管的公共部门或实体应按情况所需，迅速及有效采取一切适当措施，确保该等人得到保护及援助；如属非澳门居民的情况，则应启动必要的合作机制，以便其所属国家或地区提供相应的保护及援助。

第八条　警方保护

一、司法当局、刑事警察机关或其他警察实体一旦获悉贩卖人口犯罪的消息，且贩卖人口犯罪受害人的生命、身体完整性、自由或属相当巨额的财产受危害时，须确保受害人获得警方保护。

二、在侦查期间，对受害人的警方保护由检察院依职权、应受害人或其法定代理人的声请，又或根据刑事警察当局的建议命令作出，而在侦查结束后，则由主持有关诉讼程序所处阶段的法官应检察院的声请命令作出。

三、对受害人的警方保护由治安警察局提供，而在接获上款所指命令前，则警方保护由作出调查措施的刑事警察机关负责。

第九条　废止

废止七月三十日第6/97/M号法律第七条。

第十条　对国际性贩卖人口犯罪的提述

凡提述现行法例所载的国际性贩卖人口犯罪，及援用七月三十日第6/97/M号法律第七条，均视为提述及援用透过本法律增加的《刑法典》第一百五十三－A条所规定的贩卖人口犯罪。

第十一条　生效

本法律自公布翌日起生效。

二零零八年六月十二日通过。

立法会主席 曹其真

二零零八年六月十六日签署。

命令公布。

行政长官　何厚铧

主要参考文献

一、译著与译文

1.[美]路易斯·亨金:《权利的时代》,信春鹰等译,知识出版社1997年版。

2.[丹麦]伊达·伊丽莎白·库什:《不可分割权利的司法裁判性》,载网络指导委员会编:《中国人权年刊》(第1卷),社会科学文献出版社2004年版。

3.[法]让-皮埃尔·戈丹:《何谓治理》,钟震宇译,社会科学文献出版社2010年版。

4.[美]珍妮特·V.登哈特,罗伯特·B.登哈特著:《新公共服务:服务,而不是掌舵》,丁煌译,中国人民大学出版社2004年版。

二、中文著作

1.赵可等著:《一个被轻视的社会群体——犯罪被害人》,群众出版社2002年版。

2.王金玲:《跨地域拐卖或拐骗——华东五省流入地个案研究》,社会科学文献出版社2007年版。

3.黎宏、何洋编:《刑事案件诉辩审评》,中国检察出版社2014年版。

4.李培林、王春光主编:《当代中国社会工作总论》,社会科学文献出版社2014年版。

5. 兰立宏:《拐卖犯罪防治对策比较研究:以〈联合国反人口贩运议定书〉实施为视角》,中国人民公安大学出版社 2014 年版。

6. 赵捷主编:《反对拐卖:行动与研究的反思》,云南人民出版社 2012 年版。

7. 张明楷:《刑法》,法律出版社 2011 年版。

8. 最高人民法院刑事审判第一庭编:《最高人民法院拐卖妇女儿童犯罪典型案例评析及法律法规精选》,中国法制出版社 2010 年版。

9. 高铭暄、马克昌:《刑法学》(第 5 版),北京大学出版社、高等教育出版社 2011 年版。

10. 李震山:《人性尊严与人权保障》,元照出版公司 2000 年版,第 13 ~ 14 页。

11. 陈清秀:《宪法上人性尊严》,载《李鸿禧教授六秩华诞祝寿论文集》,月旦出版社股份有限公司 1997 年版。

12. 蔡维音:《社会国之法理基础》,正典出版文化有限公司 2001 年版。

13. 朱福惠主编:《宪法学原理》,厦门大学出版社 2011 年版。

14. 李步云主编:《宪法比较研究》,法律出版社 1998 年版。

15. 杨海坤主编:《宪法学基本论》,中国人事出版社 2002 年版。

16. 郑贤君主编:《宪法学》,北京大学出版社 2002 年版。

17. 胡锦光、韩大元:《中国宪法》,法律出版社 2004 年版。

18. 王利明、杨立新、姚辉编著:《人格权法》,法律出版社 1997 年版。

19. 江平主编:《民法学》,中国政法大学出版社 2000 年版。

20. 陈兴良:《论人权及其刑法保障》,载《法学前沿》(第 1 卷),法律出版社 1997 年版。

21. 赵雪钢:《功利主义人权观批判》,载徐显明主编:《人权研究》(第 2 卷),山东人民出版社 2002 年版。

22. 倪正茂:《生命法学探析》,法律出版社 2005 年版。

三、中文论文

1. 熊伟:《儿童被害及其立法预防》,载《青少年犯罪问题》2015 年第 4 期。

2. 裘树祥、马跃忠:《"失踪"本质及失踪人口的公安治理》,载《中国人民公安大学学报》(社会科学版)2015 年第 5 期。

3. 王锡章:《拐卖儿童犯罪的现状与遏制对策——以 F 省为例的实证研究》,载《中国人民公安大学学报》(社会科学版)2015 年第 5 期。

4. 李春雷、任韧、张晓旭:《我国被拐卖儿童救助保护现状及完善对策研究——基于对近年 133 个公开报道案例的分析》,载《中国人民公安大学学报》(社会科学版)2013 年第 6 期。

5. 赵军:《法治建构与社会治理的"刑法依赖症"——以拐卖儿童犯罪的法律演进为中心》,载《法学评论》2016 年第 6 期。

6. 王吉春:《轻罪刑事政策视域下收买被拐卖儿童罪的修改建议》,载《河北法学》2016 年第 3 期。

7. 兰立宏:《论国际视域下我国被拐儿童保护和救助制度的完善》,载《青少年犯罪问题》2014 年第 4 期。

8. 魏聪:《社会组织在救助被拐妇女儿童中的作用研究》,中央民族大学 2016 年硕士学位论文。

9. 李晓郛、黄欢:《从打击拐卖妇女犯罪的角度看妇女权益保障——以福建省为例》,载《河南警察学院学报》2014 年第 5 期。

10. 邢馨宇、邱兴隆:《刑法的修改:轨迹、应然与实然兼及对刑法修正案(八)的评价》,载《法学研究》2011 年第 2 期。

11. 李娜:《人权目标在地方的实践:一个国际"反拐"项目的实施案例》,载《云南大学学报》(法学版)2010 年第 5 期。

12. 王金玲:《华东五省云南/广西籍未成年被拐卖/骗妇女/儿童流入地个案研究》,载《浙江学刊》2005 年第 4 期。

13. 邓毅丞、申敏:《被害人承诺中的法益处分权限研究》,载《法律科学》2014 年第 4 期。

14. 参见姚留:《拐卖妇女儿童罪的既遂与未遂》,载《湖北警官学院学报》2013 年第 3 期。

15. 王志祥:《拐卖妇女、儿童罪六种加重情形的司法认定》,载《法治研究》2015 年第 1 期。

16. 敦宁:《拐卖妇女罪中被害人承诺之司法功能》,载《国家检察官学院学报》2013 年第 3 期。

17. 李龙、余渊:《全面推进依法治国视域下的人权保障》,载《现代法学》2015 年第 2 期。

18. 周丽苹:《浙江省云南籍被拐卖/骗婚迁妇女的调查》,载《浙江学刊》2006 年第 1 期。

19. 胡建新:《看"打拐"三感》,载《群言》2000 年第 9 期。

20. 胡杰:《被拐卖妇女为何不愿回家——西安市第六次集中解救被拐卖妇女、儿童工作调查》,载《人民公安》1995 年第 15 期。

21. 黎巧萍:《中越双边预防跨国拐卖妇女儿童工作实施情况及相关问题》,载《东南亚纵横》2003 年第 6 期。

22. 胡玉鸿:《"人的尊严"的法理疏释》,载《法学评论》2007 年第 6 期。

23. 刘连泰:《国际人权宪章与我国宪法的相关比较》,载《中共浙江省委党校学报》1999 年第 5 期。

24. 翟滨:《生命权内容和地位之检讨》,载《法学》2003 年第 3 期。

25. 上官丕亮:《生命权的宪法保障》,苏州大学 2005 年博士学位论文。

26. 姚家儒:《论拐卖人口犯罪的侦查模式》,载《四川警察学院学报》2010 年第 1 期。

27. 黄立、危罂:《人体器官买卖的国际刑法规制》,载《法学杂志》2011 年第 11 期。

28. 高广周、孙涛:《人体器官买卖成因和对策的法学思考》,载《医学法学》2013 年 7 月。

29. 莫洪宪、李颖峰:《韩国器官移植法对我国的启示》,载《复旦学报》(社会科学版)2010 年第 6 期。

30. 熊永明:《非法摘取人体器官刑事立法的比较与借鉴》,载《法治研究》2013 年第 10 期。

31. 刘长秋:《人体移植器官产品化法律调整论批判》,载《政治与法律》2016 年第 7 期。

32. 蔡岚:《合作治理:现状和前景》,载《武汉大学学报》(哲学社会科学版)2013 年第 5 期。

33. 胡敏洁:《合作行政与现代行政法发展的新方向》,载《行政法学研究》2012 年第 2 期。

34. 周振杰:《人体器官犯罪中医院的违法行为类型、刑事责任认定与立法改革建议》,载《法治研究》2015 年第 5 期。

35. 邹卫强:《器官捐献与移植私法研究》,山东大学 2015 年博士学位论文。

四、外文著作与论文

1. Vgl. Kartusch, Angelika. Internationale und europäische Maßnahmen gegen den Frauen-und Menschenhandel. gender Politik online (2003). S. 10.

2. A lastair V. C am pbell ,The Body in Bioethics,Routledge,2009.

3. Mark J. Cherry, Kidney for Sale by Owner Human Organs, Transplantation,and the Market,Georgetown University Press,2005.

4. Agranoff Robert, et al. Collaborative Public Management: New Strategies for Local Governments. Washington D. C.: Georgetown University Press. 2003.

后　记

本书系朱新力教授主持的司法部国家法治与法学理论研究项目《中国贩运人口与强迫劳动问题的政府管制研究》(批准号:12SFB2019)的最终成果。全书由朱新力、石肖雪提出基本思想,拟定详细的三级目录写作大纲。本书初稿由朱新力、石肖雪、陈锦波统稿,并由朱新力、石肖雪最后定稿。各章初稿作者如下:

第1章:石肖雪、陈锦波

第2章:石肖雪、陈锦波

第3章:蒋成旭、黄文

第4章:李芹、周许阳

第5章:陈锦波

第6章:陈兆誉

第7章:石肖雪

朱新力参与了所有章节的讨论与少量写作。此外,周鑫博士在本课题的申请和前期资料收集整理过程中发挥了重要作用,在此一并感谢。

这是一个理论界着墨不多的话题,又十分重要,课题组希望在治理方面有所突破,敬请各位专家指正。应该提出的是,以互联网、大数据、云计算、人工智能等为核心的综合科技革命的来临,正在引起经济范式、社会生活方式乃至国家治理体系的重大变革。下一步我们将充分运用大数据、云计算等资源和工具,以信息时代的商业范式和国家治理逻辑为基础拓深研究。

"中国贩运人口与强迫劳动问题的政府管制研究"课题组

2016.12.30

图书在版编目(CIP)数据

中国治理人口贩运的法治化策略研究:以"受害人保护"为中心的防治机制/朱新力等著.—北京:法律出版社,2017.3

ISBN 978-7-5197-0589-3

Ⅰ.①中… Ⅱ.①朱… Ⅲ.①拐卖人口—预防犯罪—研究—中国 Ⅳ.①D669.8②D924.344

中国版本图书馆 CIP 数据核字(2017)第 019038 号

中国治理人口贩运的法治化策略研究

——以"受害人保护"为中心的防治机制

ZHONGGUO ZHILI RENKOU FANYUNDE

FAZHIHUA CELUE YANJIU

——YI"SHOUHAIREN BAOHU"WEI ZHONGXINDE FANGZHI JIZHI

朱新力 石肖雪 等著

策划编辑 郑 导
责任编辑 郑 导
装帧设计 汪奇峰

出版 法律出版社
总发行 中国法律图书有限公司
经销 新华书店
印刷 北京嘉恒彩色印刷有限责任公司
责任校对 王沁陶
责任印制 张建伟

编辑统筹 独立项目策划部
开本 720 毫米×960 毫米 1/16
印张 13.75
字数 205 千
版本 2017 年 11 月第 1 版
印次 2017 年 11 月第 1 次印刷

法律出版社/北京市丰台区莲花池西里 7 号(100073)
网址/www.lawpress.com.cn
投稿邮箱/info@lawpress.com.cn
举报维权邮箱/jbwq@lawpress.com.cn
销售热线/010-63939792
咨询电话/010-63939796

中国法律图书有限公司/北京市丰台区莲花池西里 7 号(100073)
全国各地中法图分、子公司销售电话:
统一销售客服/400-660-6393
第一法律书店/010-63939781/9782
西安分公司/029-85330678
重庆分公司/023-67453036
上海分公司/021-62071639/1636
深圳分公司/0755-83072995

书号:ISBN 978-7-5197-0589-3
定价:50.00 元

(如有缺页或倒装,中国法律图书有限公司负责退换)